八ヶ岳の食卓

flavours from the forest

簡素でおいしいレシピ　美しく愛しい普通の一日

萩尾エリ子

カメブックス

目次

野原の香り　1993年

おいしい水　1994年

愛しい日々に

このレシピとエッセイは、十一年前に始まり、四年の間、長野日報に連載されたものです。ここに書かれているのは、私の家庭、仕事の場（蓼科ハーバルノート）、レストラン（ワイルドデイジーカフェ）の毎日のごはんと、それぞれの幸せです。

新聞に「書く」ということ、「言葉」にするということで、日常の小さな「豊穣」は、さらにかけがえのないものになりました。三ヶ月の連載の予定が四年、二一〇編となり、後半はエッセイの部分が多くなりました。切り抜き、コピーをし、多くの方が心にも保存して下さいました。スタッフにも読み継がれ、今もその一皿を作り、愛してくれています。

レシピは全て簡素なものばかりです。こと細かに分量や作り方を書かないのは、ゆるやかな「食」の喜びをご自分で触っていただきたいからです。都会の空き地や公園や河原、八百屋さんの店先にも、旬は息づいています。「八ヶ岳の食卓」は、どなたにも、どこにいても用意のできる、緑の食卓と信じます。

東京から八ヶ岳山麓に移り住み、まもなく二十七年になります。使わなくなった木造の開拓農家の住まいは焼きもの工房となり、「蓼科ハーバルノート」というハーブショップとなりました。後に別荘地のクラブハウスのレストラン運営を依頼され、荒地をオーガニックガーデンへと変えました。限りなく豊かな場であったレストランとガーデンは、時代の流れの中で消えることとなりました。

ガーデンの植物たちは、諏訪中央病院の庭を安住の地とし、健やかに育ち、多くの人を慰め、癒しています。私たちは、「食」を提供し、庭や野と共に生きることで、優しい、そして力強いフットワークをいただきました。

小さな種が育つのに十一年かかり、思いはつながって、手のうちで暖めることのできる文庫サイズになりました。日々の暮らしの小さな「光」となれば幸いです。

蓼科と八ヶ岳を愛し、昨年、右視床神経膠腫という手強い病で逝った主人に、この「八ヶ岳の食卓」を、まず最初に、心をこめて贈ります。

また新しい夏が訪れ、光が溢れて、かぐわしい香りがあたりに満ちています。

愛しい日々は、これからも続きます。

二〇〇三年七月

八ヶ岳の食卓

お日様の匂い

１９９２年

1992年（平成4年）

欧州連合条約の調印
旧ユーゴスラビアでボスニア・ヘルツェゴビナ紛争
バルセロナオリンピック
日本人初の宇宙士・毛利衛氏、宇宙へ

ニンジンと長ネギと麦のスープ

1月29日

ここで暮らしてほんとうにおいしいものは、きれいな水と空気と、太陽をたくさん浴びて育った野菜や野草でした。自宅の台所で家族のために、ハーブショップの台所でスタッフたちといっしょに、二つの台所でたくさんの「ごはん」や「おやつ」を作ってきました。

昨年の秋からレストランの台所がひとつ増えました。三つの台所で作ってきた、おいしくて簡単な一品を、八ケ岳の森の四季とともにお届けしたいと思います。

〈材料〉（4〜5人分）

・チキンスープストック2ℓ、又は固形スープ

・ニンジン中3本、長ネギ2本
・大麦½カップ、バター大さじ1
・塩、こしょう

〈作り方〉

①押し麦を水に浸しておく（30分から1時間）。
②ニンジンは千切り、長ネギは1㎝のザク切りにする。
③②をバターでよく炒める。
④炒めた野菜に水を切った押し麦、スープストックを入れてよく煮る。塩、こしょうする。あれば、パセリやチャイブのみじん切りをちらす。麦のとろみと野菜の甘さでとてもおいしい、身体の温まるスープです。

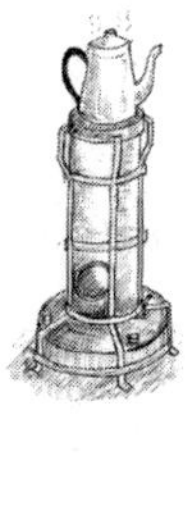

キャラメルポテト

2月5日

うちのまわりは広いジャガイモ畑です。六月の下旬から七月にかけて、白や薄紫の花が一面に咲きます。春の植え付けから、黒い土の上にジャガイモのごろごろころがる秋の収穫まで、ジャガイモ畑は目を楽しませてくれます。冬の間に貯えておいたたくさんのジャガイモを、春まで食べます。このキャラメルポテトはおやつにも、夕食の一品にも、人気ものです。

〈材料〉（2〜3人分）
・ジャガイモ大4個
・バター（有塩）200g
・粗製糖100g

〈作り方〉

①ジャガイモを皮ごとブツ切りにしてゆでる。

②熱いうちにジャガイモの皮をむく。

③フライパンに砂糖を入れ、弱火で少し茶色になるまで、木ベラで炒める。

④フライパンにバターを入れ、砂糖とバターをゆっくり混ぜる。ポイントは、バターと砂糖をゆっくり混ぜること。

⑤ジャガイモを入れ弱火で炒める。常に弱火でころがすこと。

⑥ジャガイモがバターにからまるまでコロコロころがす。

※砂糖のかわりに、メープルシロップもお試し下さい。美味。

超簡単マフィン

2月19日

焼き菓子は、あの焼きあがり時の匂いがとくに幸せを感じさせます。台所いっぱいにおいしい香りが流れ、調理時間も三十分ほどというこのマフィンは、バターも使わずローカロリーで良いことずくめのおやつです。甘味をおさえてあるので朝食にもむいています。

リンゴ、バナナ、クルミ、イヨカンの皮の煮たもの、ゴマ、レーズン、チョコレートと中身をかえていろいろ楽しめます。

先日は、オレンジの花水とカモミールの花を入れて焼きました。焼きあがりを二つに割ると、湯気とともに甘いカモミールの香りがします。

型に入れて焼くのでマフィン型があると便利ですが、水ようかんの容器や、アルミホイルのカップ、プリン型などが利用できます。

〈材料〉(基本分量)
・薄力粉250グラム
・ベーキングパウダー大さじ1
・卵2個
・牛乳170cc
・サラダ油60cc
・蜂蜜30～50cc
・好みの果物や木の実など

〈作り方〉
①オーブンを200℃にセットする。型に油を塗る。
②薄力粉、ベーキングパウダーを合わせてふるっておく。
③ボウルに卵、牛乳、サラダ油、蜂蜜を入れ、泡立器でよく混ぜる(ミキサー、フードプロセッサーでもよい)。
④粉と③、好みのナッツなどを入れ、練らないようにさっくり混ぜあわせる。
⑤型に入れ200℃のオーブンで約20分、焼き色がつくまで焼く。
※蜂蜜の量は好みで調節して下さい。

クレソンとクルミと伊予柑のサラダ

2月26日

まだまだ寒い日が続くのですが、ときどき春のような日差しの日があります。
そんな日には、小さな水の流れにクレソンを探しに出かけます。このあたりでは「台湾ゼリ」とよんで、お浸しや胡麻あえにするそうですが、早春のやわらかな緑のものは、生でもおいしく食べられます。
セリ、フキノトウ、タンポポなど春の苦みは、冬の間にたまった体内の汚れをきれいにしてくれるそうです。あくの強いものですので食べすぎないように。

〈材料〉
・クレソン
・クルミ

・オリーブオイルまたはサラダオイル
（イヨカンの絞り汁と同量か倍）
・イヨカン1個
・蜂蜜小さじ1
・塩、こしょう

〈作り方〉

①クレソンはよく洗って、ごみなどをとり除いて水を切っておく。
②クルミは軽く炒ってさましておく。
③イヨカンは二つに割って汁を絞る。
④皮を薄くそいで、千切りにする（白いところは除く）。
⑤オリーブオイル、③の絞り汁、蜂蜜をよく混ぜ、好みの量の塩、こしょうをする。酸味のたりない時は、リンゴ酢かレモン汁をたす。皮を入れる時はなるべく農薬やワックスのかかっていないものを。冬ミカンやネーブルでもおいしい。

※私は果物の種を植木鉢に埋めておきます。そうやって出てきたミカンやビワの苗が、冬の貴重な窓辺のグリーンになっています。

なんにもないときの長ネギ料理

3月4日

この冬、うちで貯えた野菜はニンジン、ジャガイモ、大根、豆、カボチャ、長ネギです。大根は切り干し、カボチャはペーストに加工して冷凍もしておきます。この野菜たちを工夫しながら、長い冬の間使っています。

太くて甘い長ネギは、束にして涼しいところにおいてあります。どろのついた乾いた皮をむくと、みずみずしいネギが出てきてうれしくなります。台所に何もないときよくこれを作ります。

〈材料〉

・長ネギ（太いもの）3本

・サラダオイル、マヨネーズ

・溶けるチーズ、塩、こしょう

〈作り方〉

①長ネギを３㎝くらいにぶつ切りにする。

②中に火が通るまで熱湯でゆでる。

③よく水気を切っておく。

④パイ皿かバットのような容器にサラダオイルを塗って、ネギを並べる。

⑤マヨネーズとチーズを上からかけ、オーブン180℃で20分くらい、こげめがつくまで焼く。

※チーズがなかったら、マヨネーズだけでも大丈夫。おしょうゆを一滴たらしてもおいしい。もっと簡単なのは、このゆでた長ネギにマヨネーズをつけて食べます。甘味があって、白いアスパラガスみたいです。

青大豆のバター

3月11日

昨日、友人のビニールハウスを訪ねました。本葉が出たばかりのパセリや小さな苗のレタスがたくさんあって、生まれたての緑が目にしみます。ベビーグリーンと呼んであげたくなる春の緑です。

私のまわりはまだまだと思っていたら、今朝、庭でスノードロップの芽を見つけました。春はもう近いのですが、三月の台所はまだ冬の貯えでなりたっています。

せめてこの薄いグリーンの豆バターで、春らしい気分を。

〈材料〉
・青大豆2カップ
・バター大さじ4

・塩、こしょう

〈作り方〉

①青大豆を一晩水に浸しておく。

②やわらかくなるまで煮る（圧力鍋が便利です）。

③熱いうちにすり鉢かフードプロセッサーでよくつぶして、バター、塩、こしょうを加え、よく練る。

※パンにつけたり、サンドイッチのバターのかわりにしたり、きつね色に炒めたタマネギのみじん切りとスパイスを入れ、ピタパンに入れたりしています。牛乳で溶かせば、豆のスープができるし、カレーの実にも美味しい。パイ生地の上に卵や生クリームを入れて焼きこむこともあります。甘みを加えず、チーズをのせて焼いてもごちそうです。少量ずつラップに包んで冷凍もできます。

赤ちゃんのサラダ　ゴマドレッシング

3月18日

赤ちゃんのためのサラダではありません。植物の赤ちゃんです。

　アルファルファやマスタードの小さな種で、もやしを作りました。マヨネーズの広口ビンにいっぱいできました。

　小さな葉の出たところをお日様の光にあててあげると双葉はきれいな緑色に変わります。ビタミンCがいっぱいの野菜のできあがりです。

　広口ビンに種を入れ、水に浸して一晩おきます。ガーゼでふたをして、水をきり、暗いところへ置きます。一日に最低一回はすすぎます。二、三センチに芽がのびたら日光にあてます。

　プラスチックの苺パックに土を入れて、シソの種をまきます。小さな本葉が出はじめたところをつみます。小さいけれど、ちゃんとシソの香りと味がします。

パセリの苗床からも、小さなパセリが出ています。

いろいろな香りの小さな葉を集めて、たりなかったら、春キャベツの千切りを加えてできあがりです。

〈材料〉（ゴマドレッシング）
・サラダ油1カップ
・りんご酢⅓カップ
・蜂蜜小さじ1
・塩、こしょう、ゴマ大さじ2

〈作り方〉

ゴマは炒って、すり鉢でする。材料をよく混ぜる。
※種とほんの少しの土とビンがあれば、外はまだ凍っていても、シャキシャキの新鮮なサラダが食べられます。

おひさまの作るパン

3月25日

ガラス越しの日差しがだんだん強くなりました。窓辺の植物も新芽がたくさん出てきました。パンを焼くのも楽になりました。

大きなボウルに入れたパン種を、おひさまのポカポカあたるところにおいて発酵させます。一次発酵も二次発酵もおひさまです。

ほうれん草、ナズナ、ごま、ニンジン、炒った大豆、カボチャなどを入れて楽しんでいます。最近のヒットはいちご数粒をミキサーにかけて加えたものです。焼きたてを二つにわると、フワッと甘いいちごの香りがします。

〈材料〉

・強力粉500g
・卵2個
・牛乳150～200cc（必ず沸かすこと）
・塩小さじ1と½（7g）
・蜂蜜大さじ1と½（野菜など入れるものによって調節）
・ドライイースト小さじ2（9g）

〈作り方〉

①牛乳を沸かし、30℃くらいに冷ましておく。
②ボウルに粉、バター、卵、塩、イースト、蜂蜜をまぜ、よくこねる。野菜類はここで入れます。
③まとめてボウルに入れ、ラップか大きなビニール袋に入れてしばる。（乾くようなら、ぬれた布きんをかける）
④日なたにおいて約2倍にふくらんだら、もう一度こねて、ガスをぬく。
⑤小さくカットして（ちぎらないで）小さくまとめる。
⑥バットか板の上にのせて、もう一度ビニール袋に入れて日なたにおく。
⑦2倍にふくらんだら、オーブン180℃で20分くらい焼く。

※うちでは国内産の全粒粉の小麦粉を使っています。素材のはっきりした手作りのものは、やっぱりおいしい。少しぐらいいい加減でもこのレシピは大丈夫です。パン作りは、思ったより簡単です。

最後のリンゴ

4月1日

少ししわが寄って、そのまま食べるのにはちょっとというリンゴ、台所の隅やかごの中に残っていませんか。「こんなのいる?」と、私も友人に、そんなリンゴを一袋もらいました。大丈夫、使えます。

ホットケーキを焼く時、薄く櫛形にスライスして、ホットケーキ生地の表面が、まだやわらかなうちにのせます。裏返して少しこげめをつけます。表に返してバターをのせて溶かします。砂糖を振りかけて、もう一度、裏返してこげめをつけてできあがりです。簡単なわりには、とてもおいしいのです。


リンゴはドレッシングにも使います。すりおろすか、フードプロセッサーで細かくして油と酢を混ぜます。さっぱりとした白いドレッシングです。

三つめはスープです。マラガトーニスープといって、ネイティヴアメリカンのスープレシピです。ありあわせの野菜や肉、豆などと、小さく刻んだリンゴを入れて煮込みます。月桂樹の葉やシナモン、数種のスパイスを加えます。

〈材料〉

―リンゴのホットケーキ
・小麦粉120g（1と½カップ）
・卵1個
・牛乳½～⅔カップ
・砂糖大さじ1
・ベーキングパウダー小さじ½
・リンゴ¼か½個

―リンゴドレッシング
・サラダ油1カップ
・リンゴ酢¼カップ
・リンゴ½個
・蜂蜜小さじ1
・塩、こしょう

大好きなバナナブレッド

4月8日

私の小さなころ、バナナは高価な果物でした。病気の時とか、お医者様に良い子で行った時の帰りに、ごほうびに買ってもらいました。

そのころのバナナは完熟していて、皮が少し黒くなったりしていました。やわらかくて、独特の甘い香りが私は大好きでした。

このごろのバナナは安いし、みかけもきれいだけれど、農薬やその生産工程を考えて買いません。生協で時々手に入る中国バナナや、昔っぽい台湾バナナを見つけた時だけ作ります。


〈材料〉
・バター90g

・蜂蜜大さじ5（または砂糖）
・卵2個
・牛乳20cc（またはプレーンヨーグルト大さじ3）
・薄力粉250g（2カップ）
・ベーキングパウダー小さじ3
・重曹小さじ1
・バナナ2〜3本

〈作り方〉

①バターをクリーム状にして、蜂蜜、卵、ヨーグルトを順に入れて、泡立て器でかき混ぜる。
②バナナをフォークでつぶす。
③粉類は合わせてふるっておく。型に紙を敷く。
④粉とつぶしたバナナをさっくりと混ぜあわせる。
⑤型に入れ、180℃のオーブンで40分くらい焼き色がつくまで焼く。

※牛乳のかわりにヨーグルトを多く入れたり、粉にオートミールやコーンミール（とうもろこし粉）を加えたり、バターをマーガリンにかえたりもします。甘味をおさえれば朝食に、甘くすればおやつに、しっとりやわらかく焼くことも、しっかりと焼き上げることもできて、このバナナブレッドは、かなりいいかげんに作ってもおいしいのがうれしいのです。

おばあさんの西洋料理

4月15日

亡くなった私の母方の祖母は、母と違って料理の不得意な人でしたが、子供のころの私のお誕生日や、ひなまつりなど「はれの日」は、この卵料理を作ってくれました。

明治生まれの人でしたから、洋食はこれと、ニンジンもジャガイモもキュウリも大きなままのザク切りのポテトサラダの二品で、自慢の「西洋料理」だったのです。

ときどき、懐かしくなっては作ります。少しずつ春になって、心がうきうきしてくるイースターのころは、この卵料理が似合います。


〈材料〉
・卵8個

・ニンジン½本
・タマネギ½個
・合いびき肉100g
・サラダ油、塩、こしょう少々
・卵2個、小麦粉、パン粉（衣用）

〈作り方〉

①卵を固ゆでにする。黄身が中心になるように、ときどき転がす。冷水にとって、皮をむく。

②ゆで卵の中央に十字の切れ目を入れて黄身を出す。

③みじん切りにしたタマネギ、ニンジンとひき肉をサラダ油で炒める。

④黄身をスプーンでつぶして③とよく混ぜ、塩、こしょうする。

⑤白身の中に④を詰める。詰めてから、おにぎりをにぎるようにしておさえる。

⑥小麦粉、とき卵、パン粉の順で、衣をつける（パン粉は二度びきするときれいに仕上がる）。

⑦きつね色にゆっくりと揚げる。ソースやケチャップをつけて、あつあつをどうぞ。

ハーブ畑の春一番のサラダ

4月22日

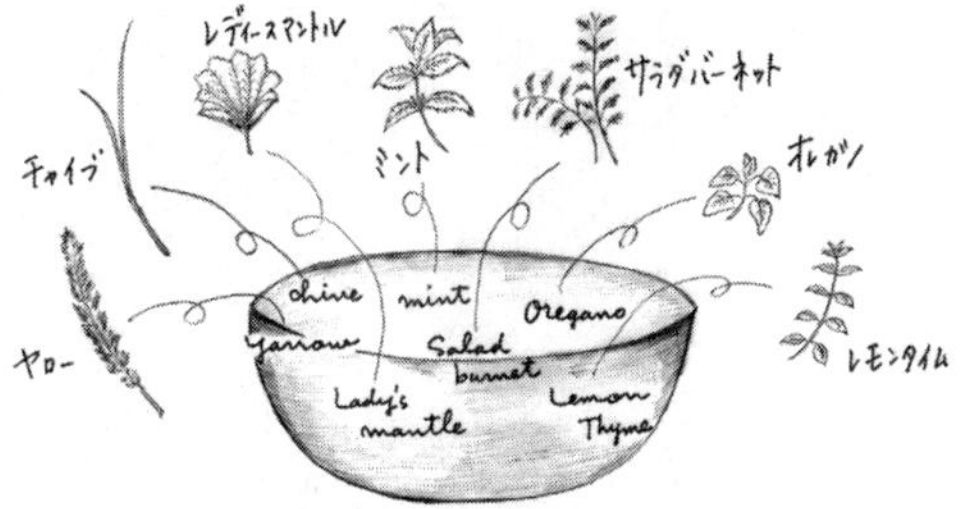

町ではもう桜が満開というとき、ここでは黄スイセンが咲き出し、ヨモギやタンポポがやっと顔をのぞかせます。ハーブ畑でも、小さな葉や芽が枯れ草の下から出てきました。

このころのハーブは、まだ香りも柔らかくて、ほんとうに遠慮がちに出番を待っている小さな妖精です。オレガノ、サラダバーネット、タラゴン、レモンバーム、レディスマントル、ミント、ヤロー、レモンタイム、チャイブ、どれも先のほうを摘んで、さっと水で洗ってサラダ葉やキャベツなどと混ぜます。

まだ幼いハーブの葉は生でも食べやすく、ほのかな香りが身体をリフレッシュさせてくれます。プレーンなフレンチドレッシングに、ほんの少しここで採れた蜂蜜を加えます。「雑」と呼ばれる春の雑草の花の蜜です。アカシアやレンゲの蜜より少し安くて、口いっぱいに広がるさまざまの花の香りが大好きで、パンやクッキーにもよく使います。

ハーブと春のキャベツやレタス、「春」からもらった蜂蜜のサラダは、今年も待ちにまった「春」を運んでくれる私の「今年もありがとう」の元気のサラダです。

—ハチミツドレッシング

〈材料〉

・リンゴ酢¼カップ

・サラダオイル¾カップ

・塩、こしょう少々、蜂蜜小さじ2

たけのこナゲット

4月29日

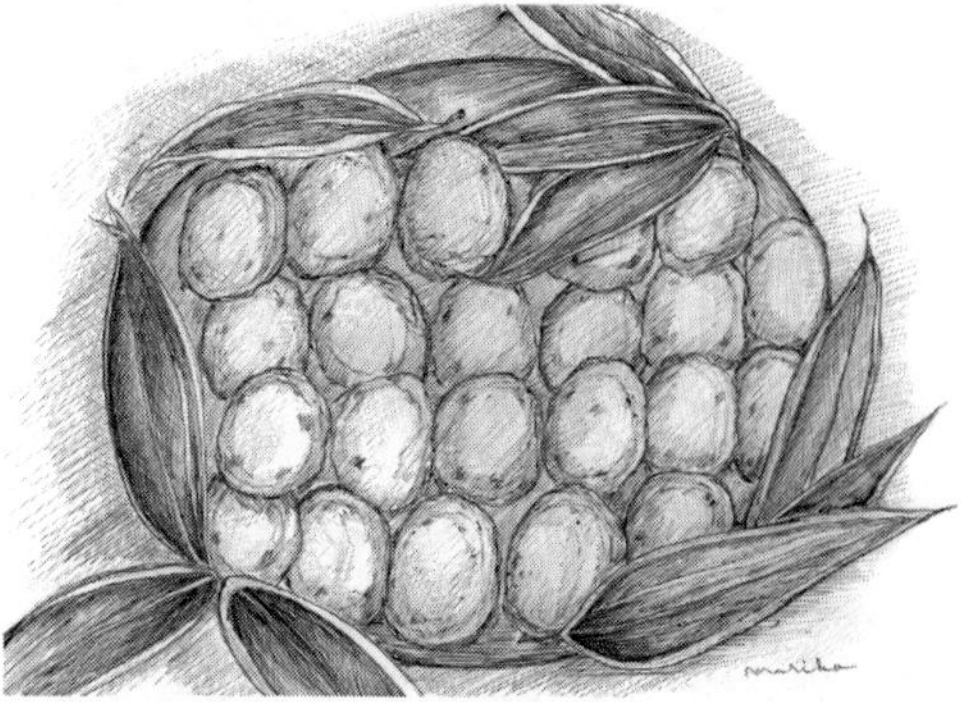

タケノコが安くなりました。

丸ごとドンと大きい一本は小人数の家庭では多すぎるし、大家族にはちょっと少ない。子供たちはたけのこご飯は大好きでも、煮物にはあまり手を出さない。そんな時のお徳用ベジタリアンナゲットです。根元の固い部分も全部使い切れます。

お年寄りにも柔らかくて、繊維のたくさんとれるメニューです。フードプロセッサーがあれば、とても手早く簡単なのですが、おろし金ですりおろしてもできます。

さんしょうの葉を中に入れたり、わかめやひき肉を加えれば、とびきりのごちそうになります。

〈材料〉

・タケノコの根元の部分
・ぬか、トウガラシ
・卵1個
・塩、こしょう、蜂蜜
・パン（食パン、ロールパンなど何でもよい）
・小麦粉

※パンと小麦粉の量はタケノコの水分に応じて、ハンバーグ状にまとめられる固さで調節して下さい。

〈作り方〉

①タケノコに縦に切れ目を入れる。ぬかとトウガラシを入れて、たっぷりの水で竹ぐしが通るまでゆでる。
②皮をむく。タケノコの根元の固い部分を使う。
③フードプロセッサーに、卵とザク切りにしたタケノコを入れ、ミンチにする。
④パンもパン粉状にする。
⑤塩、こしょう、蜂蜜、小麦粉を入れてよく練る。
⑥ハンバーグを作る要領で小さくまとめる。手の中で交互に投げるよう生地をしめる。
⑦小麦粉を薄くまぶして、中火でゆっくりと揚げる。しょうゆ、からし、ケチャップ、ソースなどお好みのタレで。少し濃く味付けすれば、そのままでもおいしい。

タンポポのピザ

5月13日

タンポポがたくさん咲きました。

「野原」という自然の畑でできる植物は、たくさんの元気のもとを運んでくれます。

柔らかい葉と花をちぎって、そのままサラダにしたり、パンにはさんだりします。緑の野菜のない時に、よく庭で摘んで、ハコベやミツバと一緒に刻んでハンバーグの中に入れます。

なかでもかわいらしくて、楽しいのがこのピザです。ピザ台も手作りします。とても簡単なので、たくさん作って冷凍しておきます。

食パンを台にしてもおいしく作れます。台にはピザソースをたっぷり塗って、刻んだベーコンと、よく洗ったタンポポの葉と花をちぎってのせます。溶けるチーズを上にのせて、約220℃のオーブンで焼きます。
できあがりに包丁を入れてから、タンポポの葉と花を飾ります。

〈材料〉（ピザ台）
・強力粉5カップ、あれば全粒粉½カップ
・塩小さじ1、砂糖大さじ1
・オリーブオイル大さじ2、ぬるま湯460cc
・ドライイースト大さじ2
※二次発酵させて切りわけ、めん棒でのばして軽く焼いておく。

〈材料〉（ピザソース）
・パセリ1束
・ニンニク½個（½片ではない）
・ホールトマト缶1（800g）
・塩、こしょう
・オレガノ、タイム、バジルなど各小さじ1

〈作り方〉（おすすめピザソース）
①パセリ、ニンニクをみじん切りにする。
②オリーブオイルでニンニクをきつね色になるまで炒める。
③②にパセリを入れてよく炒める。
④③にトマトを汁ごと入れて中火から弱火で水分が半分以下になるまで煮る。
⑤途中でオレガノ、タイム、バジルを入れ、塩、こしょうする。ピザソースは冷凍できます。ミートソースやカレーの隠し味にもなります。

ホップの新芽のオムレツ

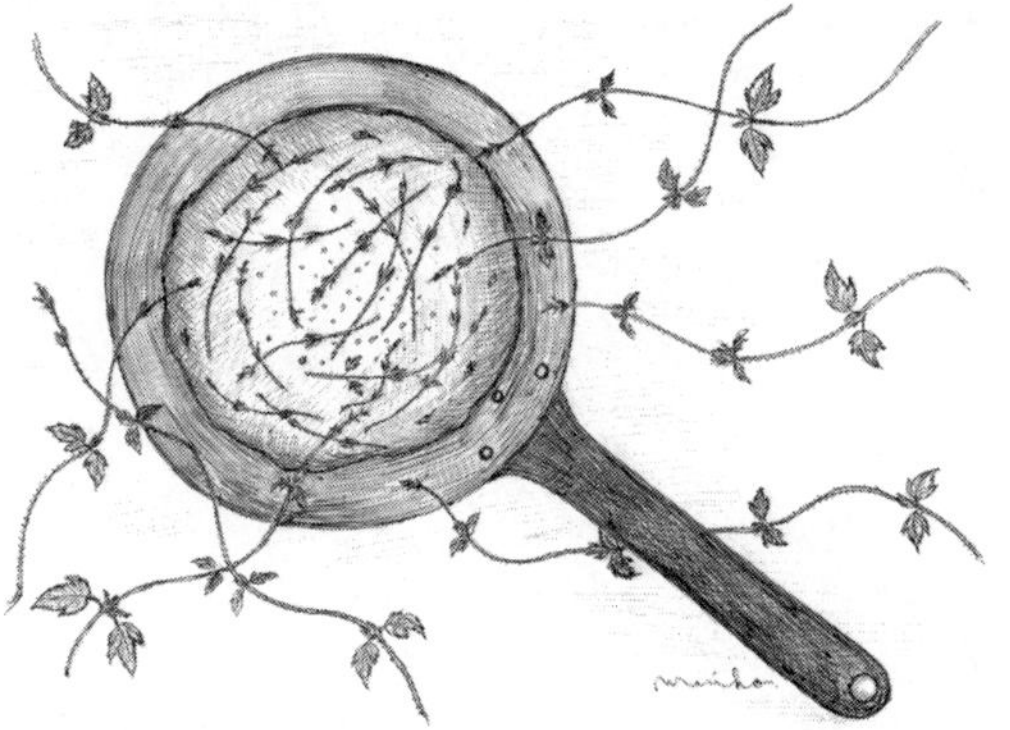

5月20日

春は山や野からの贈りものでいっぱいです。やっと出てきた新芽は、その植物には申し訳ないけれど、少しわけてもらいます。マユミの新芽、アケビのつるの先、カラスノエンドウの先っぽ。畑にない春の味を集めるのは、妖精のごはんをおすそわけしてもらう気分です。

ホップ（西洋カラハナソウ）は、その苞《ほう》でリースや安眠まくらを作ったり、染色をさせてもらう大好きな植物ですが、春の新芽も見逃せません。

昨年、たっぷりからまっていたホップのやぶの場所に、今年も細いつるが出てきています。先のほうを十センチくらいポキンと折ります。

〈材料〉
・両手にいっぱいのホップ
・バター大さじ1
・卵4個
・塩、こしょう

〈作り方〉
①熱湯に塩を入れ、ホップに火が通るまで、さっとゆでる。
②冷水にとって、軽くさらす。
③卵をといて塩、こしょうする。
④熱したフライパンに油をひいて、溶き卵をジャーッと入れる。
⑤手早くかきまぜながら、ザク切りにしたホップの新芽を入れる。そのままの形でも、片がわによせてオムレツ形にしても、好みで。バターを入れて溶けたらできあがり。あつあつをどうぞ。
この料理はシンプルが一番おいしい。

春の花の砂糖菓子

5月27日

雑木林の中のタチツボスミレ、野原のスミレ、カキドオシの花、庭のニオイスミレや小さなビオラ、プリムローズに花壇のパンジー。畑のカモミールやキャットミントの花。ひとまわりすると、小さな花が集まります。

ひとつひとつがいとおしくて、ちゃんと来てくれた春を確かめるように、砂糖菓子にします。小さな花はそのまま、パンジーのような大きな花は、花びらを一枚ずつはずして作ります。できあがったら、ガラスのビンに乾燥剤を入れて保存しておきます。

そのまま食べたり、ケーキにのせたり、紅茶に浮かべたりします。このあいだ、山桜の花で作りました。懐紙にのせて、お茶のお菓子にしても良いような上品な薄桃色の砂糖菓子になりました。

とても簡単で、できあがりは感激的です。お子さんと一緒に作ると喜びます。

〈材料〉

・小さな花（食べられるもの）
・卵白1個分
・あれば、バラ水（卵白がほんのりバラの香りがします）、またはレモン汁小さじ½
・グラニュー糖適量

〈作り方〉

こつは、卵白をまんべんなく塗ること。グラニュー糖のつきにくいところは、花をもって、手で砂糖を上からパラパラとかける。

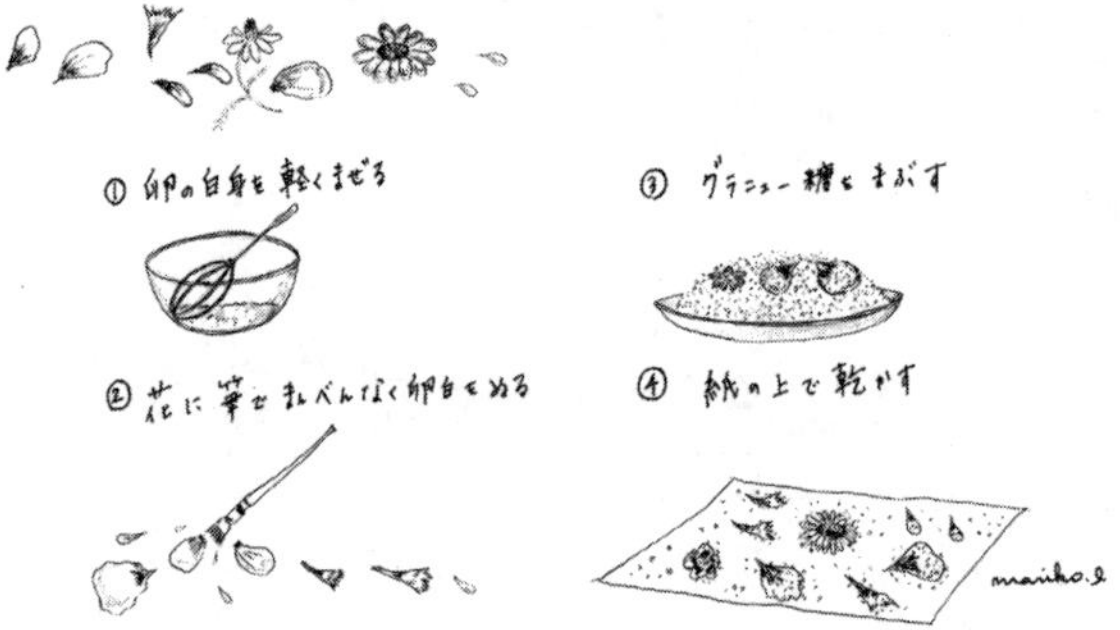

① 卵の白身を軽くまぜる
② 花に筆でまんべんなく卵白をぬる
③ グラニュー糖をまぶす
④ 紙の上で乾かす
maiko.i

甘酸っぱいルバーブのおやつ

6月3日

　ここに住みはじめたころ、ルバーブを植えたくて、種や苗を探しました。信号で車の止まったわきの畑で、一面のルバーブを見つけて、大喜びで友人に話したら、あれはゴボウだと言われてがっかりしたことを思い出します。外国のレシピのジャムやパイが作ってみたかったのです。今、願いはかなって、ルバーブはすくすく育っています。

　このおやつは、仕事場で、なんにもお菓子のない時にさっと作ります。必ずみんな、わーっといって喜んでくれます。

〈材料〉

・ピザの台、またはパイ生地（こんがり焼いた食パンでもおいしい）
・ルバーブの茎1本〜2本
・砂糖
・バター

〈作り方〉

①ピザの台にバターをたっぷり塗る。
②薄くスライスした生のルバーブを台の上に平均に並べる。
③上から砂糖をパラパラとかけて、オーブンに200℃位で、ルバーブに火が通って、端に少しこげめがつくくらい焼く。
④オーブンから出して、もう一度、砂糖

を振る。

※ルバーブは酸っぱいので、ちょっと多めに砂糖をかけます。バターと砂糖のこうばしい匂いとルバーブの酸味がきいて、簡単だけれど、上等な初夏のお菓子のできあがりです。

—ルバーブ（食用ダイオウ）／タデ科
茎をジャムに煮たり、パイの中身に使ったり、果物といっしょに生で食べる。葉は蓚《しゅう》酸が含まれているので食べられない。根は染料に。寒さに強く、丈夫。ここでは春一番のパイジャムになる、たのもしい植物。

ニンジンとカシューナッツのスープ

6月10日

この野菜とナッツの組み合わせは、最近、気に入っているスープのひとつです。

台所には、ニンジン、タマネギ、ジャガイモ、長ネギ、ニンニク、クルミ、ピーナッツ、ヒマワリやカボチャの種、大豆、小豆、青豆などが常備してあります。旬のものとこの基本の野菜でメニューを作ります。

うちのスタッフが、庭で生ゴミを埋めていた時に、若い男性に「手が荒れるでしょう?」と聞かれました。彼女は、手が少々荒れることより、心が荒れるのはいやと、都会からここへやってきました。

その手は、マニキュアは似合わなくなったけれど、素顔はピカピカ輝いて、素敵な笑顔です。畑仕事も、料理も、絵を描くことも、花を生けることも大好きで、気持ちの良い自然の中で、自分のからだの調子に合わせて、旬の野菜を食べられるのは本当に幸せと、いつも感激しています。

素朴で元気な、心もからだも豊かにしてくれる料理をどうぞ食卓へ。

〈材料〉（4人分）

・スープストックか固形スープ6カップ
・ニンジン2〜3本、青味の野菜少々
・カシューナッツ1カップ
・月桂樹の葉1枚
・塩、こしょう

〈作り方〉

①スープストックでザク切りにしたニンジンを柔らかくなるまで煮る。

②ニンジンを裏ごし、または、フードプロセッサーでピューレにする。

③カシューナッツを軽く炒って、すり鉢かフードプロセッサーですりおろし、スープストックでのばして、ピューレにする。

④②と③を混ぜ、ニンジンを煮たスープと月桂樹の葉を入れて、強火で煮込み、塩、こしょうする。

※好みで、牛乳を入れてもおいしい。スープの上にニンジンの若い葉やディル、パセリのみじん切りなど青味をのせるときれいです。サワークリームをちょっとたらすとさらにごちそうです。

山のピラフ

6月17日

休日には、コンフリーのお風呂に入って、スギナのローションを作って、顔や手足につけました。お金のかからない私の楽しみのひとつです。

ここに来たころは、植物図鑑といつも一緒でしたが、今は、日常として植物とかかわることができて、本当に幸せです。

まわりには、天然の素材がいっぱいで、ますますうれしい季節です。

野の蕗《ふき》は、春のフキノトウからはじまって、初夏のこのピラフまで、心ゆくまで食べさせてもらいます。食べきれない葉は染色に使います。

ニンジンのオレンジ色とフキノトウの薄緑色と野草の深緑が美しい、山のピラフです。

〈材料〉
・米5カップ
・スープストック5カップ
・白ワイン½カップ
・バターかオリーブオイル大さじ5
・塩、こしょう、砂糖少々
・タマネギ1個
・ニンジン1本
・野蕗5本ぐらい
・月桂樹の葉、野草
・鶏肉(好みで。蕗を煮るときに一緒に)

〈作り方〉
①米をよくといで、ざるにあげておく。
②タマネギ、ニンジンはみじん切りにして、バターかオリーブオイルでよく炒める。
③米をバターかオリーブオイルで、すきとおるまで炒める。
④蕗をゆでて、あくを抜いたものを刻んでオリーブオイルで炒め、塩、こしょう、少々の砂糖で薄味をつけておく。
⑤スープとワインを火にかけて、塩、こしょうする。
⑥熱いスープと②③、月桂樹の葉を入れて炊く。
⑦ウコギ、ミツバ、オオバコなど野草をゆでて、水にさらし、ぎゅっと絞って刻んでおく。
⑧④をごはんの炊きあがる直前に入れ、味を整える(塩、こしょう、バターなど好みで)。

⑨盛りつける時に⑦の野草を釜に入れ、よく混ぜ合わせる。

※蕗の葉を薄味で煮てピラフを包んだり、生の葉にピラフをのせると楽しいごはんになります。

ごちそうチキン　３パターン

６月24日

カッコウが鳴いて、緑の匂いが強くなって、いよいよ初夏です。ワイルドストロベリーが食卓を飾ってくれます。この一週間に、ズッキーニやカボチャ、ハーブ、草花の苗も植えました。鶏のもも肉を使った、下ごしらえは共通、アッという間の、簡単、美味の料理です。

〈材料〉（３パターン共通・４人分）
・鶏のもも肉４枚
・オリーブオイル大さじ2
・ローズマリー２枚
・小麦粉少々、サラダオイル

〈作り方〉

①鶏のもも肉を二つに切り、竹串で皮にポツポツと穴をあけておく。

②①をオリーブ油、ローズマリーで漬けこむ（1時間～1日）。材料がない時や面倒な時はこの部分を省略しても大丈夫です。

③鶏肉に小麦粉をまぶす。余計な粉ははたいておく。

④サラダ油で、こんがりと揚げる。中まで完全に火が通らなくてもよい。

Ⓐゴマと蜂蜜味

しょうゆ1カップ、蜂蜜½カップ、炒りゴマ½カップをひと煮たちさせたところへ、揚げた鶏肉を入れて、からめ、火を通す（やわらかくて、お年寄りにも好評です）。甘味は好みで加減して下さい。食べやすい大きさに切って食卓へ。

Ⓑオレンジ煮

ニンニク一片を薄くスライスして油でこんがりと炒めて、オレンジジュース2本（400㎖）入れ、ひと煮たちさせ、鶏肉を入れて火を通す。好みの塩、こしょう、パセリなどをちらして。

Ⓒ白ワインタイム風味

カップ2杯の白ワインと一束の生のタイムを煮たたせ、鶏肉を入れ、火を通して塩、こしょうする。

※今ごろのタイムは花がついてきれいです。花ごと入れると豪華。山麓にはイブキジャコウソウという近縁種もあります。同様に使えます。

七月のバラ

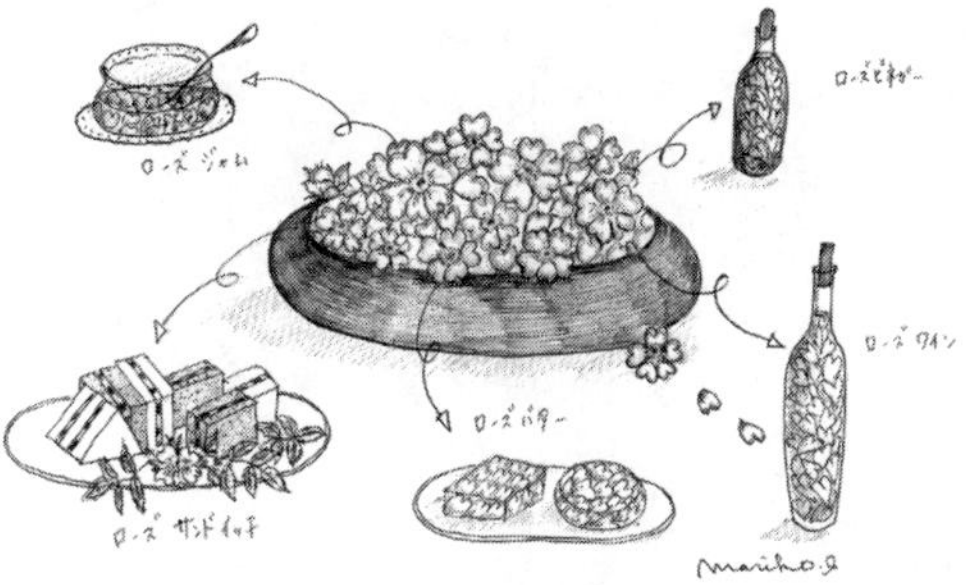

7月1日

四種類のオールドローズとハマナスと野生の野バラが次々と咲きはじめました。

今日はフレンチローズの花をかごいっぱい摘みました。このフレンチローズと次に咲くダマスクローズは香料をとるバラで、寒さにも病気や害虫にも強い、たくましいバラです。葉がリンゴの香りのするスイートブライヤーや、野バラそのままのドッグローズも、食卓を飾ります。

七月の台所はバラがいっぱい。一年のうちの、はなやかな幸せなひとときです。

―バラのジャム

〈材料〉
・バラの花びら1カップ
・砂糖½カップ

〈作り方〉

バラの花びらをさっと洗い、水をひたひたに入れて、半分の砂糖を入れ、弱火で煮る。花びらが透きとおって火が通ったら、残りの砂糖を入れて煮つめる。甘さは好みで。

※バラが少ししかとれない時は、毎日、少しずつ作って冷凍して、あとで一緒にします。

―バラのバター

〈材料〉
・バター¼ポンド
・バラの花びら

〈作り方〉

ラップをひろげ、花びらを敷く。バターを置き、両わき、上部も花びらでおおう。ラップをして一晩おく。バラの花びらと香りのついたバターを、そのまま切って、パンにつけて食べる。

ガー、蜂蜜に花びらを浸したローズハニーなど、バラの楽しみはいっぱいです。

―バラのサンドイッチ

〈材料〉
・薄切りの食パン、クリームチーズ
・バラの花びら

〈作り方〉
サンドイッチ用パンにクリームチーズをぬり、花びらをはさんで、一口サイズに切る。好みで、中身にシナモンや砂糖をふる。

※ワインビネガーにバラを入れたローズビネガーや、白ワインに花びらを入れたロゼワイン、グラニュー糖に乾かして砕いた花びらを入れたローズシュ

梅酒で作った即席漬け

7月8日

窓の外はあふれるほどの緑です。雨のあとの庭の匂いや色は、また格別です。
梅雨のこの時期に、青い梅を見ると、梅酒やシロップをたくさん作りたくなります。青い実の入ったガラスビンを並べて、もうそれで満足してしまいます。
シロップは季節のうちになくなってしまうけれど、梅酒は年ごとにたまってしまいます。この梅酒で野菜を漬けたら、とてもおいしいサラダ感覚の即席漬けができあがりました。とれすぎた二十日大根やミニ大根も、かわいらしいオードブルになりました。

〈材料〉

・セロリ、二十日大根、ミニ大根、キュウリ、ニンジンなど。

〈作り方〉

①野菜は軽く塩をまぶして30分ほどおく。

②野菜の水を切って、ガラスビンや密閉容器に入れる。

③梅酒をたっぷりと②に入れる。二、三日で食べられます。塩が甘いようなら、①で少し塩を多めに。梅の実も刻んで散らして食べましょう。

ラベンダーソーダ

7月15日

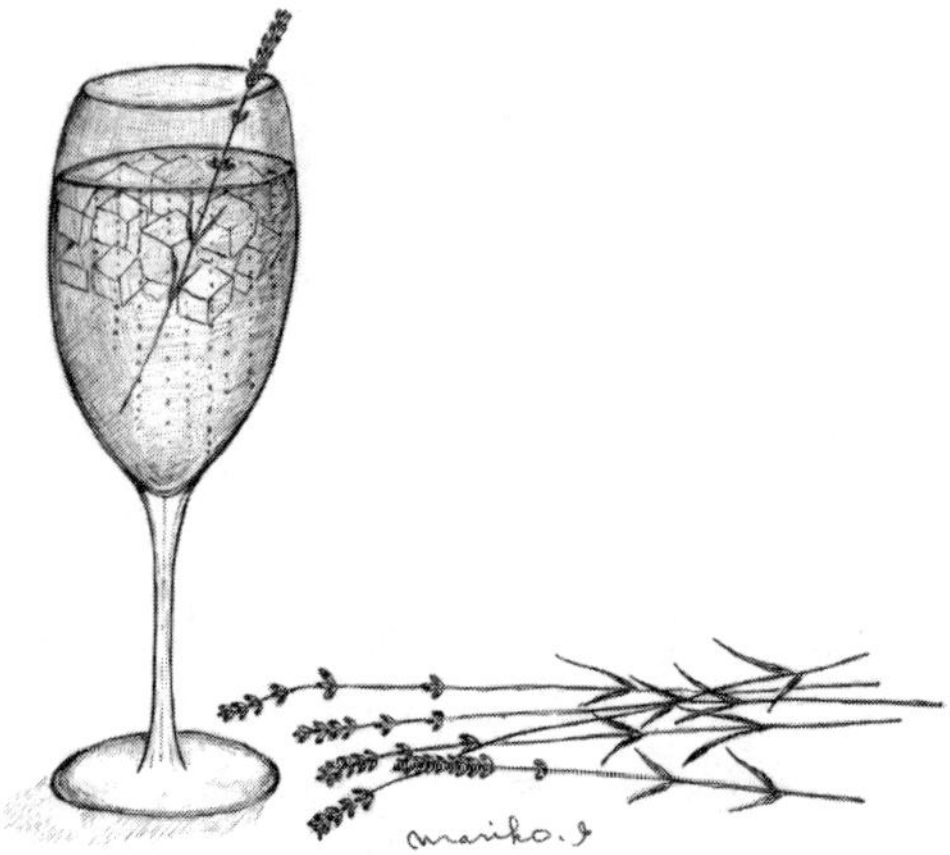

ラベンダーの花が色づきはじめました。良い香りを楽しむためには、小さな粒々のつぼみが開かないうちに摘みとります。小さな束をつるして乾燥させたり、花の部分を中にとじこめて、リボンで編みこんでいくラベンダースティックを作ります。

生のラベンダーに触れられる七月もまたぜいたくでさわやかな季節です。乾燥したラベンダーの花は一年中使えますが、この季節ならではのフレッシュな香りをお楽しみ下さい。

〈材料〉
・ラベンダーの花束ひとつかみ
・熱湯3～4カップ

・グラニュー糖大さじ3（量は好み）
・ソーダ水

〈作り方〉

①ポットにラベンダーの花を入れて熱湯を注ぐ。
②30分ほどむらしておく。
③まだ温かいうちに砂糖を入れて溶かす。
④氷をたっぷり入れ、さました③をグラスの⅓ほど入れ、満たす。
⑤太い茎のラベンダーを一本、マドラーがわりにさしてできあがり。この枝で軽く混ぜてからいただきます。

※氷をふきんで包んで、さらに細かくたたいて入れたり、洋酒やレモン果汁を入れたり、アレンジして楽しんで下さい。香りの飲みものですので、お客様には少し薄目に。

アンズのドレッシング

7月22日

ここの夏は、キッチンにとって、とてもうれしい季節です。

友人の畑のサニーレタスやブロッコリーを、今日もかごいっぱい運びこみました。私のパッチワークのような小さな畑からは、ズッキーニやレタス、青ジソ、ワイルドストロベリー、さまざまなハーブや花がとれます。

近くの農場の即売所では、小さなニンジンやグリーンマスタードなど、その日によって思いがけないものを売っています。八百屋さんは、朝早くから市場で、しっかりしたマッシュルームや食べごろの桃を見つけてきてくれました。別の友人は、ざるいっぱいの赤房スグリを持ってきてくれました。

たくさんの人に支えられて、キッチンの冷蔵庫と調理台は野菜がぎっしりです。大好きな素材がたくさんあると、お料理もさらに楽しい。百色のクレヨンをもらった子供みたいな気分です。

あんず色の美しいドレッシングは、自慢の一品です。

〈材料〉

・アンズ5個、蜂蜜小さじ1〜2
・サラダオイル1カップ
・塩、こしょう

〈作り方〉

①アンズを二つにわる。

②フードプロセッサーに材料を入れて、アンズが細かくなるまで混ぜる。

※フードプロセッサーを使わない時は、アンズを細かく刻んだら、黒ずまないうちに、すぐサラダオイルにつけて調理する。酢はアンズの酸味をみて、好みで足す。

※サラダオイルをアーモンドオイル、蜂蜜をメープルシロップにしたらこれもまた美味でした。よく熟れたアンズではなくて、まだ酸っぱくて手のだせない「困った」アンズが、役に立ちます。

Hot July brings cooling showers,
Apricots and gilly-flowers.
mariko.i

ズッキーニのオーブン焼き

7月29日

ズッキーニは、大きなキュウリのような姿をしたカボチャの仲間です。小さな苗は、あれよあれよと大きくなって大収穫です。大きなかごに、ピカピカ光る黄色や緑のズッキーニをごろごろ入れると幸せな気分です。

生をたて割りにザクザク切って、サワークリームマヨネーズで食べるのは、私の英語の先生で、大好きなお友達のシャロンさんに教えてもらいました。お皿に山盛りのズッキーニもペロッと食べられます。みそマヨネーズもおすすめです。

お料理、詩や映画、庭のこと、彼女の感性が私は好きで、おしゃべりをしているうちに素敵なアイデアをもらうことも時々です。

「生でバリバリ」より、ほんの少し手をかけただけで、楽しくておいしい「オーブン焼き」です。

〈材料〉
・ズッキーニ大2本
・バター大さじ1
・マヨネーズ少々
・溶けるチーズ
・塩、こしょう

〈作り方〉
①ズッキーニをたて二つに割る。
②1㎝くらいの厚さで外側を残して、中身をスプーンでくり抜く。
③中身を細かく刻んでバターを混ぜる。
④マヨネーズを③に混ぜて塩、こしょうをし、くり抜いたズッキーニに詰める。
⑤上から溶けるチーズをかけて、オーブン180℃～200℃で約30分焼く。チーズに少しこげめがついて、中に火がとおったらできあがり(竹ぐしをさしてみる)。

※小さなズッキーニだと、品のよいオードブルに。大きなのはデンとテーブルにのせると、ワッと言ってくれます。一口ずつに切ってどうぞ。ビールに合います。

キュウリの冷たいスープ

8月5日

「この欄を楽しみにしています」「切り抜いてとってあります」「作ってみました」と声をかけられたり、励ましのお手紙をいただくことが多くなりました。ちょっと照れくさいけれど、とてもうれしい。ありがとうございます。

連日、暑い日が続きます。それでも、緑の木陰や、ときおり吹く風や、思いもかけない美しい夕暮れに出合うと、また新しい元気がでます。

青々とほんとうに新鮮な採りたてのキュウリをいただきました。そのままかじってももちろんおいしいけれど、ときには目先をかえて。

キュウリは身体を冷やす食べものですから、こんな暑い時には、ぴったりです。

〈材料〉（4人分）
・キュウリ4本
・ニンニク2片
・スープストック2カップ（又は固形スープ2カップ分）
・生クリーム½カップ
・牛乳4カップ
・塩、こしょう

〈作り方〉
①キュウリをフードプロセッサーで刻むか、下ろし金で荒く下ろす。
②ニンニクはうすく切って油できつね色に揚げておく。
③牛乳、スープに①のキュウリをなべに入れて塩、こしょうをして、さっと火を通す。
④冷蔵庫でよく冷やしてから、食卓へ。
⑤②のニンニク生クリームを浮かべてどうぞ。

※ちょっとごちそうのときに、オレンジジュースで煮たエビと、やわらかく炊いた「きび」を小さく丸めたものと、青トウガラシをちらしてみました。見ためも味もなかなかでした。

夏野菜のラタトゥーユ

8月12日

町から車で森の方向に走ってくると、いつも緑のいい匂いがします。樹々とその下草と落ち葉と土の匂いなのでしょうか。ホッとする優しい香りです。私は東京から移り住んできたのですが、いつもこの香りをかぐたびに、都会は「何」とひきかえに、こんな大切なものを失ったのだろうかと思います。

夏も真っ盛りになると、ナスもトマトもズッキーニもたくさん採れるようになります。こんなに新鮮な野菜が育つところに暮らせて幸せです。

オリーブ油でニンニクとこの夏野菜を炒め煮したラタトゥーユは、とれたての野菜をたっぷり食べられる、簡単で魅力的な料理です。

お日様をいっぱい浴びて育ったつやつやの野菜は、そのまま元気のもとです。どうぞ、たくさん食べて、夏バテ防止に。

〈材料〉
・ズッキーニ4本
・ナス4個
・トマト1〜2個
・他にピーマン、青トウガラシなど
・ニンニク3片
・オリーブオイル1カップ
・塩、こしょう、生のスイートバジル、タバスコなど

〈作り方〉
①厚手のなべに油を入れ、みじん切りにしたニンニクをきつね色になるまで炒める。
②輪切りにしたナスを①のなべに入れて、よく炒める。
③②をボウルにあけ、スライスしたズッキーニをオリーブ油で炒める。
④②と③を一緒にして、みじん切りにしたトマトを入れ、煮こんで塩、こしょうする。あればバジルを刻んで入れ、好みで、トウガラシ、タバスコを加える。

野菜のズッキーニみぞれ合え

8月19日

この夏は、ズッキーニとほんとうになかよしになりました。

毎日、ズッキーニの入ったパンを焼いています。中にはシナモンとメース（ナツメグの実の薄皮）とクルミを入れます。

今日は鮭とズッキーニのテリーヌを作りました。ズッキーニグリーンとサーモンピンクがとてもきれいでした。

料理学校に通っているアルバイトの千春ちゃんは「ズッキーニってすごいですね」とキッチンの中で毎日喜んでいます。千春ちゃんは、お客様で来て、「キッチンがとても楽しそうなので」と夏のアルバイトの声をかけてくれました。

どっさりとれたナスやズッキーニがおいしい料理を教えてくれます。いつも素材に感謝して、大切に使っていると、素朴なレシピがこのキッチンから生まれてきます。
これも超簡単、きれいな緑色が食欲をそそる一品です。

〈材料〉
・ズッキーニ中2本
・リンゴ酢½カップ
・蜂蜜か砂糖小さじ1
・塩少々
・野菜（大根、ブロッコリー、レタスなど一種類）

〈作り方〉
①ズッキーニをすりおろして酢、調味料を入れる。
②食べやすく刻んだ野菜を①であえる。
※大根の千切りとあえたもの、生マッシュルームをスライスしてあえたのが私は好きです。ほんの少し、おしょうゆをたらしてもおいしいし、三杯酢も合います。

ブルース・ゴア氏の銀鮭

8月26日

旬のここでとれたものを大切に食べるという考えはいつも変わりませんが、輸入の食料品を眺めるのは、本屋さんで外国の小説や絵本を手にとるのと同じように、ワクワクしてしまいます。

七月の暑い日、東京のスーパーマーケットに、ちょっとワクワクしに寄って、「スモークサーモンキャンディ」という鮭の薫製をみつけました。皮つきのまま、蜂蜜につけこんでスモークされたあめ色の鮭です。

輸入会社に電話して、直接、送ってもらうことにしました。「うちの製品は添加物も一切なく、自信をもっています。ほかにもいろいろありますから」ととても喜んでくれて、丁寧な応対でした。

それからすぐに大きな鮭が送られてきました。その輸入会社の社長の友人で、カナダの漁師のブルース・ゴアさんが一本ずつ釣って、二時間以内に血抜きをして冷凍し、魚ごとに彼の名前と通し番号の入ったタグまでついた、なんだか立派な魚です。

久しぶりの魚に生つばをのみこんで包丁を研ぎました。それは実にみごとな魚で、刺し身やたたき、一晩、みそにつけてそのまま薄切り、レアステーキ、テリーヌや揚げだんご、骨はスープストック、皮はから炒りしたりと一本の鮭を余すところなく、利用しつくしました。

海でのびのび泳いでいた魚が、蓼科の台所のまな板の上にでんとのっているのは、不思議です。というわけで、身近な材料ではないので今回は作り方は書きません。「私にとってのちょっとぜいたく」なお話です。

それから、鮭にそえられていた、ほぼ私と同年配のゴア氏のりりしい写真のせいか、うちの冷凍庫にはこの鮭の二本目が、ほかのものをおしのけて、ゴロリと入ることになりました。

暑い日のミントとフルーツのパンチ

9月2日

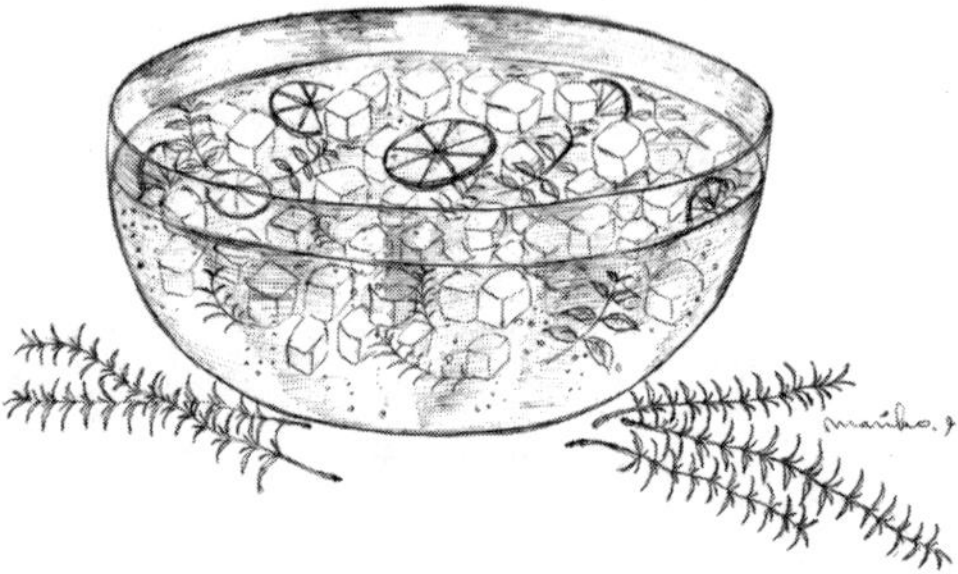

空は秋の色で、オミナエシやススキ、ワレモコウが咲いて、赤トンボがとんでいるのに「夏」は暑さだけを置き忘れたようです。

ベランダの鉢植えも水を欲しがっています。このところ、このパンチの出番は多くて、身体も喉もホッと一息つきます。

昨日も、東京からのお客様に大きなボウルに入れて、たっぷり味わっていただきました。作り方を、たくさんの方に聞かれましたから、やはりおいしいのです。

〈材料〉（5〜6人分）

・生のミントの葉を両手にいっぱい（乾燥したものは片手にいっぱい）

・熱湯400cc
・砂糖1カップまたは、蜂蜜かメープルシロップ1カップ
・アップルジュース600cc
・好みのハーブの葉、花、リンゴ、ナシ、ブドウ、グレープフルーツ、レモン、ライムなど、好みのフルーツ
・白ワイン少々
・炭酸200cc
・コアントロー（洋酒）少々

〈作り方〉

①ミントの葉をボウルに入れ熱湯を注ぐ。砂糖を入れ、よく混ぜて、そのまま30分くらいおく。濃いめに出す。

②①をこして冷やす。

③冷やしたミントティーにジュース、果物、ハーブ、洋酒などを入れ、氷を入れる。

④炭酸で割る。

※ジュースはなるべく100％果汁のものを。甘味の量は好みで。果物がなかったら、ハーブだけでも。

―パンチにあうハーブ

ミント類、レモンバーム、ローズマリー、レモンタイム、レモンバーベナ、ニオイゼラニウム類、フルーツセージ、パイナップルセージなど

完熟トマトのスパゲティ

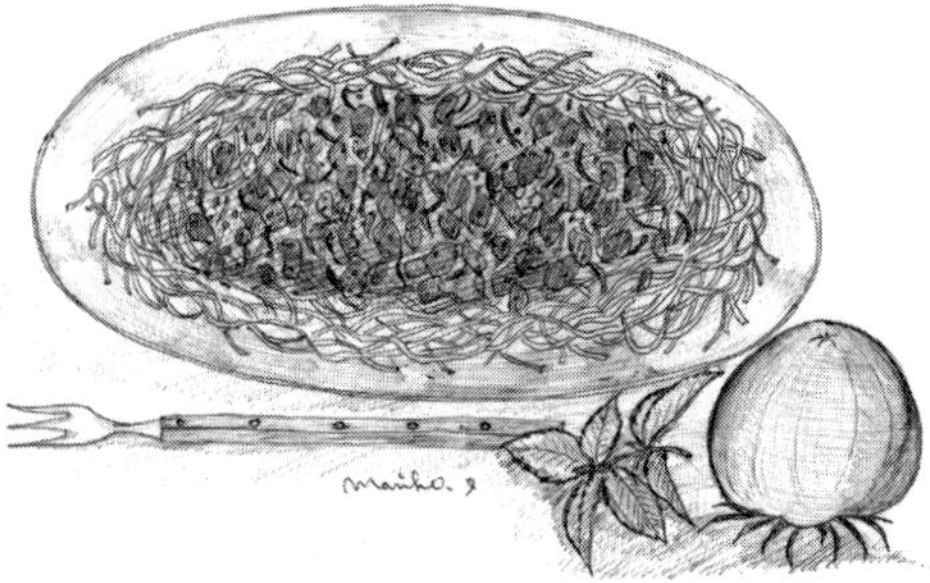

9月9日

やっとトマトが、たくさん採れるようになりました。枝で熟したトマトは甘くて、トマトの匂いがして、ほんとうにおいしい。

小さい頃のうちの子供たちも、下校の途中の畑でいただくトマトが大好きでした。私も、もぎたてのお日様のぬくもりの残ったトマトを食べるのが好きです。

その感じがそのまま味わえるトマトスパゲティです。スープの多いこのスパゲティは、トマトの香りとトマトの色だけでなく、お日様の匂いもしてきそうです。

〈材料〉(4人分)
・よく熟れたトマト8個
・ニンニク4片

・バジルの葉、タイム、オレガノの葉
・塩、こしょう
・スパゲティ400g

〈作り方〉

①トマトを皮ごとザクザク切る。
②ニンニクをみじん切りにして、オリーブ油できつね色になるまで炒める。
③①を入れてよく煮る。水分がでてきたら、タイムの枝、みじん切りのオレガノの葉を入れる。少し煮つめてから、バジルの刻んだものを入れ、塩、こしょうをして火をとめる。

※バジルはできれば、フレッシュがおいしい。ハーブがなければ、ニンニクだけでもさっぱりとしておいしい。ゆでたてのスパゲティにバターを一かけ入れて、トマトソースをかけて、いただきます。お好みで粉チーズをかけて。

スパゲティスクワッシュ

9月16日

大きな夕顔、アラジンカボチャ、糸ウリ、ハロウィンのカボチャなど、いろいろな形や色のウリやカボチャは並べておくだけでも楽しくなります。秋からのドンと大きな贈りものといった感じです。

スパゲティスクワッシュとも呼ばれる糸ウリは、粕漬けや酢のもの、サラダだけではなく、その名のとおり、スパゲティにして食べると、お皿とスパゲティの二役をこなして、おいしい簡単メニューができあがります。

〈材料〉(4人分)

・糸ウリ2個(大きなものは1個)

・熟れたトマト2個

・タマネギ½個
・ひき肉少々、あればバジル
・塩、こしょう、固形スープ少々

〈作り方〉

①ミートソースを作る。サラダ油をしいて、みじん切りのタマネギ、ひき肉を炒める。
②ザク切りにしたトマトを①に入れて煮こみ、味をととのえる。
③糸ウリを横二つに割って種の部分をくり抜く。
④くり抜いた部分にミートソースを入れ、約180℃のオーブンで40分くらい焼く。上部がこげてきたら、アルミホイルをかぶせる。竹ぐしが通れば、できあがり。

※熱いうちに食卓へ。フォークで中身をほぐしながら食べます。

イギリスもおいしい
「ポットローストチキン」

9月23日

イギリスに行ってきました。イギリスの食事はまずいとよく言われますが、林望さんの「イギリスはおいしい」をぜひ読んで下さい。「おいしい」の意味がわかります。

湖水地方に住む知人のエドワーズさんご夫妻を訪ねて、最初の晩にいただいたお料理です。楕円型のふたつきの陶器に入れて、じっくりとオーブンで蒸し焼きにしたチキンに、ゆでたワイルドライスとクルジェット（ズッキーニ）をそえて、バターソースでいただきました。

デザートは、午前中にお友達の農園で一緒に摘んだ、ダムスンベリーというプルーンを小さくしたような実を並べて焼いた、あつあつのパイでした。

〈材料〉
・鶏一羽、フレンチタラゴン一枝
・クルジェット（ズッキーニ）4本
・ワイルドライス適量、オリーブ油
・バター大さじ4、塩、こしょう少々

〈作り方〉
①鶏の表面に、塩、こしょうをよくすりこむ。
②陶器の底に油をぬって、鶏を入れる。フレンチタラゴンを一枝のせて、ふたをする。
③オーブン180℃～200℃で約1時間から2時間焼く。
④クルジェット(ズッキーニ)を輪切りにしてゆでる。ワイルドライスを炊く。

食卓でチキンを切りわけて、野菜をそえ、あつあつのバターソースをかけます。

退職後、田舎のコンパクトなここちよい家に移りすんで、庭を手作りして、朝食のパンくずを小鳥にやっているエドワーズさんご夫妻。これがイギリス人の、最も憧れる老後なのでしょう。白ワインを飲みながら食べたこのシンプルなお料理は、主婦が忙しくすることもなく、ゆっくりとお話もできて、ことのほかおいしかったのでした。

※ワイルドライス
日本のお米と違って細ながく、パサパサした感じです。野菜の感覚で食べるようです。

イギリスもおいしい「とびきりのスコーン」

9月30日

スタッフの万里ちゃんはスコーン研究家です。前回のイギリス旅行でも、彼女は目につくかぎりのスコーンを食べて、帰ってからも何度も試作をくりかえしました。

「スコーン」は単純な焼き菓子ですが、材料の微妙な割合と、作り方にちょっとしたコツがあります。

今回も、小さな町の小さな店のショーウィンドウに、たっぷり並んだ作りたてのケーキに、つい手を出して、その甘さに一つやっと食べるのが毎度のことでした。

「スコーン」はあまり甘くしません。その分、添えてあるジャムやクリームを好みでつけて食べるので、私は大好きです。

イギリスのハーブ研究家のレスリーが、中国、日本と旅を続けて、長野にも寄ってくれた時、このスコーンとたっぷりの紅茶を出しました。ほんとうにうれしそうな笑顔で食べてくれました。「外側パリッ、中側しっとり」をめざして、今なお研究中ですが、これは現在、二重丸のレシピです。

〈材料〉

- 全粒粉100g、薄力粉125g
- バター40g
- 塩ひとつまみ
- 重曹小さじ1
- ブラウンシュガー25g
- 卵1個
- 牛乳50cc
- あればコアントロー少々
- レモンのしぼり汁小さじ2

〈作り方〉

①粉、重曹、塩を合わせてふるい、バターを加えて手でよく混ぜる(バターが粉になじむまで、両手でこすりあわせてよく混ぜる。バターの香りがプーンとするまで。ここが大切です)。

②砂糖とレモンのしぼり汁、コアントローを加える。

③卵を軽く泡だて牛乳と混ぜる。②に少しずつ入れて、まとめる。

④打ち粉をした台の上で生地を軽くこね、なめらかになったら2cmの厚さにのばす。

⑤丸い型で抜き、天板に並べ、180℃の

オーブンで10分から15分、表面がキツネ色になるまで焼く。

※スコーンの型はジュースやビールの空き缶で代用できます。

オーブンは、ガスより水分のでない電気のほうがうまく焼けます。丸い形が、そのままもち上がったかっこうで途中からパクッと二つに割れるようなのが、いいのです。

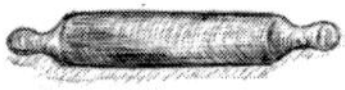

イギリスもおいしい「ベジタリアンメニュー」

10月7日

ロンドンのコベントガーデン近くのニールズヤードには、ハーブ、パン、チーズ、自然食品の店、オープンキッチンのテイクアウト専門のベジタリアンカフェなどが、小さな三角の広場を中心に並んでいます。

花とツタがたっぷりとからまったシンプルで小さな店ばかりです。パン屋さんの二階は小さなティールームです。アンティークの湯沸し器から出るお湯を入れた、あつあつのミルクティー、素朴な味のにんじんケーキと木の実のケーキ、窓からの柔らかな日差し、小さな木のテーブル。幸せなひとときを過ごしました。

その近くの「フード・フォー・ソート」という素敵な名前のベジタリアンレストランも、お昼になると、並んで順番を待つにぎわいです。

みそスープやキッシュ、サラダ、全粒粉のパン、ケーキなどを入り口のカウンターで買って、自分の席に持っていきます。私はほうれん草のキッシュとサラダを食べました。

若い人やビジネスマン、お年寄りに学生、子供連れと様々の人が、その日のお昼を狭いところで、大切においしそうに食べています。ベジタリアンはみんな良い人と思ってしまいそうな風景です。

それから、「クランクス」という店で、カレー味の木の実とゴマのペーストをはさんだ、キャラウェイの種の入った丸パンと、細切りニンジンとチーズをはさんだ、ひまわりの種のたっぷりついた丸パンのサンドイッチを買いました。読んでいるだけでもおいしそうでしょう？

あれも、これも食べてみたいけれど、一日に三度の食事が限度です。

出されたものは感謝をしていただいてしまう、いいかげんなベジタリアンの私にも、イギリスのベジタリアンメニューは、おいしくて、素朴で、ふだん着で、なかなか良かったのでした。

—フード・フォー・ソートの今日のサラダ

〈材料〉
・キュウリ1本、セロリ½本
・オレンジ

・アボガド1個
・くるみ、酢、こしょう、蜂蜜

〈作り方〉
①好みの量のクルミをいって、荒く刻んでおく。
②キュウリ、セロリは薄切り、オレンジは皮をむいて実を使う。½個はドレッシング用にジュースを絞る。
③さいころ大に切ったアボガドとオレンジの実、ジュースをまぜておく。
④フレンチドレッシング（酢1油3〜4の割合に塩、こしょう、好みで少量の蜂蜜を加える）をかける。

※キッシュ（QUICHE）
卵とチーズ、生クリームなどをパイ生地に詰めて焼いたもの。

イギリスもおいしい「列車のティータイム」

10月14日

「インターシティ」という、大都市間を結ぶ幹線列車がロンドンから出ます。ヴィクトリア、パディントン、ユーストンなどの大きな駅から、各地方に向けて走っています。

シャーロック・ホームズやエルキュール・ポワロにも会えそうな天井の高い古い駅で、乗客を待っている何本もの列車を見ると、毎回どきどき、わくわくします。

指定席と自由席は一緒になっていて、ところどころの背もたれに小さな紙が差してあって、それに予約の指定区間が書いてあります。空いている指定席に、いつ人が来るかと心配しなくても大丈夫なのです。

通路をぞろぞろ人が通りはじめるとお茶の時間です。車両の中にあるスタンドに、お茶やサンドイッチを買いにいくのです。みんな、いそいそと紙袋をさげて戻ってきます。座席には大きなテーブルがついていて、窓の景色を眺めながら、まあるいティーバッグの入った紙コップの熱いお茶と三角サンドイッチや甘いケーキを楽しみます。

駅の構内にも、できたての、たくさんのサンドイッチやパン、ケーキを売っています。

それから、毎日食べていたのは、八百屋さんで買った小さなスモモやベリー、小ぶりのリンゴでした。八百屋さんは楽しくて、つい、こまごまと買ってしまいます。

レストランのローストビーフより、列車のお茶の時間や、袋いっぱいの果物を抱えた時のほうが、ずっとおいしくて幸せでした。

〈インターシティのサンドイッチ〉

──小エビのサンドイッチ

〈材料〉

・あれば全粒粉の食パン

・小エビ、バター、塩、こしょう、蜂蜜、好みでマスタード、マヨネーズ、タマネギ、リンゴ

〈作り方〉

①タマネギをみじん切りにして水にさらし、リンゴもみじん切りで塩水につけてから、水気を切っておく。

②小エビをボイルする。

③①と②をまぜ、マヨネーズ、塩、こ

しょう、少々の蜂蜜で味を付ける。
④パンにバターとマスタードを塗って③をはさんで三角に切る。

―ツナのサンドイッチ

〈材料〉
・ツナの缶詰、タマネギ、キュウリ
・ほかは小エビのサンドイッチと同じ

〈作り方〉
①タマネギはみじん切りで水にさらし、水気を切る。キュウリもみじん切りにして、水気を切る。ツナの缶詰の水を切る。
②以下は小エビのサンドイッチの③④と同じ。主な材料の分量はお好みで。

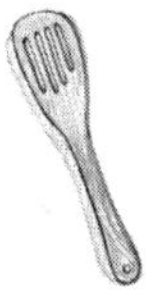

ジャケットポテト

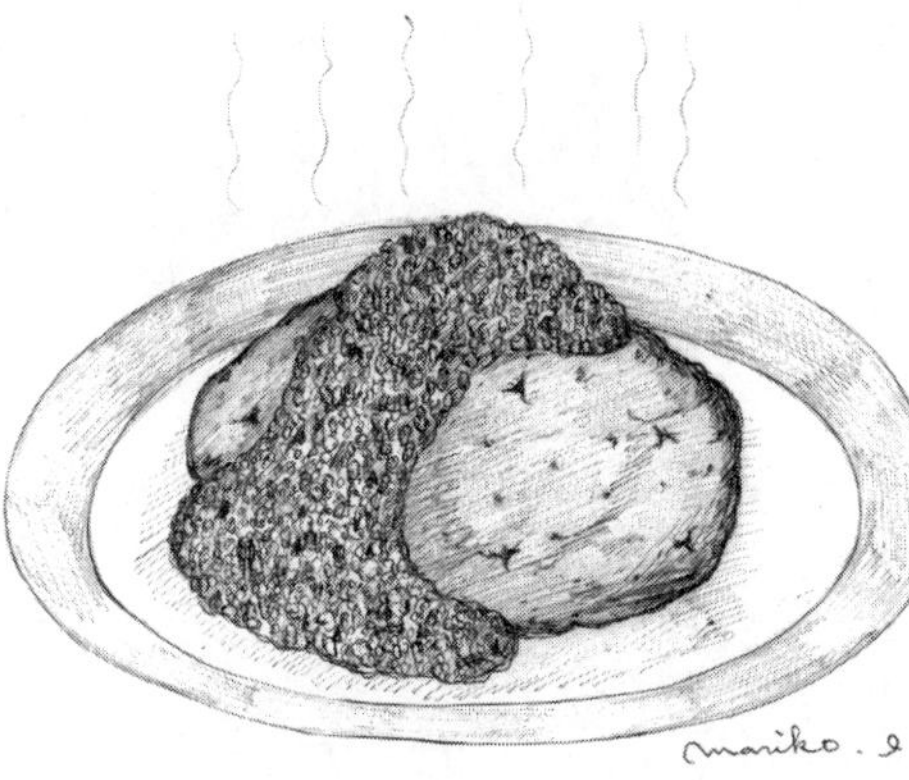

10月21日

イギリスから帰ってくると、すみずみに季節の花が飾られて、キッチンは、いつものように野菜がいっぱいです。留守中も、とても元気に仕事をしてくれたスタッフと、ベランダで飲んだお茶のおいしかったこと。イギリスも良かったけれど、わたしのまわりは、さらに素敵なところです。近くの畑では、ジャガイモの収穫が終わりました。「広見のジャガイモ」はホックリしてとてもおいしいのです。

道端でロンドンっ子があつあつをほおばっていた、「ジャケットポテト」を作りました。

「ジャケット」は皮付きという意味と、具を上着のように着こんだという意味があるようです。

〈材料〉（4人分）
・なるべく大きなジャガイモ4個
・合びき肉200g
・タマネギ1個
・トマト2個（またはトマト缶）
・ニンニク少々
・オリーブオイル、塩、こしょう、固形スープ
・あればタイム、オレガノ、マジョラム、バジルなど

〈作り方〉
①ジャガイモを洗って皮つきのまま丸ごとゆでる。
②ミートソースを作る。タマネギ、ニンニクをみじん切り、トマトをザク切りにする。
③オリーブオイルでニンニク、タマネギ、ひき肉の順で炒める。
④トマト、ハーブを入れて煮こむ（数種類のハーブを少量ずつ入れると風味が増す）。
⑤塩、こしょう、少量の固形スープを加える。
⑥あつあつのジャガイモに十字の切りこみを入れ広げて、その上からあつあつのミートソースをたっぷりかける。

※寒くなって上着が欲しくなる頃のあつあつ料理です。大きなジャガイモほど楽しい。工夫して、いろいろな「ジャケット」を着せてあげて下さい。

サツマイモのパイ

10月28日

久しぶりのお休みに、子供たちのためにおやつを作りました。子供たちといっても、私よりはるかに背の高くなった十九歳と十四歳の男の子です。

冷蔵庫の中にずっと眠っていた市販のパイ生地と、生協で一箱買った、いかにもおいしそうなサツマイモでパイを焼きました。

下の子が帰ってきたのは、ちょうどオーブンの中で、あと一息というところでした。ちょっと見せると「おっ、うまそう」と、うれしそう。小さな頃は、よくお菓子を作ったのですが、このごろは、つい忙しくてごぶさたしていました。うんと気前よく大きく切りました。

黄色いおいものマッシュに、ほんの少し

赤い皮が細かく入っています。「これがいいね」とその赤いつぶつぶをほめてくれます。そんなことというなんて、お前なかなかいいセンスしている、食べさせがいがあると、思わずよろこんだのでした。

〈材料〉（21㎝のパイ型分）

・サツマイモ中4本、砂糖は好みで（今回はメープルシロップを使いました）
・牛乳½カップ
・バター大さじ2
・あれば生クリーム½カップ
・卵3個
・パイシート

〈作り方〉

①サツマイモをふかす。
②熱いうちにつぶして、バター、砂糖、牛乳、生クリーム、卵など全部入れてよく練る。
③パイ型かお皿に、油を薄くぬってパイ生地をしく。②をたっぷり入れる。
④ナイフで切りこみを入れて、オーブン180℃で30分、150℃で20分ほど焼く。

※全部一度に焼くので、上がこんがりしてきたら、アルミホイルをかぶせ、下のパイ生地がよく焼けたらできあがり。ご自分のオーブンで調節して下さい。

スタッフの万里ちゃんのお誕生日に、アルバイトの美江ちゃんがスイートポテトを焼いてくれました。材料たっぷりのお菓子はお菓子屋さんにまかせて、ありあわせを工夫する愛がいっぱいのお菓子って、ほんとうにおいしい。

もう一度、フキやヨモギ

11月4日

紅葉で糸を染めました。冬青《そよご》や小梨から も、暖かなオレンジ色やピンク色をもらいました。

毎日、釜は湯気をたてて、糸を染めています。

霜が降りるたび寒くなりました。最後のトマトでトマトソースをたくさん作って、ブロッコリーもゆでて、冷凍しました。真っ赤な「紅玉」が、かごいっぱいジャムになるのを待っています。

もう一度、このころのフキやヨモギが使えます。スタッフのみち子さんが、ずっと以前に、おしゅうとめさんから教えてもらったという「秋の余録」です。フキはキャラブキ、ヨモギは冷凍してパンを焼きます。これで、ほんとうの春がくるまで、この味とはお別れです。
朝晩は寒いけれど、日中は穏やかな光いっぱいの暖かな日があります。まだまだ「優しい自然」に、ありがとうをいいたくなります。

―秋の野のフキのキャラブキ

〈材料〉
・フキ数本、しょうが
・しょうゆ、みりん、酒、砂糖

〈作り方〉
①よく洗って、5～6㎝に切る。
②ゆでる。水に一晩さらす。
③ひたひたのお湯でやわらかくなるまで煮る。
④しょうがの千切りを少々入れる。
⑤しょうゆ、みりん、酒、砂糖を好みの分量で入れ、煮つめる。
※ほかほかのご飯にあいます。お弁当の一品にも。

ルピのプレッツェル

11月11日

アナント・ルーペンは、ドイツから主人に「弓」を習いに来た若いドイツ人です。「友達はルピと呼ぶよ」という、ディスクジョッキーをしながら、時々パン屋さんにもなるルピに、ドイツパンとお菓子を教えてもらいました。

「和尚ラジニーシ」という導師が、インドのデカン高原のプーナに、修道場を作りました。その教えをうけた弟子たちが、各地で開いた修道場のひとつ、ケルンの町のコミューンで、ルピは暮らしています。

細くて背の高いルピが大きな手で、ライ麦や小麦の入った生地をこねて、大きな窯から大きなこんがり焼けたパンを、大きなシャベルで取り出します。

私たちがリンゴやクルミ入りの丸い小さなパンを焼くのとはまた違って「おいしそう」。形も特大の感じです。ドイツの人は、プレッツェルをたくさん焼いておいて、ビールやソーセージと食べるそうです。とても簡単、発酵もいらないので、すぐ作れます。

「ここは、とても素敵なところだね。大好き。また日本に来ることがあったら、必ずここに来る」と言ってくれました。ベジタリアンの彼は、野菜カレーも玄米ごはんも喜んでくれました。

「おたっしゃで」は、数少ない彼の知っている日本語でした。「ルピ、おたっしゃでね。おいしいパンをありがとう」。

〈材料〉
・強力粉500g、ドライイースト15g
・塩12g、ぬるま湯320cc
・ごま100g、上にふりかける分も少々

〈作り方〉
①オーブンを280℃に温めておく。
②ボウルに強力粉、ドライイースト、塩、ぬるま湯を入れて混ぜる。
③ひとまとめにして、10分ほどよくこねる。
④ごまを入れ、よく混ぜる。
⑤成型して、表面にはけで水を塗り、ごまをふりかける。
⑥オーブンで20分くらい、こんがりとこげめがつくまで焼く。

※この生地に、もっと塩を入れて、クリスマスのリースを作ります。文字どおり、小麦色の暖かな香ばしいリースです。

洋ナシのワイン浴

11月18日

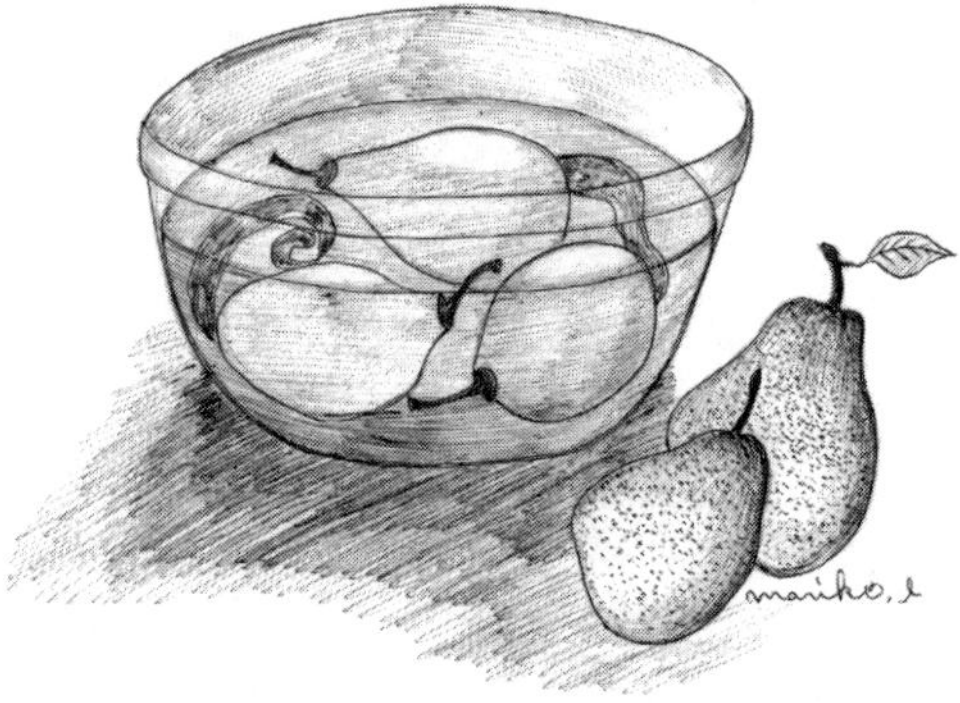

飲み残しのワインと洋ナシがあったら、作ってみて下さい。

ドボドボとワインを入れて、皮をむいた洋ナシを浮かべます。たっぷりのワインにプカプカ浮いた洋ナシは、何とも幸せそうです。

今回は電子レンジを使いましたが、ゆっくりとおなべで煮てもいいものです。おいしい香りが、台所中に広がります。

「わあ、お風呂に入っているみたい！」とスタッフの春美さんがいいました。ほんとう。そういえば、大好きな「修道院の台所」という本の中に、アップルバス（リンゴ浴）ってお菓子がありました。

白ワインを使って、紅玉の皮を入れました。ほんのりとピンクに染まって、湯あがりのナシは色っぽい。たっぷり残ったワインは、もうアルコール分がとんで、お湯や水で割って飲むとなかなか美味。一石二鳥です。

洋ナシはそのままはもちろん、カスタードクリームや生クリーム、アイスクリームなどをそえると、豪華なデザートです。

かごいっぱいのリンゴと洋ナシが、台所においてあります。木になっているところも、かごいっぱいのところも絵になる大好きな晩秋の果物たちです。

〈材料〉

・洋ナシ3個
・白ワイン3～4カップ
・グラニュー糖⅔～1カップ
・あれば紅玉の皮2個分

〈作り方〉

①鍋に（できれば、ホーロー、ステンレス、ガラス、土なべなどがいい）ワインとグラニュー糖を入れる。
②洋ナシの柄を残して、丸ごと皮をむく。
③①にむいた洋ナシを入れる。ナシの大きさによってワインの量を調節する。たっぷり入れる。
④ことこと弱火で30分～1時間煮る。途中で紅玉の皮を入れて煮こむ。ナシが浮かんだところは、変色しやすいので、ときどき、ひっくり返す。

フライドグリーントマトと青いトマトのミートソース

11月25日

寒くなって、赤く熟すことのできなくなった、不運な青いトマトの救済方法です。

「フライドグリーントマト」という映画に出てきた、簡易食堂（ダイナー）の名物料理です。ジェシカ・タンディとキャシー・ベイツのアカデミー主演女優賞の二人の共演で、実はとても見たいけど、まだ見ていない映画です。

レシピ通りに作ってみたら、思ったよりずっとおいしい。こんがりときつね色で、こうばしく、ちょっと酸っぱくて、不思議な味です。メインの料理ではないけれど、二、三枚のフライドグリーントマトは、おやつにもおつまみにもなります。ここに来たころはよく、カレー味の青いトマトのピクルスをいただきました。私は好きですが、男の人はあまり手を出しません。このミートソースなら、スパゲティと一緒にたくさん食べてくれます。
今日も地球のどこかで、飢えて死んでいく人たちがいます。こんなきれいなトマト、そのままに枯らしてしまうなんてもったいない。大切に食べて下さい。塩漬けで保存することもできます。

―フライドグリーントマト

〈材料〉
・青いトマト3個
・小麦粉
・塩、こしょう少々
・バター大さじ1
・サラダオイル大さじ1

〈作り方〉
①トマトを8ミリくらいの横の輪切りにする。
②塩、こしょうをして、小麦粉をたっぷりつける。
③フライパンに油をひいて、きつね色になるまで、両面を焼く。おろし際にバターを入れる。あつあつをいただきます。

――青いトマトのミートソース

〈材料〉

・青いトマト5個
・ひき肉200g
・塩、こしょう少々
・ニンニク1片
・オリーブオイル大さじ2

〈作り方〉

①青いトマトをたて半分に切って、さらに薄切りにする。
②オリーブオイルでニンニクを炒め、きつね色になったらトマトを入れてよく炒める。
③ひき肉を入れ、よく炒め、塩、こしょうする。好みで、スープストック少々を入れる。バジルやオレガノなどのハーブを入れると香りがいい。

おそばのサラダ

12月2日

そば粉でパンを焼いて、おそばをゆでて、サラダを作りました。どちらもとても好評で、うれしくなりました。

うちのレストランに、外国人のベジタリアンが来るようになりました。ヒジキのサラダやライ麦のパンや野菜のカレーが喜ばれます。年配のご夫婦で、よく来て下さる方が、「ここは野菜をいっぱい使っているから、うれしいわ」と言って下さいました。

「貧乏なレストラン」は、夏の間に収穫した野菜の冷凍、豆、カボチャを駆使して料理を作っています。にっこり、おいしいと言われると、ここでとれた野菜たちと、ペコッと「ありがとう」のおじぎをしたくなります。

ご近所の、とても勉強家で、まじめな

おそばを作っている、製麺所の若いご主人に、乾麺とそば粉をわけてもらっています。信州産のそば粉と国内産の小麦粉で作った「気」の入った「信州蓼科そば」のサラダは、スタッフにも大好評です。

こだわりのグルメ料理を食べるより、身のまわりの食べものの素材を生かして、工夫して食べる「日常の幸福」の食卓を、私は愛します。

〈材料〉
・そば一わ、いり大豆½カップ
・メープルシロップ(または蜂蜜)大さじ2
・しょうゆ½カップ、りんご酢大さじ3
・サラダ油½カップ、かいわれ大根
・ゆず、タマネギ、サラダネギなど

〈作り方〉
①そばをゆでてよく洗い、水を切っておく。
②ドレッシングを作る。いり大豆、しょうゆ、メープルシロップ、りんご酢、油を一緒にフードプロセッサーにかける。または、すり鉢で荒くすって、材料をよく混ぜる。
③②のドレッシング、野菜、ゆずのみじん切りを混ぜ、上にも飾る。
※昨日は、アズキのゆでたものを入れました。見ためもきれいで、意外なおいしさでした。

朝食の野菜料理二品

12月9日

土付きのニンジン、タマネギ、ジャガイモは台所の定番野菜です。交代で、毎朝登場します。

寒い冬の日は、体を温める根菜を食べます。生野菜よりも、ゆでたり、炒めたりした菜っぱのほうが、冬の体に合っています。

私の朝食は、大きなカップで飲むミルクティーと全粒粉のパンと野菜です。子供たちは、パン食はお昼までもたないようで、基本はおみそ汁とご飯です。

定番野菜を使った、あっけないくらい簡単な料理ですが、パタパタ忙しい朝には重宝です。パンにもご飯にも合うし、お弁当のおかずの一品にもなります。

でも、おしょうゆ、お酢は、なるべく良いものを使って下さい。脱脂大豆ではなく、丸大豆で、調味料を加えていない、昔ながらの作り方のおしょうゆと、ちゃんと醸造したお酢を、私は台所に置いておきます。みりん、みそ、塩、砂糖など、基本の調味料は、安心して使える、きちんとした製法の「普通のほんもの」が一番です。

―ニンジンとジャコのホットサラダ

〈材料〉
・ニンジン1本
・ジャコひとつまみ
・しょうゆ、酢、サラダ油

〈作り方〉
①ニンジンを厚さ5ミリくらいの拍子切りにする。
②フライパンをよく熱して、油をひき、ニンジンを炒める。
③ジュッとしょうゆを入れ、からめて火を止める。熱いうちに酢を好みで入れる。ジャコの塩加減で、しょうゆの量は決める。ニンジンは中まで火が通らないで、コリッとした感じがおいしい。

―ジャガイモのふんわり揚げ

〈材料〉
・ジャガイモ中1個

・小麦粉小さじ軽く1杯
・卵1個
・タマネギ、塩、しょうゆ少々

〈作り方〉
①ジャガイモの皮をむいて、できるだけ細く千切りにする。
②水にさらして、よく水気をきる。とき卵にジャガイモ、小麦粉、塩、タマネギをすりおろしたもの少量を入れ、さっと混ぜる。
③かき揚げ程度の温度の油で揚げる。あつあつにおしょうゆをほんの少したらす。

手作りボロニアソーセージ

12月16日

材料も安いし、作り方もとても簡単、時間だけをちょっとぜいたくにもらったお料理です。ソーセージを作る時に、ストックの羊腸がなかったので、工夫して作ったらうまくいった自家製、簡単ソーセージです。

ひき肉料理ですが、高温で焼くミートローフやハンバーグと違って、七〇度のお湯の中で、二時間ほどゆでて、ゆっくりと火の通った添加物のないソーセージは、特別のおいしさです。

ラップで包むのですが、添加物いっぱいのラップは心配です。耐熱温度と素材の表示をみて、安全度の高いものを選んで下さい。二重にしても、ラップのつぎめから肉汁がでてくるので、食品用のビニールパックで、さらに入れてみたこともあります。

ソーセージ用の人工ケーシングというものがあって、それを手に入れると楽なのですが、台所の工夫でできるものがあればいいなあと思っています。

「料理」って、おもしろがっているとおもしろい。台所だけでなく、自分のいるところは、できるだけ工夫して、楽しい場所にしたいといつも思います。

〈材料〉

・豚肩ひき肉500g、背脂150g（両方いっしょに、肉屋さんで二度ひきしてもらうとよい）
・牛乳80g
・砂糖大さじ1
・ブランデーなど洋酒大さじ2
・塩小さじ1
・こしょう少々
・ハーブ（セージ、ローズマリー、タイム、マジョラム、オレガノなど。ハーブは一種類でもよいし、なければパセリのみじん切りや細かく刻んだピーマン、ニンジンなどでもよい）
・ラップ、ひも

〈作り方〉

①牛乳は凍らせておくか、よく冷やしておく。
②材料をすべてよく混ぜる。手をなるべく冷たくして練る。冷やしながら作ると粘着度を増す。二度ひきしていない

ひき肉は、フードプロセッサーにかける。

③ラップで二重に包んで、両はしをたこ糸などで、きつく縛り、先を折りまげて、もう一度縛る。

④70℃程度のお湯の中でゆっくりとゆでる。落としぶたをして、ときどき、ひっくりかえす（約2時間）。

※温かくしても、さめても、どちらもおいしい。この分量で太さ直径5㎝、長さ20㎝ぐらいのものが2本できます。

山のクリスマスケーキ

12月23日

ケーキ作りの得意ではない人にもおすすめします。

生クリームやチョコレートのたっぷりかかった、フワフワのケーキではありませんが、日持ちのする、どっしりと重たい「誠実」なケーキです。

家族や親しいお友達のために、保存しておいた木の実や果物を、一年の終わりにたっぷり使って焼きあげるのが、この冬のケーキです。

薄いひと切れは、熱いお茶にあいますし、いくつかにカットしたケーキは、ひとつひとつ包んで、小さなプレゼントになります。

「シャーロック・ホームズ家の料理読本」からイギリス式クリスマスケーキを、うち風にアレンジしました。果物は、干しがきや干しアンズ、いただきもののザボンやパイナップルの砂糖漬け、梅酒の梅も使えます。

クルミはなるべく入れて下さい。やっぱりおいしい。アーモンドやピーナッツ、ゴマも合います。用意する果物や木の実が、粉に対して多いので、心配になりますが、ちょうど中国の月餅というお菓子の西洋版という感じです。

材料を用意して、混ぜて焼くだけにしては、とてもおいしい、リッチなケーキです。

〈材料〉

- 小麦粉300g
- ライ麦粉100g（全部小麦粉でもよい）
- ベーキングパウダー小さじ3
- バター340g
- グラニュー糖250〜340g
- クルミ110g
- ヒマワリの種50g、カボチャの種50g
- ドライチェリー、ローズヒップ（洋酒につけておく）、クランベリー各340g
- レーズン（刻む）340g
- カリン（砂糖に漬けたもの）適量
- すりおろしたレモンの皮　小2個分
- 卵6個
- オレンジの絞り汁　大さじ1
- ラム酒大さじ1
- ブランデー大さじ2
- スパイス（カルダモン3個、シナモン小さじ1、オールスパイス小さじ½）

〈作り方〉

①バターをよく混ぜ、クリーム状にする。グラニュー糖、レモンの皮を混ぜる。

②果物、ナッツをきざんで大さじ2杯程度の粉を入れ、よく混ぜあわせる。

③粉を大さじ2～3杯、卵1個、②のナッツ、果物を大さじ2～3杯入れ、よく混ぜる。

④③を繰り返してすべてを入れたら、クリーム状になるまで混ぜる。

⑤焼き型に入れて、表面をならし、170℃～180℃の温度で約1時間30分焼く。途中、上部にアルミホイルをのせて、こげるのを防ぐ。竹ぐしをさして、焼き具合を確かめる。

※中に入れるものは、工夫して下さい。めやすとして、約900g必要です。スパイスがなくても、ドライチェリーがなくても、大丈夫です。この分量で、うちでは30㎝の型で焼きます。パウンド型なら2本できます。

ジャガイモ入りのそばがきのすいとん

12月30日

今年の冬からはじめたこの欄を、私はいつも楽しんで書いてきました。ファイルをパラパラとめくると、初夏のバラや夏のズッキーニ、秋のイギリスが新鮮な香りとともに、よみがえってきます。

今は遠い土地の食べものも楽に手に入るようになったけれど、薬も輸送のエネルギーも、たっぷりと使った、本当は高価な食べものです。お日様やそよ風や雨の降りそそぐのを、毎日、目のあたりに見ることのできる野菜のほうが、いとおしくておいしい。ゴマやいろいろの豆、大根、ジャガイモ、白菜、クルミ、カリン、リンゴ、カキ、ここでとれる野菜、木の実、果物が大好きです。この土地の昔ながらの食事に心ひかれます。「農文協」の「長野の食事」の最初に、食事は生理ではなく、文化そのものという言葉がでてきます。「長野の食事」は、質素で心豊かな食事です。
ハーブや紅茶やマフィンも大好きですから、ここの文化に教えていただきながら、ここらしい、楽しいお料理を、来春もイラストの万里ちゃんと作っていきたいと思っています。

―大掃除で忙しい時の一品に

〈材料〉
・そば粉1カップ
・牛乳大さじ2
・ゆず少々
・ジャガイモ1個
・卵1個
・塩少々、スープストック適量
・大根、ニンジンなど

〈作り方〉
①大根、ニンジンなどを荒く刻んで、スープストックで煮る。
②ボウルに、そば粉、とき卵、牛乳、ゆでてつぶしたジャガイモ、刻んだゆず、好みで塩を入れて、よく混ぜる。
③熱いスープの上に、スプーンで②を落とす。浮かんできたら火を止める。
※具だくさんにすれば、温まって、おなかもいっぱいです。

野原の香り

１９９３年

1993年（平成5年）

パレスチナ自治政府が成立
ニューヨーク世界貿易センタービルで爆破事件
プロサッカー、Jリーグが開幕
皇太子ご成婚

揚げもち入りオニオングラタンスープ

1月13日

今年もたくさん良いことがありますようにではなく、今年もたくさん良いこと、素敵なことが見つけられますようにと願って新年を迎えました。

私は晴れた冬の朝が大好きです。朝の光を浴びると、「元気」のエネルギーが、どんどん体の中に入ってくるような気がします。前の日に落ちこんでいても、この朝の、体と心の日光浴をすると、とても気持ちがよいのです。うちの七草がゆは、家の中の小さな「春」で作りました。セリも大根もカブも、根元を水につけておきます。緑の葉をちょんちょんと摘むと、小さなかごいっぱいになります。冬は大地からの恵みの少ない分、工夫をして楽しみます。

おもちが残っていて、お金があまりない、

寒い日の「ご馳走」です。おもちがおいしいので、つい進んでしまいます。ダイエット中の方はご注意を。

〈材料〉（4人分）

・タマネギ4～5個、ニンニク1片
・スープストック8カップ（固型スープでもよい）
・バターまたはサラダオイル大さじ2
・切りもち4個、溶けるチーズ2カップ
・塩、こしょう、パセリなどの青味少々

〈作り方〉

①タマネギを薄くスライスして、バターかサラダオイルで、あめ色になるまで、よく炒める。
②スープに①を入れよく煮る。
③切りもちを油でこんがりと揚げる。あついうちにニンニクの小片を、もちの表面にこすりつける。ニンニクは先を切って断面を大きくすると良く香りがつく。
④オーブン用のカップに、タマネギたっぷりのスープを入れ、揚げもちを上にのせて、チーズをたっぷりかける。
⑤チーズが溶けるまで、オーブンで焼く。約200℃。できあがりに青味を散らす。

※熱いので、やけどをしないように召しあがって下さい。

ローズゼラニウムのケーキ

1月20日

木々や枯草が白く凍って、野原も遠くの林も山も、真っ白になって、キラキラと光る、はっとするほど美しい朝があります。長い冬がくれる一番のプレゼントです。

日だまりの中で育つ室内の植物を使って、おいしいケーキを焼くのも、冬の喜びの一つです。

ローズゼラニウムは、芳香性のあるゼラニウムで、甘いバラのような香りがします。この葉と、バター、卵、ミルクなど、だいたい常備しているものでできる、あいかわらずの手間いらずのケーキです。一所懸命、卵を泡だてる必要もありません。

少し寒さに弱いけれど、挿し木でどんどんふえて、より香りを漂わせてくれるローズゼラニウム。ハーブの好きな人なら一鉢は持っています。他に、アップル、ミント、レモン、アプリコットなど、楽しいゼラニウムがあります。育ててみて下さい。

〈材料〉

・ローズゼラニウムの葉12枚
・バター1カップ
・グラニュー糖1カップ
・卵白6個
・小麦粉3カップ
・ベーキングパウダー小さじ4
・塩小さじ½
・ミルク¾カップ
・水½カップ

〈作り方〉

①ローズゼラニウムの葉を洗って、水気をとり、二つに切り分けたバターにはりつけてラップで包み、一晩おく。
②翌日、ラップと葉をはずし、葉はとっておく。
③オーブンを180℃に温めて、ケーキ型に油と粉をしいておく。
④バターに砂糖を加えて、ふわっとクリーム状になるまで混ぜる。
⑤④に卵白を二個ずついれて、泡立器でよく混ぜる。
⑥ベーキングパウダー、小麦粉、塩をよくふるっておく。
⑦別のボウルで水とミルクを混ぜる。
⑧⑥⑦を交互に少しずつ混ぜて、なめら

かになるまで混ぜる。
⑨ケーキ型の底にゼラニウムの葉を敷き、種を流しこむ。
⑩約1時間焼く。30分くらいたったら少し温度を下げる（160〜170℃）。なるべく途中でオーブンを開けないこと。
⑪焼きあがったら型から出して、葉を焼きこんだ方を上にする。

ポテトソーダブレッド

1月27日

二十年も前のタイムライフのイギリス料理の本に、アイルランドの主婦が、暖炉の泥炭の火と鉄鍋でソーダブレッドを焼いている写真があります。世界の地方の素朴な料理にひかれて、若いころ、何度も開いた本です。

イギリスで買った「クランクス」という名の自然食レストランのレシピに、ポテトソーダブレッドがでていました。材料はみんなそろっています。しかもジャガイモ入りのソーダブレッドなんて、とてもおいしそう。さっそく作ってみました。

思ったより柔らかい生地ですが、きれいに焼けます。素朴すぎるくらい素朴なパンですが、焼きたてを切るときの、ほんとうにおいしそうな匂い。粉が香ばしく焼けて、中身は入っていないけれど、お焼きにも共通するものがあります。
　重曹入りのパンは乾きが早いので、その日の朝食か昼食、またはお茶の時間のために焼いて、作ったらその日か翌日くらいに食べてしまいます。バターやジャムや蜂蜜をたっぷりつけて召し上って下さい。

〈材料〉
・薄力粉450ｇ
・重曹小さじ1
・ベーキングパウダー小さじ1
・塩小さじ1
・バターかマーガリン25ｇ
・ジャガイモ225ｇ
・ミルクまたは豆乳300㎖
・卵1個

〈作り方〉
①ジャガイモをゆでる。オーブンを200℃に温める。
②ボウルに薄力粉、重曹、ベーキングパウダー、塩、バターを入れ、手でよくこすり合せる。ゆでてつぶしたジャガイモを入れる。
③溶いた卵とミルクを入れてあまりこねすぎないように混ぜ、軽くうち粉した台の上に移し、20㎝の丸形にする。
④油をひいた天板にのせ、生地の上に十字の切れ込みをいれ200℃のオーブンで30～40分でこんがりきつね色になるま

で焼く。網の上で冷やす。

※ソーダブレッドのレシピでは、バターミルクをよく使いますが、牛乳でも大丈夫です。より近い味にしたいときは、スキムミルクを溶いて、ヨーグルトを少し入れてみて下さい。十字の切れ込みを入れるのは、中までよく焼けるようにするためです。

みかん色のごはん

2月3日

うちの冬の料理は、パッチワークを作る気分です。戸棚や引き出しや野菜かごから、あれこれと出してきて献立を作ります。

野菜の乏しい冬にも、家族にはなるべくたくさんの種類の食品を摂ってほしいと思います。乾物や保存のきく根菜類の出番が多い二月です。切り干し大根やヒジキや豆を煮たのは、週に一度は作っています。

小さいころはちっともおいしいと思わなかったお惣菜が、とても食べたくなります。二人の息子にも今のうちにたっぷり食べさせて、大きくなったら好きになってもらいましょう。

日本のお惣菜はとてもヘルシーで、お日様をいっぱい吸収した干ししいたけや大根は、自然の甘みがいっぱいです。このごろは、天日乾燥ではないものが多くなって、とても残念ですが。

　みかん箱に残っているミカンの絞り汁で、ごはんを炊きました。ニンジンも入れたので、きれいなオレンジ色の甘酸っぱい不思議な味のごはんです。

　そのままサラダやちらしずしに使ったり、バターや、こしょうを足してピラフにもなります。ちらしずしや巻きずしには、すし酢がいりません。

　このごはんはまだ素材です。油揚げやシイタケや高野豆腐を甘く煮て混ぜて、ミツバを散らしたりと、工夫して、冬のパッチワークキルトのような温かな献立のひとつに使って下さい。


〈材料〉
・米4合
・ミカン汁（米の一割増し。ミカンによっては酸っぱいので半量水にする）
・ニンジン⅓本（細かく刻んで）
〈作り方〉

　普通にごはんを炊きます。

ヒジキと油揚げのサラダ

2月10日

立春が過ぎると、ほんとうにかすかだけれど、春の足音が聞こえてきます。

クロッカスやチューリップが土の中で「のび」をしているような感じです。梅や桜の花芽も確実にふくらんできました。

東京で暮らす主人の母が入院しました。私の母もいくつかの持病を持っていて時々、心細そうにします。年とともに、今年も春を迎えられることを、きっと大切に思っていることでしょう。

私の仕事場でも、四年間を楽しく元気に過ごしてくれたスタッフの一人が旅立ちます。三月には新しいスタッフが夢をいっぱいかかえてきます。受験を控えた浪人の息子には、どんな旅立ちが待っているのでしょう。みんなそれぞれ、元気で今年のこの春をいっぱいに抱きしめてほしいと思います。
春を感じる日には、シャリシャリ、パリパリと生野菜を食べたくなります。大きなボウルいっぱい作っても、スタッフはペロリとたいらげてくれる好評のサラダです。いつも煮ている油揚げとヒジキも、さっぱりとサラダになると、また別の魅力がでます。

〈材料〉
・油揚げ2枚
・ヒジキ1カップ
・かいわれ大根、キャベツ、大根、春菊、サラダネギ、ゆずなど
—ドレッシング用
・サラダオイル½カップ
・しょうゆ⅓カップ
・蜂蜜大さじ1
・ゴマ½カップ
・酢⅓カップ

〈作り方〉
①フライパンをよく熱して、油揚げをこんがりと焼く(油はひかない)。
②もどしたヒジキを軽くゆでて、長いものはザク切りにする。ドレッシングをからませておく。
③春菊はちぎって、油揚げ、大根やキャベツなどは千切り。
④ゴマをよく炒って、荒くすっておく。

ドレッシングの材料と混ぜる。
⑤食べる直前に、全部の材料をドレッシングであえる。

簡単でおいしいショートブレッドは？

2月17日

イギリスであざみの花を彫った、ショートブレッド用の木型を手に入れたのがきっかけで、このお菓子を作るようになりました。

バターまたはショートニングをたっぷり入れて、厚いパイの形やうず巻き形に作ってから、各種の形に切ってさくさくしたクッキーと、英語の辞書には書いてあります。

粉とバターとお砂糖だけの、きわめて素朴なスコットランドのお菓子ですが、上手にできるととてもおいしいのです。短時間でできるので、お茶の時間やお客様の時に重宝です。

スタッフのみな子さんは、パンやお菓子作りの名人ですが、このショートブレッドもささっと作ってくれます。私の母のお世話になったお医者様は、スコットランドで五年、ホスピスの勉強をしてこられた、まだ若く美しく、しかも優しい女医さんです。ご主人がスコットランドの方で、今は二人のお子様と日本で暮らしていらっしゃいます。何か心のこもったプレゼントをと考えて、ショートブレッドを贈りました。

スコットランドの国花の、あざみの模様のお菓子に、ご主人は涙を流さんばかりに喜んで下さったそうです。懐しさの分を差し引いても、うちのショートブレッドがおいしかったんだと自信を持って、みな子さんと喜んでしまいました。

ショートブレッドのレシピを集めてみると、少しずつ粉やバターの分量が違います。十九世紀のビートン夫人の料理の本のは、キャラウェイシードやアーモンド粉が入っていますし、北野佐久子さんのレシピは上新粉が入っています。林望さんの「フッフッフ、これが黄金の歯ざわり」というレシピは、砂糖、バター、粉が1、2、3の割合で、ベーキングパウダーを入れています。

うちではお砂糖を控えめにして作っています。今回はいろいろなショートブレッドのレシピを載せます。お好きなのはどれですか。

〈材料〉
（1㎝ぐらいの厚さで20㎝の円形1枚分）

Ⓐ（150℃で30分焼き上げます）
・砂糖20g
・バター75g
・薄力粉150g
・キャラウェイ2g
・スイートアーモンド5g
・オレンジピール　少々

Ⓑ（170℃で15分＋150℃で15分）
・砂糖50g
・バター100g
・薄力粉150g
・ベーキングパウダー小さじ1

Ⓒ（150℃で30分）
・グラニュー糖50g
・無塩バター100g
・薄力粉150g
・上新粉25g
・塩ひとつまみ

Ⓓ（ハーバルノート、150℃で30分）
・三温糖40g
・バター100g
・薄力粉150g

※まとめた生地を、冷蔵庫で30分程ねかせる。

〈作り方〉

①オーブンを、それぞれの生地にあった温度（前頁参照）にしておく。

②バターをクリーム状にねり、砂糖を入れて白くなるまで混ぜる。粉をふるい入れる。

③切るように軽く混ぜて、手でひとまとめにする。

④クッキングシートを敷いた上で1㎝の厚さに種をのばす。フォークで表面に穴をあけ、それぞれの生地にあった温度で約30分焼く（きつね色ではなく、クリーム色の状態で中まで火が通るように、温度を加減して下さい）。

⑤焼き上ったらよくさます。

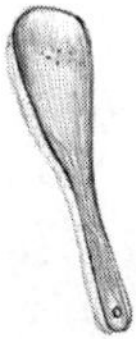

カツモドキ

2月24日

昨年訪ねた英国のハーブ研究家のレスリーは、大学生の長男を頭に、四人の男の子のお母さんです。

台所が仕事場で、昼間は文献やワープロが山のようにのっていたテーブルが、朝と夜は食卓に変わります。大きな冷凍庫には、パンや肉がぎっしり。車の運転のできる息子たちがスーパーで買い物をしてきます。大きな手さげ袋が八つ。シリアルの袋もポテトチップスの袋も超特大です。

家中散らかっていて、靴下もたがいちがいのレスリー。でも、ズッキーニもインゲンも摘みたての採りたてです。そういう人、とても好きです。日本に帰ってバタバタと夕食の支度をしている時、レスリーもやってるかなと思います。

うちにも大きな二人の息子がいるので、食料品はあっという間になくなります。冷凍庫や冷蔵庫の中身が乏しくなると、床のかごの中のジャガイモやゴボウに目が止まります。

いつものようにおなかをすかせた次男がうれしそうにおはしをつけたカツに、「それ、肉じゃないわよ」というと「エーッ」とがっかり。「でもおいしい」と一口食べての感想です。

この野菜カツは、もう野菜が三つも入っているので、献立のバランスもなかなかのものです。小さくまとめて、衣をつけると、まるでカキフライみたいです。精進料理のがんもどきのように、「もどき」を作るのは、おもしろいものです。

〈材料〉（6枚分）

・レンコン½本
・ゴボウ½本
・ジャガイモ中1個
・小麦粉1~½カップ
・塩、こしょう少々
・卵2個、小麦粉、パン粉（衣用）

〈作り方〉

①レンコン、ゴボウ、ジャガイモをすりおろす（フードプロセッサーがあれば便利です）。

②①と小麦粉をよく混ぜあわせる。塩、こしょうする。小麦粉の量は、野菜の水分で調節する（ゆるめでも大丈夫です）。

③かなりやわらかい②に、だましだまし、小麦粉をまぶす。とき卵をつけて、パン粉をつける。

④パン粉をつけるとあつかいやすくなる。それでもまだやわらかいけれど、トンカツの形に整える。

⑤油を熱して、トンカツの要領で揚げる。

高野どうふの包み揚げ

3月3日

ドングリのお餅、薬用ニンジン入りのパウンドケーキ、大豆の五色豆、エゴマのネジリンボウ、素朴でおいしそうでしょう。これは、「信州ふるさとの味研究会」で賞をとったおやつです。

長野県生活改善グループ連絡協議会の主催のこの会に、パネラーとしてお招きをうけ、生坂村に出かけました。近隣の町や村の女性を中心に、地域で収穫した農産物をしっかりと手作りで実益へと結びつけてゆく熱意が会場から伝わってきました。

土に根ざしたところから「自分も楽しみながら仕事をする」ということは、私の目標でもあります。元気な「自分の場を愛する」女性にも会えたし、キラキラ輝く水面に遊ぶたくさんの水鳥も見られたし、ときどき、こういう小さな「旅」ができることを幸せに思いました。

私の友人は、高野どうふの包み揚げが上手で、集まりがあると大皿いっぱい作ってきてくれます。もどした高野どうふに下味をつけて、具もいっぱい入れてパン粉をつけて揚げたご馳走です。彼女のあれが食べたいけど、私はいつも、大急ぎで夕食を作るので「簡素化」してしまいました。高野どうふはもどしただけ。戸棚のすみに少し残っていた「お好み焼きの粉」と溶き卵が衣です。ホットケーキの素とかなんとか粉の素、買ったけれど、あまり使っていないのを、こういう時使ってしまいます。

根菜やヒジキは細かく刻んで、いつも煮て容器に入れてあります。いなりずしやハンバーグ、オムレツにもこれを使います。今回もひき肉とこの野菜で、中の具はすぐできました。

「大丈夫よ」は私の口ぐせだそうです。「大丈夫よ！」とニコッとされると、スタッフは妙に安心するみたいです。大丈夫、ほんとうにおいしい、ふるさとの味です。

〈材料〉

※原材料だけ書きました。分量は工夫して下さい。

・高野どうふ
・ニンジン、ヒジキ、ゴボウなど
・ひき肉少々、お好み焼きの粉
・卵、しょうゆ、みりん

〈作り方〉

①高野どうふをお湯で戻して、よく絞っておく。

②野菜やヒジキを細かく刻んで、しょうゆ、みりんで下味を付ける。

③②とひき肉をよく混ぜあわせる。

④高野どうふを対角線に切り、切れこみを入れ、③をつめる。

⑤軽く小麦粉をはたいて、溶き卵と粉で衣を作る。

⑥天ぷらの要領で衣をつけ、ゆっくりと揚げる。しょうゆ、ソースなどお好みで召し上がって下さい。

なつかしいおやつ

3月10日

長野県産の小麦粉「シラネコムギ」が手に入りました。中力粉なのでしょう。パンを焼くには粘りが少なく、お菓子には少しベタッとするのですが、品の良い味わいがあります。

輸入の小麦粉はポストハーベストという、害虫やカビを防ぐための農薬散布があるので、うちのレストランでは、北海道の小麦粉「ハルユタカ」と「チホク」でパンを焼いています。「シラネコムギ」も使いはじめました。それぞれ特徴があって工夫するのは楽しいものです。

国産の小麦粉でパンを焼いていると、いろいろな方が声をかけて下さいます。先日も、「ゆずりは園」という施設でパンを焼いている方が、たくさんの小麦粉を試してきましたと熱心に話して下さいました。三日後に、手作りのパンがどっさり届きました。

真田町の福祉施設「かりがね学園」の「風の工房」でも、毎日パンを焼いて販売しています。「ナンブコムギ」と天然酵母を使っています。こことも交流があって、パンをいただきました。

心や体に障害を持った人たちだからこそ、健康で安全な食べものに思いがつながるのでしょうか。どちらも愛情のこもったおいしいパンでした。

パンを焼くことが自立に結びついて、地域の人たちは、丁寧なパンを買うことができるのは幸せです。

懐かしい子供の頃のおやつは、小麦粉で作ったみかけのよくないホットケーキやドーナツでした。うちの子供たちも小さなころ、この揚げ菓子を「プックンドーナツ」といって喜んでくれました。シンプルな材料と小麦粉で、おいしい温かなお菓子ができます。

できれば、青々とした麦畑からこういうお菓子がはじまるのを、子供たちが思い描くことができて、大人になったらまたその子供たちに懐かしいおやつを作ることができるよう、農協さん、どうか長野県の小麦粉を作って、店頭に並べて下さい。

〈材料〉

・小麦粉2カップ、卵2個

・砂糖大さじ1、振りかける分は適量
・ニンジン1本、ゴマ½カップ
・ベーキングパウダー小さじ1
・揚げ油

〈作り方〉
①ゴマを炒ってすっておく。
②ニンジンをすりおろす。
③卵を割りほぐし、砂糖、小麦粉、ゴマ、ニンジンを入れて、スプーンでよく混ぜる。スプーンにのせて、盛りあがる感じの柔らかさに粉で調節する。
④油を熱して、スプーンで種をポトンと落とす。プクンとふくらんで火がとおるまでゆっくりと揚げる。
⑤熱いうちに砂糖をまぶす。

—追記
今では、長野県の小麦粉はちゃんと店頭に並ぶようになりました。うれしいことです。

セリのみそ漬けのバターライス

3月17日

スノードロップが二つ、雪の下から顔を出しました。うす緑色の葉と白い小さな花のスノードロップ（ゆきわり草）は、雪のしずくのようで、雪をかきわけて出てきます。日本の名も外国の名も、どちらもぴったりです。

この花を見つけると、次に続く春を思って、とび跳ねたくなるくらいうれしいのです。

子供たちの小学生の時の授業に「春を探しに」というのがありました。私も毎年、スノードロップを見つけると、春を探しはじめます。梅のつぼみのほっこりとしたふくらみ、水仙やクロッカスの芽。

ここで四季を暮らしていると、人間も動物も植物も、季節を重ねて年をとって自然に還る、それぞれの寿命を生きてゆくのが、身にしみて感じられます。

東京で介護を必要とする主人の母がいます。遠い私たちを思って、近くに住む姉や弟、同居する姉たちが、「近くにいるものが見るから、そちらの生活をしっかりやってくれるのが、一番の母の元気のもと」と私にいってくれます。貴女はお嫁さんじゃなくて、妹よといわれると、ふっと涙がこぼれてしまいます。自分の長年の生活の場で過ごすことのできる母は幸せです。せめて小さなはがきに絵や言葉を書いて送ることにしましょう。

お年寄りを見ている方たちのお話を聞く機会がふえました。縁あって人生の一部を共有してゆく時間は、それぞれが自分で受けとめてゆかねばなりません。何とか明るく楽しくできたらと思います。

今日のお料理は、みそ漬けとジャコさえ調理しておけば、ほかほかの春の香りの元気ごはんが作れます。介護をしている方たちや、ふだんは何もしないお父さんが自分で作れる簡単なランチとしておすすめです。

セリのシャキシャキした歯ざわりや、フキノトウや春の花のほのかな香りが、肩の力をぬいて、心もほころぶようなひとときを作ってくれることを願っています。もうすぐ春です。

〈材料〉
・セリ1束
・ジャコ
・酒、しょうゆ
・サラダ油
・ヒマワリ、カボチャの種、大豆など
・バターひとかけ
・温かいごはん
・みそ床(みそ1カップ、みりん大さじ2、砂糖大さじ1、酒大さじ1)

〈作り方〉
①セリをさっと熱湯にくぐらせ、冷水にとり、水気をよく切る。
②みそ床にセリを漬けこむ。半日で食べられる。
③なべに油をしいて、ジャコを炒める。少量の酒としょうゆをふりかけて、火を止めておく。
④あつあつのごはんに刻んだセリとジャコ、種を混ぜ合わせ、バターをひとかけのせる。
⑤よく混ぜて熱いうちにどうぞ。

万里ちゃんのおべんとう

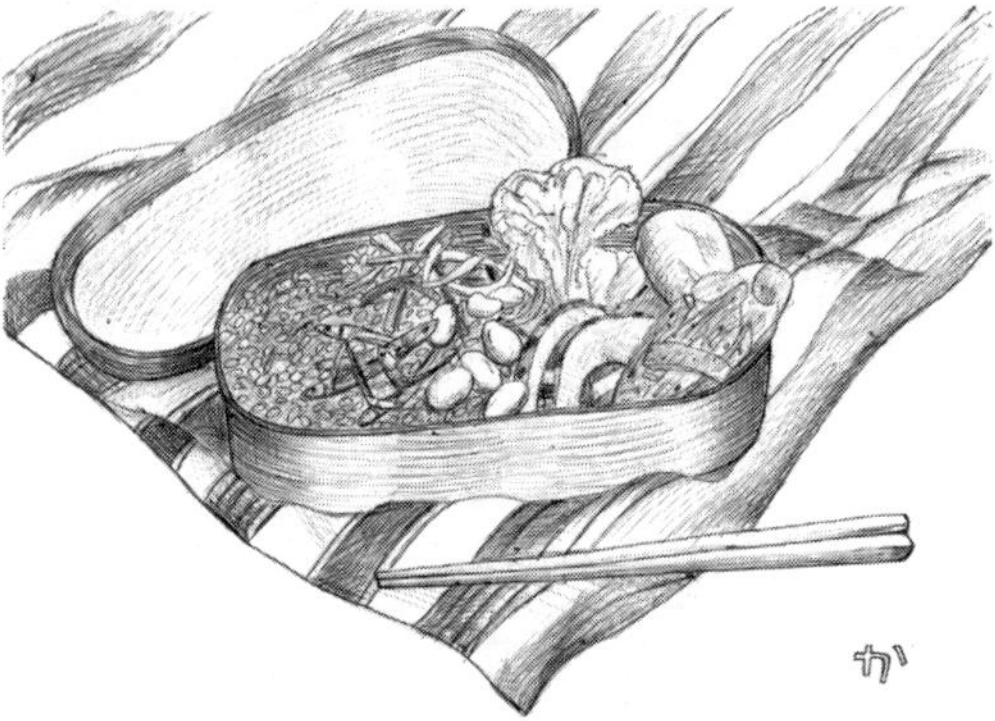

3月24日

この欄でずっとイラストを書いてくれた「万里ちゃん」が、鎌倉の浄土宗の大きなお寺に住み込みで働くことになりました。

予約のお客様の精進料理やお坊さんの食事を作るのが仕事です。二人のおばあさんとパートの人たちが厨房をささえているようで、彼女はお年寄りからいろいろ習えるのをとても楽しみにしています。

この長野ではじめての一人暮らしで、楽しいことと寂しいことはどちらも、山盛りいっぱいあったでしょう。でも春、夏、秋、冬、どの季節もおいしい空気が満ちあふれていました。この四年間はたからもの、この暮らしがあったから、鎌倉のお寺を考えたことを話してくれました。これからは実家も親友も近くなります。冬も暖かで、しもやけとは縁がきれそうです。

うちのスタッフの昼食は全員おべんとうです。特に一人暮らしの若い人は、おべんとうを見ると暮らしぶりもわかります。「何をどう食べてゆくか」は大切でその人の生き方もみえてきます。

ハーバルノートのキッチンで、旬の野菜にふれて、その「滋味」に感動し、大切に工夫して食べることを憶えると、万里ちゃんのおべんとうも変わってきました。炊いた豆やひじき、切り干し大根や小魚の出番が多くなりました。毎年、野沢菜やたくあん漬けをいっしょに漬けて下さったご近所のお母さんや、手作りの福神漬けの味を教えて下さったおばあさんもいらっしゃいました。スタッフのだれかがポンとのせてくれたおかず、たくさんの優しい味は、おべんとう箱にあふれていました。「イラストがとても好きです」といっぱい声をかけていただきました。ここが大好きな彼女が毎週心をこめて描いたのです。何よりの喜びでした。

来るときはひとりだったのに、たくさんのお友達が送ってくれました。いろいろ応援してくださった方々、ほんとうにありがとうございました。

今回から、同じようにここが大好きな明るい、涙もろい、おもろい（大阪出身）「オネヤン」がイラストを担当します。どうぞよろしくお願いします。

キッチンにさしこむ光も暖かくなりました。新しいスタートの季節です。

万里ちゃんや私のおべんとうのおかず
の定番です。

―残った根菜のキンピラ

〈材料〉
・冷蔵庫や台所のすみに残っている、大根のしっぽやニンジン、ジャガイモ、ハス、うどの皮など
・みりん、酒、しょうゆ
・サラダ油かごま油

〈作り方〉
①野菜をせん切りにする。
②油で炒めて、みりん、酒、しょうゆで好みの味にととのえる。

※気になっていた野菜の残り。全部食べてしまうと心も身も晴ればれします。

ベジタリアンの手巻き寿司

3月31日

アボガドは大好きな果物のひとつです。あまり輸入の果物を買わないのですが、一個百円なんていうのを見つけると、ホクホク買ってしまいます。

中の種は植木鉢に埋めておくか、まわりに四本揚子をさして水に半分浸しておきます。忘れたころに芽が出て、時間はかかるけれど立派な観葉植物になります。

「森のバター」と呼ばれ、カニやエビと合わせたり、スライスしておしょうゆをつけて食べたりします。カリフォルニア巻きといって、お寿司にも使われます。柔らかな緑をアボガドグリーンといいます。「はい、バイキングよ」と、冷蔵庫の残ったお総菜をちょっと姿を変えて、何品も大皿にのせて、ごはんをどんとおくスタイルや手巻き寿司スタイルはよく我が家の夕食に登場します。

手巻き寿司の具は、ふきみそやツナのマヨネーズあえ、油揚げを煮て千切りにしたもの、高野どうふ、ひじき、切り干し大根、しいたけやかんぴょうの煮たもの、たくあん漬け、かいわれ大根、いくらでもできます。ご飯も白いもの、ごまがたっぷり入ったもの、うめ漬けを細かく刻んだものなど、何種類か用意します。ちらし寿司や手巻き寿司、いなり寿司やおにぎりを連想すると簡単です。

ごまも青ジソもたっぷり入れた夏みかんの酢のご飯、アボガドにとてもよくあいました。

旬のものを使うのは、私の食事作りの基本ですが、ほんのたまにこのリズムをくずすのも悪くない。買ったシソの葉も良い匂い。日本のハーブで元気がでました。

ヘルシーで経済的、いつのまにか、たっぷりの野菜を摂ってしまいます。親しい人の集まりやお子さんのランチに、人気のメニューになります。


〈材料〉
・アボガド2個、焼きのり、マヨネーズ
・レモン（柑橘類なんでも）少々
・蜂蜜小さじ1〜2
・米3合に対して、青ジソ2束
・ごま2カップ
・甘夏ミカンの汁½〜1個分

〈作り方〉

①ごまを炒ってすっておく。

②ご飯を炊き、熱いうちにミカンの絞り汁をまぜる。

③アボガドを二つに割って種を出し、柔らかいものは中身をスプーンですくう。

④ボウルに入れ、スプーンの背でつぶす。レモン汁をふりかけて、よく混ぜておく。

⑤マヨネーズと蜂蜜を入れる。好みで、塩分を調節して下さい。

⑥②のご飯にゴマと刻んだ青ジソを混ぜる。

⑦食卓で、焼きのりにご飯とアボガドをのせていただきます。

※アボガドは、中があまり固いものは、おいしくありません。シソの葉もゴマも、たっぷり使って下さい。

午前5時のお茶

4月7日

まだ明けきらない朝の時間に、自分だけのお茶のひとときを持ったことがありますか。

私はこの早朝のお茶の時間がとても好きです。仕事を済ませて、大急ぎで夕食を作って食事をすると、これからが私の時間なのに、テレビの前でうとうとしてしまいます。結局すっかり居眠りをしてしまうことが、多いのです。そんなときは気前よく、今日の時間は「眠り」に譲って次の朝、早く起きます。

まわりはまだ静かで、子供たちの朝の支度にも間があります。少しボーッとした心と身体でお茶の用意をします。いつもミルクティーです。たっぷりの二杯目の熱い紅茶を飲むころには、ちょっと食欲も出てくるので、小さなサンドイッチや甘くないビスケットやクラッカーをつまみます。

　フランス映画の「リネットとミラベル・四つの冒険」という映画で、二人の少女が夜と朝の重なる時間を「聞く」シーンがあります。ほんの一分間だけれど、夜の鳥も鳴きやんで、朝の鳥もさえずらない、まったく静かな一分間があることを見つけた少女がもう一人の少女に教えてあげるのです。画面は急に静かになって、それを「聞いた」あとの二人の感激が印象的でした。

　「虹の理論」（中沢信一著）の中に、ジャン・ケレヴィッチという人の、朝六時の音楽、夜明けの音楽は朝の無邪気さと夜の心を同時に求めているという言葉が引用されています。著者は、サティ（一八六六～一九二五年・作曲家）は、その朝の無邪気さと夜の心とを持った不思議な透明さを持った音楽を作るひとりだったと書いています。

　サティを弾きたいと浪人中の息子は、初めてピアノを習いました。この音楽は受験勉強中の息子の心をリラックスさせてくれたようです。この原稿も朝の時間に書くことが多くなりました。この時間は、心が落ちついてだんだん元気になる不思議な時間です。このひとときは虹のように消えてゆく小さな時間なのですが、早朝の音楽のように透明な気持ちのよい時間で、私の元気の素です。

――大好きな朝のミルクティーと
小さなサンドイッチ

〈材料〉
・沸騰したてのお湯、紅茶の葉、牛乳
・薄切りの食パン
・レタス、キャベツ、クレソンなどの葉もの、マヨネーズ、バター、こしょう

〈作り方〉
――ミルクティー
①ポットはあらかじめ温めておく。ポットに茶さじ二杯の紅茶の葉を入れ、熱湯を注ぐ。
②牛乳を人肌に温めて、カップに半量入れ、3～4分むらした紅茶を入れる。
冷蔵庫に入っていた冷たさでなければ、温めなくてもおいしい。

――サンドイッチ
①パンにバター、マヨネーズを塗り、好みでこしょうやからしをつける。
②薄く切ったキュウリや、はがしただけの葉もの（キャベツ、レタスなど）、長いままのクレソンをはさんで、小さな四角に切る。野菜はどれか一品、シンプルがおいしい。

ジャガイモのニョッキ

4月14日

「おはようございます」。元気のよい声がたくさんして、朝の気持ちのよい空気をたっぷりと入れて、キッチンの仕事がはじまります。

まず、パン焼き窯のスイッチを入れて、スタッフはパンの材料を量ります。今日は何のパンにしましょう。大豆入りのパンにシナモンロール、カレーにつけるナンは、よもぎを入れましょう。

まだまだ貯えのジャガイモがたくさんあるので、何かジャガイモ料理をと、みんなが考えてくれた中のひとつがこのニョッキです。

今週の新しいメニューにポテトパンケーキとさつまいものビスケットが加わりました。キッチンは楽しい創造の場です。

ニョッキはイタリアのパスタのひとつで、すいとんをちょっとシコシコさせた感じです。簡単でおいしいイタリアの味をお試し下さい。

食を通して学ぶことはたくさんあります。このキッチンで過ごしたスタッフは、みんなお料理が大好きになって、暮らしそのものを考えるようになりました。今までのショップやアトリエに加えて、レストランをすることができて、ほんとうによかったと思っています。

この欄でイラストを担当した万里ちゃんから「卒業制作」と大きく書いた荷物が届きました。木の額ぶちに入った、色鉛筆で描いたハーブの花の絵でした。

それは本を見て描いたハーブではなく、ここに暮らした日々に、育てて、摘んで、飾って料理をして、染色をした、彼女の心に写った親しいハーブ達でした。

〈材料〉

・ジャガイモ中2

・小麦粉120g

・卵1個

・粉チーズ30g、塩、こしょう

〈作り方〉

①ジャガイモをゆでて水気をきり、つぶす。熱いうちに粉をふるい入れ、混ぜあわせる。

②チーズ、卵、塩、こしょうを入れ、よ

く混ぜる。
③打ち粉をしながら、粉で調節し、耳たぶより少し固くこねる。
④細長い棒状にして、端から切ってゆく。
⑤スパゲティをゆでる時のように、たっぷりのお湯に、ひとつまみの塩と大さじ一杯のオリーブ油を入れ、10分くらいゆでる。

※そのまま熱いうちに刻んだパセリやニンジンの炒めたもの、バター、塩、こしょう、チーズなど好みでいただきます。ミートソースやトマトソースもおいしいし、グラタンの具にもなります。私はひじきの煮ものに入れてみました。油揚げとは違ったおいしさでした。

母へ　よもぎのナン

4月21日

主人の母が逝きました。
肺ガンの手術ののち、数年の豊かな余命を得た末に、子供たちに看取られて静かに眠りました。桜の満開の時で、親しい人を「私もこの時期に逝きたい」とうらやましがらせました。
尊厳死協会に入り、どんな延命措置もしてほしくない、お葬式はしないでと、しっかりとした主張がありました。幸い、主治医の先生がこの主旨「リビングウィル」に賛同する方で、本人の意志を確認しながら投薬をして下さいました。
苦しい時期もありましたが、最後の数日は、夢を見るように眠り、目を覚ますという日々でした。本人の希望どおり、簡素な別れをしました。きちんと自分の始末をつけた母を、いっそう好きになりました。

ここを訪ねてくれたのは、昨年の秋が最後でした。ゆっくりゆっくり、まわりの林を散策していた姿が目に浮かびます。

大きくなりすぎたキュウリの種のところや、摘みたてのナスの塩もみが大好きで、何でもここではおいしいと食べてくれました。

このよもぎのナンは、まだ食べてもらっていなかったのですが、きっと目をまあるくして、おいしがってくれたことでしょう。ナンはインドのパンです。オーブンではなく、フライパンで焼きました。ふわふわのパンとはまた違った味です。

四季が巡り、季節の植物を見るたびに、逝った人たちを思います。いっしょにいられるひとときは大切にしたい。

大切な人に、おいしいものをたくさん食べさせてあげて下さい。


〈材料〉

・強力粉500g
・ドライイースト大さじ1
・塩小さじ1
・蜂蜜大さじ1
・牛乳60cc
・サラダ油60cc
・卵1個
・水かぬるま湯250cc
・よもぎ（ゆでてひとつかみ）

〈作り方〉

①よもぎをゆでて、水にさらし、よく絞って細かく刻んでおく。

②牛乳をわかして、さましておく。

③卵、サラダ油、ぬるま湯、牛乳、蜂蜜の半量、ドライイースト、よもぎをよく混ぜる。残りの粉と塩を加えて、10分くらいよくこねる。

④ひとまとめにして、ラップとぬれタオルをかけて、約2倍になるまで発酵させる。室温で十分ふくらみます。

⑤12個にわけ、ボール状に丸めて10分、ぬれタオルをかけて休ませる。

⑥フライパンかホットプレートを高めの温度にセットする。⑤の生地を1㎝より少し薄めの楕円にのばし、両面に色がつくまで焼く。

※よもぎを入れない、プレーンなものもおいしいし、ほうれん草、かぼちゃ入りも好評でした。よもぎをフードプロセッサーで細かくすると、全体がきれいな薄緑色のナンになります。

若草の豆腐ハンバーグ

4月28日

昨日は、ワイルドストロベリーとタイムとルバーブを植えました。ラムズイヤー(羊の耳)とラベンダーを移植しました。

三年前まで荒地だったところに、いらした方がゆっくり散策できるように、摘みたての花やハーブをレストランで使えるようにと、畑とは別に庭を作っています。

仕事のあいまに耕してきましたが、今年は専門に庭仕事をしてくださる方ができて、庭作りも少しピッチをあげました。

レストランからでる生ゴミも堆肥に積んで、除草剤も農薬も使わない庭を作っています。果樹はまだまだ小さく、石ころがごろごろでてきますが、私の中の夢の庭ではリンデンバウムが繁り、ラズベリーやスモモが実って、カモミールが風に揺れ、大好きな西洋ニワトコの花が真っ白に咲いています。

ここは今、やっとヒヤシンスが咲いて、チューリップが芽を出したところですが、目をこらすと、小さな芽も土から顔を出しています。今年は枯れてしまったとがっかりしていた植物も生きていました。

春は再会の時です。ああよかった、また会えた、小さな小さな芽をなでてしまいます。

食べてしまいたいほど野草も大好きです。で、食べてしまいました。よもぎ、たんぽぽ、なずな、ふきのとう、お豆腐に入れてハンバーグです。

まちに待った春は緑のものが欲しくなります。自然はよくできています。春の草は、私たちの心身をきれいにしてくれます。

桜もち、ヨモギ団子、柏もち、ツクシご飯、よめなご飯、人はずっと野原と大の仲よしでした。この季節は野原と親友になれる、よい季節です。

〈材料〉

・豆腐一丁
・野草（ナズナ、ヨモギ、ハコベなど）
　1カップ
・油揚げか厚揚げ1枚
・そば粉½カップ、小麦粉¼
・蜂蜜小さじ1
・ごま大さじ1、ごま油小さじ1
・サラダ油少々

・ふきみそ、酒、しょうゆ、塩

〈作り方〉

①豆腐の水をよく切っておく。

②ごまは炒って荒くする。

③油揚げまたは厚揚げを細かく刻んでおく。

④野草をよく洗って、熱湯でさっとゆで、水にさらす。よく絞って細かく刻む。

⑤①〜④を手でよく混ぜ、粉、塩、蜂蜜、ごま油を入れる。

⑥よく混ぜて、ハンバーグ型にまとめる。

⑦フライパンでこんがりと両面を焼く。

⑧作りおきのふきみそに酒、しょうゆを加え、さっと煮たてて、お皿にのせたあつあつのハンバーグにかける。

※ソースは、ふきみそを使いましたが、おしょうゆだけでもおいしいし、工夫して作ってみて下さい。比較的大きな木綿豆腐一丁の分量です。そば粉がなければ、小麦粉や米の粉、片栗粉を混ぜても作ることができます。

おいものビスケット

5月5日

やっと桜前線は下の村までやってきました。ポツンポツンとタンポポも咲きはじめました。

野原いっぱいタンポポが咲くと、染色をします。花のところはタンポポ色の黄色、葉のところは若草色。梅や桜に続いて、春からもらえる「色」です。

スタッフのみな子さんがお弁当に桜の花のご飯を持ってきました。お母様が桜の花の塩漬けを入れて炊いたもので、ほんのりとした桜の香りと、白いご飯と薄いピンクの花の色どりは、なんとも素敵なご飯でした。

生の桜を入れては、こうはいきません。とっておいた桜の花の塩漬けを桜のころに使う、さりげない自然のサイクルで暮らす人の心くばりです。

また、おいものお料理で恐縮ですが、まだまだジャガイモがあるので、ビスケットを作りました。サツマイモのビスケットは甘くして、ジャガイモのビスケットはお砂糖をほんの少し。

庭や鉢植えの新緑のハーブも入れました。チャイブやローズマリーの香りが食欲をそそります。サツマイモには、レモンタイム、マジョラム、ミント、ヨモギ、タンポポ。

ジャガイモには、セージ、ローズマリー、タイム、チャイブ、オレガノなどが合います。緑の葉をそのまま刻んで入れて下さい。ビスケットの型抜きは、ジュースの空缶のくり抜いたものやコップで間に合います。

休日の朝に、のんびりとみんなで作って、コーヒーでも飲みながら、ゆっくりとブランチ（朝食と昼食をかねたもの）はいかがですか。焼きたてのビスケットは、ほんとうに幸せな香りと味がします。


〈材料〉
・薄力粉2と½カップ
・三温糖小さじ1
・ベーキングパウダー大さじ1
・バター50g
・ジャガイモ大1個（200g～250g）
・卵1個、牛乳½カップ
・チャイブ、ローズマリー少々

〈作り方〉

①ジャガイモを細かく切りひたひたの水でゆでる。ゆだったら水気をよく切って、つぶしておく。

②粉、ベーキングパウダーをあわせてふるっておき、バターを加えて手でつぶし、両手をこすり合わせてサラサラにする。

③①②に、卵、牛乳、砂糖を混ぜ、こねてひとまとめにする。

④打ち粉をして、③の生地を1.5㎝くらいの厚さにのばす。

⑤型で丸く抜き、フォークでチョンチョンと表面に穴をあける。

⑥200℃のオーブンで約10～15分焼く。オーブンによって、多少温度は変わります。

※サツマイモの場合は砂糖を大さじ3杯、サツマイモも大きいもの½を使います。

タンポポのサラダと春のハーブティー

5月12日

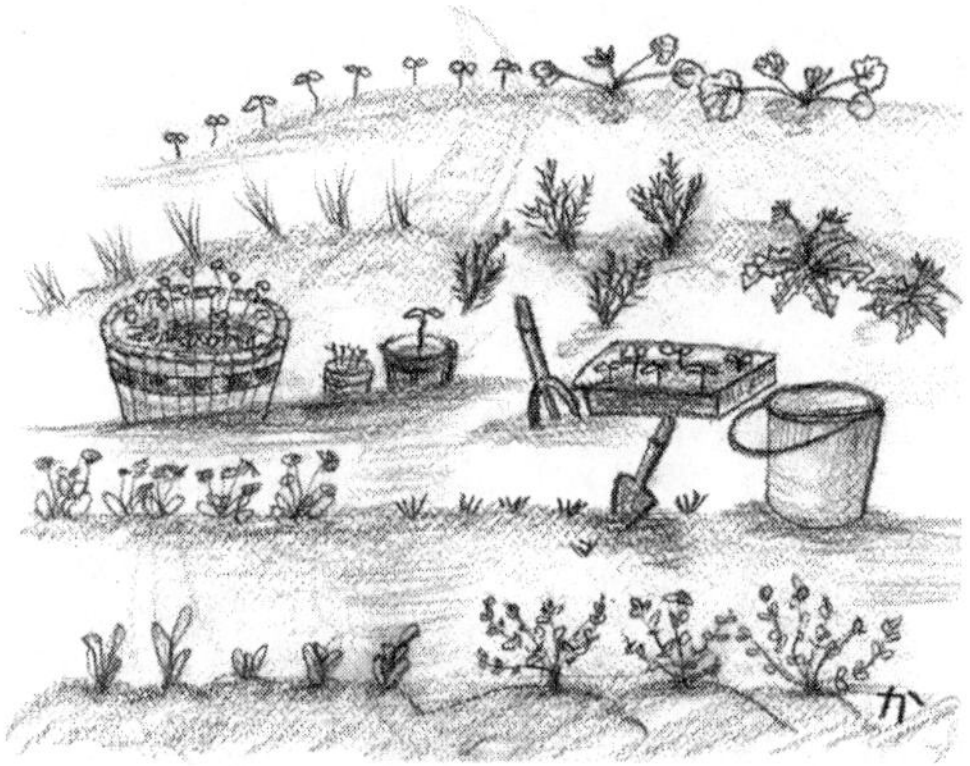

　久しぶりのお休みの日です。子供を送り出して、ゆっくりとお茶を飲んでから、家の中の惨状には目をつぶって散歩に出ました。二匹の犬も一緒に行きたくてクンクン鳴いていましたが、今日はひとりで出かけます。

　昨年、ハーブガーデンを別荘の庭に作ったご夫婦をお訪ねしました。東京はマンションなので庭仕事は初めてです。園芸の楽しみはなるべく自分ですることです。

　土作りをして、デザインをして、種をまき苗を植える、種が発芽して双葉を出して、小さな苗は少しずつ大きくなって。収穫はかごいっぱいのハーブだけではありません。土を踏む気持ちの良い感触や小鳥の声や、お日様の光や良い香りなど、数えきれない素敵なことがプレゼントされます。

ときどきアドバイスするだけでしたが、お二人の庭はますます愛情いっぱいです。まだ植物は眠りから覚めたばかりですが、夏の盛りの様子が目に浮かびます。

いつもは車で走ってしまう距離を近道をみつけて歩いて来たとお話ししたら、奥様が途中まで一緒にとおっしゃって、帰り道は二人で歩きました。道のないところは藪の中を通ったり、林の中の小川のそばを歩いたりしていくと「何だか赤ずきんちゃんみたい」とおっしゃいました。

タンポポを摘みました。タンポポサラダの定番は、カリカリに焼いたベーコンとあえるのですが、油揚げをこんがり焼いて、クルミも入れました。ほろ苦いタンポポはミネラルもビタミンもいっぱい。

のこぎり草の若い葉とまだ出たばかりのペパーミントを摘みました。さっと洗って生のままお茶で飲みます。身体を元気にしてくれるお茶です。「ノーム」という小さな妖精の食事がちょうどこんなです。「ノーム」プラス「赤ずきんちゃん」の、幸せな一日でした。

—タンポポのサラダ

〈材料〉
・タンポポの葉数枚、花一輪
・油揚げ½枚、クルミ少々
・ドレッシング（サラダ油大さじ1、リ

ンゴ酢小さじ½、蜂蜜小さじ½、しょうゆ数滴、塩、こしょう）

〈作り方〉

①なるべく柔らかそうなタンポポの若い葉を摘む。道端のものは避ける。

②クルミは炒って荒く刻み、油揚げはこんがりと焼いて小さな角切りにしておく。

③ドレッシングを作り、①②をあえる。花びらを散らす。

―のこぎり草とミントのハーブティー

〈材料〉

・のこぎり草の若い葉ひとつまみ

・ミントの葉ひとつまみの半分

〈作り方〉

①ポットに生葉を入れ、沸かしたての熱湯を注ぎ、5～6分むらして漉す。

②好みで蜂蜜を入れる。

野原のかき揚げ

5月19日

今日の夕食は、かき揚げです。

家のまわりをぐるっとまわって、ヨモギ、カキドオシ、タンポポ、スミレ、ミツバ、草ボケの花を摘みました。

さっと洗って、包丁を入れないで、そのまま混ぜあわせて、カラッと揚げます。

野原がそのまま揚がりました。ひとつひとつの野草を揚げるのもよいのですが、野原そのまま切り取って揚げちゃう感じが好きです。ほろ苦かったり、香ばしかったり、甘かったりして幸せです。

冷蔵庫の整理をかねて、キンピラゴボウと竹の子の煮ものも衣をつけて揚げました。こちらは、かき集めた「かき揚げ」です。具には味がしみこんでいますから、何もつけないで食べます。翌日のお弁当のおかずにもなるし、おにぎりの中に入れると、なかなかいける味の「天むす」です。

この季節の野原を歩くと、おいしそうとか、おふろに入れたいとか、ローションを作りたいと思ってしまいます。冬の間は眠っていた宝物がキラキラ目にみえて輝いているようで、ドキドキします。

イギリスの「アメリカンミュージアム」というところの中庭にシートを敷いて、赤ちゃんや幼児が日なたぼっこをしていました。遠く続く広い丘陵を見わたせる野原で、お母さんやおばあさんは、お茶の時間でした。

帰りになにげなくもらったカードには、「用意するものは広い野原、青い空と風と小川をよく混ぜて、お花をいっぱい散らします。これが子供たちのためのおいしいジャムの作り方」と書いてありました。今見たそのままの光景でした。

「野原のかき揚げ」も、野草を摘むひとときからこの献立ははじまるので、野原に青い空に緑の風、小鳥のさえずりなど混ぜあわせていただけるとさらにおいしいと思います。

〈材料〉
・野草いろいろ
・サラダ油
・水
・小麦粉

〈作り方〉

①指先でちょんちょんと野草を摘んでおく。

②さっと洗う。

③小麦粉を冷水で溶き、かき揚げに適した衣を作って、野草をいろいろ混ぜる。

④カラリと揚げる。

ホップの新芽のバター炒めとルバーブのジャム

5月26日

オオヤマザクラとカスミザクラが咲いています。一番最後に咲く桜です。新緑の中に、ところどころ薄いピンク色のもやがかかって、それはきれいです。朝日の中、日の輝く日中、夕方、どの時間もそれぞれ美しくて、秋とは違った、命がこれから始まる生き生きとした風景です。ちょっとションボリしてしまうことがあっても、こんな中に身をおくと、いつも元気がもらえます。

下の子供が三歳の時に迷ってきた子犬が、また子供を生んで、雑種の犬が二匹います。

犬たちと散歩をしながら、ホップの新芽を摘みました。果樹園のビックリグミの花が満開で、ふんわりと良い匂いがします。

犬も私もそれぞれの興味で動くので、な

かなか時間がかかります。

昨年のこの頃の「八ケ岳の食卓」は、ホップの新芽のオムレツとルバーブのお菓子を書きました。その時、ルバーブのジャムの作り方の問い合わせがあったので、今回はジャムの作り方を載せました。甘酸っぱくておいしいジャムです。何より作り方が簡単です。

ホップ（西洋カラハナソウ）は道端や茂みにたくさんあります。秋は青々とした苞《ほう》をリースにしたり、乾かして安眠枕に入れたり染色に使ったりと大活躍の草です。

薄緑のちょっとイガイガした草が風味のある一品になるのがうれしい。よく見ると野原には一品も二品もあります。毎年その季節になると、一度はこれを食べなくてはと思うものがあるのは、楽しいことです。

〈材料〉

・ホップの新芽片手いっぱい（先から10㎝くらいのところをポキンと折る）
・バター、塩、こしょう
・ルバーブの茎三本（中くらい）
・砂糖1〜1と½カップ

〈作り方〉

①ホップはさっと洗って、熱湯でさっとゆでて水にさらす。
②水を切って、フライパンにバターを入れ、じっくりと炒める。塩、こしょうする。

③ルバーブの茎を繊維に直角にザクザク薄く切る。
④砂糖をまぶして、水が出てくるまでしばらくおく。
⑤弱火で5分ほど煮る。すぐ煮くずれる。かなり酸っぱいので好みで砂糖を加える。もう一度、火にかけて、少し水分をとばしておく。

—追記
最近、おいしいと思うのは、砂糖をまぶして、さっと火を通す、ルバーブがまだしゃりっとした状態のものです。

フキとレモンのケーキ

6月2日

この春はフキをたくさん使いました。細い野のフキです。フキノトウからはじまって、葉の部分も細かく刻んで甘辛く煮たり、お皿にして、フキの炊きこみご飯をちょんとのせたりしました。

大きな霜がきて、葉が痛みましたが、また元気になりました。国産レモンがたくさん入って百九十九円というのを見つけました。フキとレモンでケーキを焼いてみました。うちで一番のお菓子作りのみなちゃんが、お砂糖やバターを工夫しながら作ったとってもおいしいヘルシーケーキです。

昨日は東京に行きました。午前中に用事を済ませて、午後は雑貨の店とデパートの食料品売場を歩きました。イギリスの小さな町角の店で買った絵葉書きや小物が並んでいたりします。何でも輸入されてしまうんですね。いつでも買えたらいいなと思うものもあるけれど、いろいろ歩いて見つけたものが、簡単に集まっているのは、うれしいような、つまらないような複雑な気持ちです。

食料品売場って、いつ行ってもすごい。日本のお総菜から世界の料理まで何でも揃っています。熱気の中を歩いて、どれもこれも食べてみたいと思ってしまいました。

なにしろ私の普段の毎日は、冷蔵庫の中身や畑や野原と相談した料理を作るのですから。でも、今暮らしている場所が大好きです。大好きになろうと暮らしているから、居心地がいいのだと思います。今いる自分の場所でできることを楽しみたい。

東京から帰ると野のフキが待っていました。もう一回ケーキを焼きましょうか。

〈材料〉（パウンド型1個分）

・薄力粉1カップ
・ベーキングパウダー小さじ1
・三温糖1カップ
・バター200g
・卵4個
・フキ1カップ
・フキを煮る砂糖、塩
・レモン1個

〈作り方〉

①フキをゆで、水にさらして、すじをとっておく。５㎜くらいの小口切りにして、好みの砂糖と少々の塩で煮ておく。

②オーブンを180℃にセットする。粉とベーキングパウダーを合わせてふるっておく。

③バターと三温糖を泡立器でよく混ぜ、そこへ卵を入れてさらによく混ぜる。粉を入れ木べらでさっくりと切るように混ぜる。

④フキと、すりおろしたレモンの皮、レモン汁を③に加え、さっくりと混ぜる。

⑤粉をはたくか、クッキングシートを敷いた型に④を流し入れ、180℃のオーブンで約30分、アルミホイルをかぶせて約20～30分焼く。竹ぐしでさして、種がつかなかったら焼きあがり。

※薄緑色のフキがきれいなクリームの色のケーキです。

エゴマ入りの炒飯とレタスのサラダ

6月9日

夜になって強い風が吹きました。望んでいた雨も降っていますが、たいしたことはなく、植えたばかりの小さな苗たちが心配です。今、庭を作っている場所は、石がごろごろの野原でした。少しずつ起こして、苗木を植え、三年目に土が良くなりました。

レストランからでた生ゴミは全部土に返してきたおかげで、あちこちからカボチャやネギやジャガイモといったおまけがでてきて、楽しみな場所になりました。昨年はジャムを作った紅玉の芯についていた種から芽がでて、十数本の小さなリンゴの木が生まれました。

この庭は、たくさんの花やハーブ、野菜や果樹を混植しています。大きな植物の作った日陰には、そこに合う植物を植えます。日陰ができて困るのではなくて、できた日陰を大切にします。

昨年、花を咲かせてこぼれた種からできたレタスは、移植してまわりにラディッシュの種をまきました。ワイルドストロベリーの間にはホワイトマスタードをまいて、栽培種のイチゴのまわりにはコーンサラダをまきました。

プチトマトのまわりにはパセリ、キャベツの隣にはバジル、豆のまわりには三寸人参、キュウリにはディル。こういう混植は、お互いが生き生きと育つようです。植物のパッチワークは見ためにもきれいです。

スタッフに大好評だった残りご飯の「焼きめし」と、採りたてのレタスのシンプルなサラダは、畑仕事の昼食にピッタリです。エゴマはここにきて知りました。香ばしくて、ブツブツとした歯ざわりが大好きです。甘くしてドロッとご飯にかけたものは、とてもおいしいし、あえものにも時々利用します。炒飯《チャーハン》に入れるとゴマとまた違ったおいしさです。

私の小さな頃、父がよく「焼きめし」を作ってくれました。よく焼いて、おしょうゆとソースが入った香ばしい味は、いまでもよく憶えています。

〈材料〉
・残りご飯2杯
・エゴマ大さじ1
・しょうゆ大さじ2
・長ネギ1本
・サラダ油、ごま油、ソース、レタス
・ドレッシング（サラダ油大さじ2、酢大さじ1、蜂蜜小さじ1、練り辛子小さじ1、塩、こしょう少々）

〈作り方〉
①長ネギを細かく刻んでおく。エゴマはすっておく。
②フライパンをよく熱して、サラダ油を敷き長ネギを炒める。ご飯を入れ、よくほぐして、高温で炒める。

③エゴマとしょうゆを混ぜて、フライパンのまわりからジューッとかける。
④手早く炒めて、好みでソースを入れる。よく焼いてできあがり。こくの欲しい時は、できあがりにバターをひとかけ、ごま油を一滴入れる。パラパラ、カリカリという部分があるくらいがおいしい。
⑤洗ったレタスの水気をよく切り、できればふきんでふいておく。
⑥手でちぎって、食べる直前にドレッシングをからめる。

平和な朝食

6月16日

九人分の朝食を頼まれました。私のレストランは、主に昼食とお茶の時間に利用されますが、気持ちのよい晴れた朝でしたので、用意をする私たちも幸せな気分でした。最初に出すジュースには、レディスマントルの葉を敷きました。朝露がコロンとついた黄緑の葉は、緑色のグラスにぴったりでした。

こんがり焼いたロールパンには、青い小麦の穂を飾りました。この小麦の穂の太い部分で作ったストローをジュースにさしました。緑色のストローは、いつもはストローで飲みものを飲まない「おとな」も、思わずくわえてしまいたくなります。

ちょうど、いつも野菜を届けてくれる友人から、コーレがきました。ゆでてマヨネーズであえました。

夏ミカンの汁をかけた、生のマッシュルームと千切りのキャベツをドレッシングであえました。メロンは小さく切って、コアントローに漬けて、スイートシスリーの葉を散らします。トマトの薄切りにバジルの葉をのせて、ガーリックソルトをふりかけます。

いり卵は、フレンチタラゴンとバターと白ワインを入れました。ゆでたハーブ入りのソーセージを加えて、一皿ができあがりました。

小さなスミレの花やチャイブの花も飾りました。ジャムは、昨日煮たばかりのルバーブと、作りおきの紅玉です。あとはたっぷりのお茶とコーヒー。作っている私たちもニコニコで、召し上がって下さったお客様も満足そうでした。

カンボジアで亡くなったボランティアの青年「中田さん」が、現地で「平和とは、きわめて具体的なことだと、ここに来てわかった」と話していたそうです。私も花を摘んだり、料理を作ったりしている時に、「平和」というものを感じます。

宗教、政治、思想、経済、とても複雑ですが、どうか、とりあえず普通の人が「具体的な平和」を受けることができるようにと、願わずにはいられません。

―レディスマントル／バラ科
「聖母マリア様の外套《がいとう》」と呼ばれ、葉に

溜った朝露は最高の化粧水になる。強壮のハーブティーとなる。

―スイートシスリー／セリ科
アンズの香りがして甘味のある葉をサラダにしたり、ゆでたりする。

―スイートバジル／シソ科
香りの良い葉をサラダやスープ、ソースなどに使う。

―フレンチタラゴン／キク科
フランス料理で使う、エストラゴン。葉をサラダ、卵、肉料理に使う。酢や油に漬けこんで保存する。

―コーレ（ギボウシ）／ユリ科
白い茎と若葉を食用にする。

―コアントロー／洋酒
キュラソー島の特産の緑色のオレンジから造るリキュール（フランス）。

カモミールの冷たいお菓子

6月23日

車で走っていると、庭にカモミールが咲いているのをよくみかけます。

カモミールは、薬効はもちろんですが、その姿と、青いリンゴのようなさわやかな甘い香りが、まず一番の喜びです。

先日、テレビでカモミールのババロアの作り方を放送したそうです。スタッフが、ティーバッグを使っていて残念でしたと言っていました。もし、身のまわりに生き生きとしたフレッシュのカモミールがあったら、ぜひ作ってみて下さい。

ミルクに溶けた、あの甘い香りが優しいお菓子になります。もっとさっぱりと、寒天のゼリーもおいしいし、私たちは毎朝、パンに焼きこんでいます。オーブンを開けた時に、ホワッと幸せの香りが広がります。

お茶もおいしい。花だけを摘んで熱湯を注ぎます。お湯が柔らかくなってホッとするお茶です。残ったら、顔にピチャピチャとつければ、すばらしい化粧水。さめてから、鉢植えにもかけてやります。

花の盛りに根元から五センチくらいのところで刈りとると、もう一度、花を咲かせます。花を指先で摘んでザルに広げて干すか、枝ごとさかさにつるしておきます。乾燥は風通しのよい日陰でゆっくりさせます。

今日は暑い一日でした。ひと雨ごとに、植物が伸びていきます。まいた種の芽が出てきました。ハマナスとフレンチローズの花が咲きはじめました。ニセアカシアの花が満開で甘い香りが流れます。

日に焼けて、両手の指や爪は、真っ黒に土がしみこんでしまったけれど、その何倍ものお返しを、六月はしてくれます。

—カモミールのババロア

〈材料〉（直径18cmのリング型）

・生のカモミールの花20g（½カップ）
・粉ゼラチン大さじ1
・水大さじ3
・卵黄2個
・砂糖60g
・牛乳300cc
・生クリーム200cc

〈作り方〉

①鍋にカモミールの花と牛乳を入れ中火で温める。沸騰直前に火を止め、五分ほどおく。長くおくと苦味が出ます。茶こしなどで漉す。

②粉ゼラチンは水を入れ、ふやかす。

③泡立て器で白っぽくなるまで混ぜた卵黄と砂糖を、①の鍋にを入れて、よく混ぜる。

④中火で煮たてないようにしながら、とろりとするまで、かき混ぜる。

⑤火からおろして、ふやかしたゼラチンを入れ、よく混ぜる。

⑥底を氷で冷やしながら、かき混ぜる。

⑦ボウルで生クリームを軽く泡立て⑥に入れ、むらなく混ぜる。

⑧油を塗った型に流して冷蔵庫で冷やす。

おかのりとロケット

6月30日

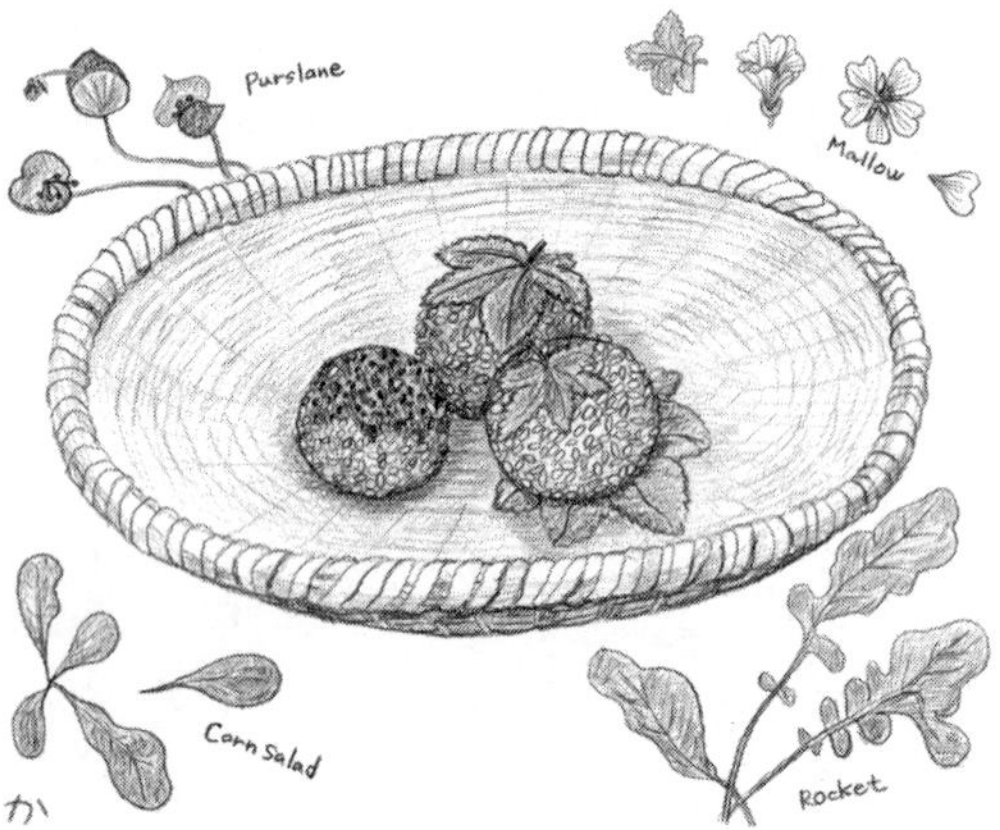

以前、有機農業の講座で、原村の日達さんに「おかのり」を教えていただきました。「おかのり」で包んだおもちは、ほのかなのりの香りがしました。

それから何年もたって、友人が「おかのりよ」と、小さな苗と収穫した葉を持ってきてくれました。今、よく見るとアオイ科の植物で、小さな苗はうちにあるウスベニアオイそっくりです。どんな花が咲くのでしょう。

小さなおむすびを作って、ごまみそを塗ってその葉でおむすびをくるみました。小さな籠に小さなおむすびを入れると、梅雨の日でも食欲をそそるお昼ご飯ができあがりました。

サラダロケットをご存知ですか。

アブラナ科の植物で、食べるとごまの香りがします。かすかにピリッとした辛さとごまの香りは、そのままサラダにしたり、あえものに使います。

五年前に、フランスのニースに行く機会がありました。早朝の青空市場では、花やハーブ、果物を売っていました。「ムスクラン」というタンポポの葉や、マーシュ（コーンサラダ）、パースレーン（スベリヒユの仲間）、ロケットなどのミックス野菜を買いました。

となりで買い物をしていたおじさんが、「これはいいよ。身体も肌もきれいになる」と、すすめてくれました。たぶん、そんな風に言ったみたいでした。なにせ、フランス語でしたから。茶色い紙袋いっぱいのムスクランを、ホテルで塩をかけて食べました。クロワッサンとコーヒーだけのシンプルな朝食が、とてもぜいたくなものになりました。

青い青い海と、広場の赤と白のしま模様のテントと、ラベンダーやバラ、ニンニク、唐辛子、オリーブの実、きのこ、ブラックベリーやラズベリー。そしてローズマリーの香り。もう一度、プロヴァンスに行きたいと、それからずっと思い続けています。

植物の形や味はいろいろです。おかひじきや畑のキャビアといわれるほうき草の実、このおかのりやロケット、楽しい植物に出会える楽しみはまた格別のものです。

簡単な食べ方なので、作り方は書きません。ごまみそは、おみそとお酒、好みの分量のお砂糖と炒りたてのごまを使います。

豊作のラディッシュ

7月7日

よく雨が降ります。ひと雨ごとに、草花や野菜は目に見えて大きくなりました。

レタスのうねの間にラディッシュの種をまきました。ラディッシュとレタスはお互いに相性がよいのだそうです。

レタスの苗は、去年、花を咲かせたレタスから生まれました。春になって、小さなレタスの芽がたくさん出てきて、私たちを喜ばせたものです。レタスとニンジンも仲よしだとかで、三寸ニンジンもまいてあります。パッチワークのような小さな菜園ですが、毎朝眺めるのが楽しみです。

ラディッシュは、私たちのレストランに野菜を供給してくれている友人からも届きます。丸々と太った大きなラディッシュ、新鮮なうちに使いたいと思います。

まず最初は、そのままバリバリいただきます。フランス映画で二人の少女が木陰で、いろいろと話をしながら、バターをつけてラディッシュを食べていました。野原でパリパリとおいしそうに食べる少女たちには、甘いケーキやクッキーよりも、ラディッシュが似合いました。丸ごとのラディッシュとバターとフランスパンはとてもおいしいのです。

丸ごと、またはスライスして甘酢に漬ける、おみそやぬかみそに漬ける、煮ものやみそ汁の具などいろいろ使いますが、一番のヒットは、皮をむいてその皮のほうを酢に漬けます。しょうがとクルミも入れました。赤いきれいなお酢はあえものなどに使えます。大根やカブなど白い野菜を美しいピンク色に変えてくれます。

赤いバラの花は白ワインに入れると、ほんとうのバラ色のワインになります。バラ色のシロップも作れます。バジルのダークオパールという品種からも、香りのよい赤いお酢ができます。

食べものではないけれど、紫色のルピナス（のぼりふじ）はウールを若草色に、ラクスパー（ちどり草）は絹をきれいな空色に染めてくれます。

小さなころ、色水を作って遊んだものですが、初夏の庭は、いろいろな色を作って、私たちを楽しませてくれます。

―ラディッシュの皮の酢

〈材料〉
・空ビン
・ラディッシュ10個、クルミ3個
・しょうが少々
・りんご酢250cc

〈作り方〉
①空ビンを洗って煮沸しておく。
②ラデッシュの皮をむく。よくふいておく。
③②の皮、クルミ、しょうがをビンに入れ、口までりんご酢を注ぐ。ふたをして一週間おく。
※トウガラシ、ニンニク、こしょうの粒なども合います。

栗の葉で包んだクリームチーズ

7月14日

「家庭画報」という雑誌に、家庭でできるハーブ入りのチーズ料理を頼まれました。

だれにでも手に入る数種類のチーズで、オードブルからデザートまでを作りました。ディップ、スフレ、オーブン焼き、フリッター、酢漬け、ババロア、あわただしい時間でしたがスタッフと楽しみながら作りました。

その中のひとつで、私の好きな一品です。クリームチーズに刻んだハーブやクルミを入れて、冷蔵庫で固めて、青々とした栗の葉や山ブドウの葉でくるみます。大きさや形をいろいろ変えると、オードブルにも、ランチの一品にもなります。ふんわりとした栗の葉の香りも加わって、ひと味違ったおいしさです。

　このごろは簡単にバリバリとラップを切りとって、何でも包んでしまいますが、サクラ、カシワ、ホウ、ササの葉など、よい香りと殺菌防腐効果のある葉で食品を包むというのは、優れた伝統の知恵です。

　チーズの本にも、その土地の栗の葉とか白樺の皮、ブドウの葉などに包んで熟成させるチーズが載っています。雨あがりの庭に出ると、緑の葉が一段と輝いています。身近な植物を利用させてもらって、たっぷりと豊かな気持ちになれることを、いつもありがたいと思います。


〈材料〉
・クリームチーズ200g
・ローズマリー(生または乾燥)小さじ1
・炒ったクルミ大さじ1
・ウォッカ½カップ
・栗の葉

〈作り方〉
①栗の葉を洗って蒸溜酒(ウォッカ、テキーラなど)に、2〜3分漬けておく。
②クリームチーズを木べラでほぐしておく。
③ローズマリー、クルミは細かく刻んでおく。
④②をチーズに入れよく練る。
⑤栗の葉を浸したお酒で手をしめらせ

て、チーズを丸めて形をつくる。
⑥栗の葉の水分をよく拭きとって、チーズを包む。
⑦葉をたくさん使うものは糸でしばるとよい。細長い葉を二枚合わせて小さなチーズも楽しい。
※ブドウの葉で包む場合は、洗って水分を切って、お酒で葉を拭く。

七月のシャーベット

7月21日

一枚のお礼状が届きました。九十五歳の「友人」からです。

さまざまの事情で何度か短期の施設に入所されたのですが、最近、長年住んでいた東京のお嬢様のところに戻られました。戻るきっかけを作ったのが、私の言動が原因とかで、ご家族にもいろいろな困惑、混乱をひきおこしたようでした。

でも、お考えもまだしっかりしていて、多少でも歩けて、身のまわりのことができるお年寄りは、なるべくご自分が今まで過ごされた場所で暮らすことが理想です。「友人」の不安を訴える言葉や涙に、私の母や私の老後をも重ねて考えてしまいました。ご本人の意志はどこまでかなえてあげれられるのでしょう。かなえられない時は、何度もご本人と率直に話しあうことが必要のようです。

　これからのことを考えて、私もいっぱい準備運動をしておかなくてはと思います。心と身体の両方の。

　北海道では天災でたくさんの方が亡くなりました。命も家も生活の場も失いました。交通事故や病気で命が消えていきます。スタッフのお姉様に二番目の赤ちゃんが生まれました。これはうれしいニュースです。

　ここで草花に接していると、芽がでて、花が咲き、枯れてまた咲く、命の営みのくりかえしがよくわかります。雨のあとの抜けるような晴れ間に樹々も山も生き生きとしています。友人がたくさんの摘みたての房スグリを、かごいっぱい持ってきてくれました。ズッキーニにも出会いました。庭のブルーベリーも色づきはじめました。今年も会うことのできた果物や野菜。今日のうちにシャーベットにして再会を祝いましょう。

　七月のシャーベットは、ちょっと痛む心も溶かしてくれます。今日一日を丁寧に気持ちよく、元気に暮らしたいと思います。縁あって同じ時間と空間を生きる家族やスタッフ、まわりの人たち、今日もとても愛しく大切に思えます。


〈材料〉
・房スグリ2カップ
・冷水2と½カップ

・砂糖1カップ
・コアントロー（リキュール）¼カップ
・生クリーム¼カップ

〈作り方〉
①房スグリに砂糖をまぶししばらく置き、電子レンジで煮る。種を細かいざるで漉す。
②フードプロセッサーに①と他の材料を入れ、なめらかになるまでよく混ぜる。
③容器に入れ冷凍庫で冷やす。

※ズッキーニはうすい緑色のキウイのようなシャーベットができました。生のまま使いました。お砂糖は好みで。

おひさまの作るお茶　サンティー

7月28日

「ハーブは私にとって酸素なんです」。お義父様を自宅でみていらっしゃるご婦人がおっしゃいました。寝たきりのお年寄りと暮らすには、家族や行政のサポートがぜひとも必要です。庭に出てハーブに触って、深呼吸をするのだそうです。ハーブの柔らかな香りも彼女を支えてくれているのです。

今朝のテレビでフレスコ画の作家が、「黄緑野菜を食べるように、目にたくさんの明るい色を与えると、うれしくて元気になります。人間の身体は皮膚で覆われているけれど、目だけは中側がそのままでているように思えます。ここから、たくさんの色の栄養を与えてやると、身体の内側の柔らかな部分はもっと生き生きしてきます」と話されていました。

目でさまざまの色や形の花や葉をみるばかりか、鼻を通して香りをかいで、身体の内側を元気にできるハーブは素晴しい植物だと改めて思いました。映像や本では体験することのできないのが「香り」です。

このサンティーは、ネイティヴアメリカンが太陽のエネルギーを使って作る、エコロジカルなお茶です。ガラスの広口ビンかポットに摘みたてのハーブを入れて、お日様にゆっくりとお茶をたててもらいましょう。

熱湯を注いでいれるお茶よりも、苦味が少なく甘い香りのハーブティーができます。心にしみる一杯のおいしいお茶です。


〈材料〉
・ガラスの広口ビン、またはガラスのポット、水差し
・水
・入れものにたっぷりのハーブ

〈作り方〉
①生のハーブは、ほこりか土を落して、きれいなものはそのまま、またはサッと洗ってポットに入れる。
②ハーブがかぶるくらいの水を入れる。
③そのまま3〜6時間、日のあたるところに置く。そのままでも、甘味を加えても、冷やして飲んでもよい。

〈ハーブティーにむくハーブ〉

―花

ジャーマンカモミール、ラベンダー、ウスベニアオイ、ローズなど

―葉

ミント、レモンバーム、レモンタイム、レモングラスなど

※タイム、ローズマリー、セージ、ラベンダーなどは香りが強いので少量にする。一種類でも、何種類か混ぜてもいいし、生だけでも乾燥したものだけでも、その両方一緒でも、好みで。

恐竜の卵のお料理

8月4日

「恐竜の卵」は手のひらにのる小さなカボチャです。

他にも名前があるかと思うのですが、残念ながらわかりません。薄いクリーム色と薄い緑色の縞模様です。

核家族化、個食化で、ミニトマトやミニ大根、小型のスイカなど、一回で食べきってしまう量や冷蔵庫に入りやすい野菜がうけているのだそうです。

このカボチャは栗とさつまいもとじゃがいもをミックスしたような味で、ホクホクしています。皮もやわらかいのできっと人気ものになるでしょう。

小さなカボチャを前にして、あれこれ調理を考えていると、友人がやってきて、「楽しい、楽しい。こんなの考えているんだったら手伝いにくるわよ」と大喜びでした。持病の喘息で入院したスタッフの千春ちゃんにも、初ものカボチャを持っていきました。バスケットの中でころころ揺れて、運ぶ私も届けられた彼女もなんだか幸せでした。夕食の時間にホクホクの一品が病院食に加わりました。

おもちゃかぼちゃではなくて、ちゃんと食べられるところも人気のひとつです。キッチンでも、このカボチャを見るとみんな笑顔になります。私はこのカボチャを「ポリアンナのカボチャ」と呼びたくなります。

千春ちゃんは今日退院です。季節の野菜やたくさんの花とこの小さいカボチャが山盛りで、彼女の大好きな台所で待っています。

※ポリアンナ（パレアナ）は、いつでも良いこと探しをして、悲しいこと、困ったことも「良いこと、楽しいこと」に変えてしまう小説の中の少女の名前です。

―「卵」料理のアイデア

Ⓐ一番簡単、ラップに包んで電子レンジで4~5分、中の種をくりぬいて、バターと塩をかけて、スプーンですくって食べる。

Ⓑ詰めもの

電子レンジで調理したものを使う。カ

ボチャの頭を横に切って、ふたにする。果肉をくりぬいて、グラタンやおとうふ、ハンバーグなどを詰めてオーブンで焼くか蒸す。

Ⓒデザート

プリン、ゼリー、アイスクリームなど果肉を使って作る。Ⓑ同様にカボチャを器に使う。

ワラワラオニオン

8月11日

ワラワラオニオンがワシントン州からやってきました。生食用の大きな大きなタマネギです。

「ワラワラ」はネイティヴアメリカンの言葉で、そのタマネギのとれる地名だそうです。主人の友人が輸入をしていて、今年もどっさり送ってきました。

オーストラリア人のスティーブは、縁あって今年の夏を私たちと仕事をしています。オーストラリアにも、こういうタマネギがあるよと、大きなタマネギをがぶりと食べてみせました。大丈夫おいしいよと言われて、スタッフのオネヤンもおそるおそるかじりました。

その後、友人から電話があって、辛味があるようだけれど、どうだったという電話がありました。丸かじりできるタマネギのはずだったのですが。

今年は天候が不順で、作物がいまひとつです。オハイオ州でも、ミシシッピー川の大洪水で農作物も大被害です。日本の各地でも、天災が起きています。私たちの畑のピーマンやナスもなかなか大きくなりません。去年はふんだんに使ったズッキーニもあまりとれません。

野菜を届けてくれる友人は、私がどんな野菜も大切に使ってくれるからうれしいと言います。このワラワラオニオンも水分があって使い方によってはとてもおいしくなります。水にさらしてパリパリにして、かつお節やおしょうゆをかけたオニオンスライスは最高ですし、ハンバーガーに厚切りを入れればひと味違います。大きく切ってフライにすると、肉厚で食べでがあります。

うちではいつでも、ありのまま、今のままを大切にします。今のあなたが好きよといって、野菜を料理すると、野菜も「今」一所懸命、おいしくなってくれるような気がします。「ワラワラ」でも、日本でも、今年はよくないと思いながら、精いっぱい農業をしている人たちがいます。

大自然の力は私たちには及びもつきません。仲よく、大切に「自然」と暮らしていくことをまた考えさせられる時期がきているようです。

ボサノヴァと岩あいなめ

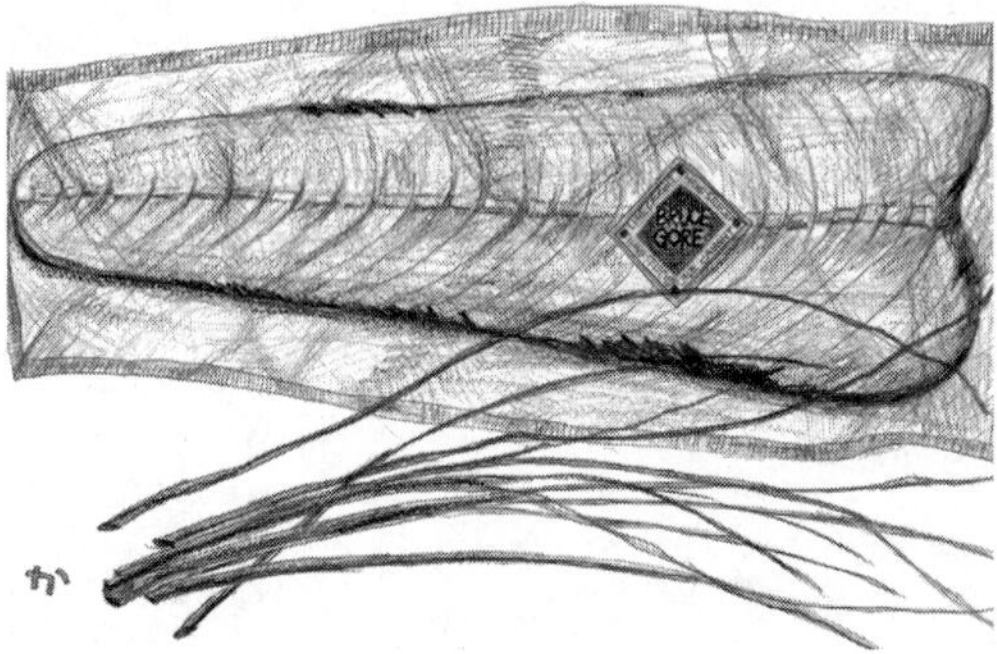

8月18日

やっと夏らしくなりました。庭で花を摘んでいると、ジリジリと首すじが熱くなります。やっぱり夏は夏らしくなくては。

好きでしている仕事ですが、このひと月、お休みをとれずにいたので、さすがに疲れがでてきたようです。

夕食の後、ボーッとしていると、息子がテレビゲームのバックグラウンドミュージックにＣＤをかけました。スタッフだった万里ちゃんがプレゼントしてくれたＣＤでした。若い頃、大好きだったボサノヴァの懐かしい曲がゆっくりと流れて心にしみこみました。

そのＣＤが半分終わる頃には、何だかすっかり元気になりました。仕事場でも音楽が流れています。好きな曲ばかりが聞こえてくるのですが、忙しく動きまわっていると、スルリと表面をなでていったり、聞こえない時もあります。この日はほんとうにゆっくりと身体に音楽がしみこんでいくようでした。

中沢新一さんのコラムに「人はリフレッシュするために旅に出ることが多いが、音楽を聞くと精神が旅に出かけて、心の内側にダイナミックな運動が発生する。空間を移動する旅ではなくて、人の精神の空間に旅をする、別の種類の『旅』をできるようになった時、深い成熟に近づく」というようなことが書かれていました。

成熟などまだまだの未熟な私ですが、初めてここに住みはじめた頃、木や花や風に囲まれて、心が自分の肉体の内や外を自由に行き来しているような気持ちになったことを思い出しました。

岩あいなめは、昨年この欄にも登場したカナダの漁師、ブルース・ゴアさんの魚です。カナダでは「リングコッド」と呼ばれ、岩の間にいるので、一本釣りだそうです。体長六十センチのこの魚の半身をそのままオーブンで焼きます。最近知りあった浜松の、ハーブを栽培する若夫婦が送ってくれた、たっぷりのレモングラスの葉も使います。オーブンから、とってもいい匂いが流れます。

岩あいなめもボサノヴァも、私には別の種類の「旅」をさせてくれました。

何かと忙しいお盆の頃、皆様もこれを読んで、ほんの少し「旅」をしていただけたら幸せです。

―岩あいなめのオーブン焼き

〈材料〉
・米2合
・牛乳2～3カップ
・岩あいなめ半身
・タマネギ1
・マッシュルーム6個
・塩、こしょう
・マヨネーズ
・溶けるチーズ
・レモングラス1束
・白ワイン、シェリー酒

〈作り方〉
①米をといで、木べらで混ぜながら10分ほど煮る。火が通ってなくてもいい。
②岩あいなめにワイン、シェリー酒をふりかけておく。
③天板に①の米を敷き、マッシュルームの薄切りをのせる。塩、こしょうする。好みでカレースパイスを使う。
④魚をのせて、まわりにタマネギのスライスをおき、魚の上にマヨネーズをたっぷりと絞り出す。②の残りのワインにレモングラスを浸して、まわりに置く。
⑤250℃のオーブンで約30分焼き、溶けるチーズをのせて、さらに10分焼く。あつあつを切りわけていただきます。

掘りたてのジャガイモ バターしょうゆ味

8月25日

庭の一画のジャガイモを掘りました。

昨年の生ごみを埋めた場所から勝手に育ったものです。通りには広いジャガイモ畑が続いています。普段は車から眺めているジャガイモの花も、この庭では間近に見ることができました。

ザルいっぱい採って、あとは今年のアルバイトのミクちゃんとヒロコちゃんに残しておきました。こんなに広くて大きな空の下でのジャガイモ掘り、そうどこでもできるものではありません。

夏の間、蓼科に滞在する野村さんご夫妻にチョウの写真家、関洋さんを紹介されました。彼は、銀座のチョウ（昼間の本物のチョウです）や、東京近郊の小さなチョウを撮っています。必ず、野草や花、背景には街並みやビルディングが写っています。珍しいチョウではなくて、健気に生きる、普通の小さなチョウばかり撮っています。

彼の写真はあなたが好きそう、ここに似合っていると言われました。そして彼が、私たちの庭にはとてもたくさんのチョウが来ていてうれしいと言っていました。また何度も足を運ぶそうです。

私たちの庭は大ざっぱだけれど、どの植物もニコニコ生きています。チョウもいろいろな花をめざして、やって来てくれるのでしょう。

バターしょうゆ味のおいも、バターや調味料の量はいいかげんで、味見しながら作ります。あつあつのおいもを味見するのも幸せ。

健気に生きるチョウのいる庭の健気なジャガイモ、それだけでとってもおいしいのです。

〈材料〉

・ジャガイモ
・バター
・しょうゆ
・砂糖または蜂蜜、メープルシロップなど
・サラダ油

〈作り方〉

①ジャガイモをよく洗って皮つきのまま、ゆでておく（固めで、火が通るように）。大きなものは二つに切る。

②鍋にサラダ油をしいて、コロコロとこげめがつくまで炒める。たっぷりのバターと好みで砂糖を入れ、最後にジューッとしょうゆを入れてさらにころがす。

オレガノの花ごろも

9月1日

畑に行ってみると、オレガノの花が満開です。薄いピンク色から濃い色まで風に揺れています。

まずオレガノの花はたっぷりとフレッシュでリースを作ります。テーブルに山のように摘んで花輪を作る喜びは、毎年のことだけれど、いつも新鮮でうれしいことです。

ピリッとした香りは、花も葉もイタリア料理に使われます。この花をパンに焼きこみました。花を天ぷらの衣に入れて、鶏肉を揚げました。暑い日だったので、冷やしスパゲティも作りました。だし汁にごま油や酢、ザク切りのトマトも入れて、冷やしておきます。スパゲティにザブッとかけていただきます。バジルやシソの葉、しょう

――オレガノの花入りチキンフリッター

〈材料〉

・小麦粉1カップ、卵1個、水少々

・鶏肉、オレガノの花

・塩、こしょう

〈作り方〉

①オレガノの花を指先でちぎっておく。

②鶏肉をひと口大に切って、塩、こしょう、オレガノの花を混ぜ合わせておく。

③天ぷらの衣を作る。水は卵によって調節。さらにオレガノの花を入れる。

④170～180℃の油でからりと揚げる。好みで塩を振る。

がが似合います。

あつあつのチキンフリッターと真っ赤なトマトのスパゲティ、残暑の頃の食欲をそそるメニューができあがりました。

先週は、これからの生き方に悩んでいる二人の若い人と話しました。ひとりは立ち話、ひとりは電話でした。電話や立ち話にしては、長いお話をしました。二人とも、もっといろいろ勉強をしたいのです。素敵なことです。

私はいつも「よいこと探し」をする人ですから、否定的なことは言いません。オレガノの隣はワイルドタイムが花盛りです。「タイム」の花言葉は「勇気」。ポケットにいっぱい「タイム」を詰めて、夢に近づいてほしいと思いました。

カボチャのホットケーキ

9月8日

美麻村の遊学舎は、大好きな場所のひとつです。

廃校になった分校を再生して、教室は宿泊場所、もと理科室や音楽室は、陶芸やガラス工芸のアトリエ、裏の水飲み場のところは染色工房にしています。ギシギシ音をたてる階段や広い体育館、使っていない教室もまだあって、木造の校舎は壊かしく暖かい気持ちになります。

給食室もそのまま利用していて、手作りの食堂では、おやきやクルミのパンなど、土地の「ごはん」ができます。運動場もそのまま。大きなヒマワリやカンナの花が似合う空間です。

年に一度くらいしか会わないけれど、主宰者の吉田さんとも長いお付き合いです。

ここから、「エコダイアリー」という手帳を出しています。いろいろな分野の人が小さな文章を載せていて、読んでいても楽しい手帳です。毎年、書かせてもらっているのですが、今回は季節の花の小文をたのまれました。

八月の花に「カボチャ」を選びました。暑い夏の日差しに、カボチャの黄色い花と大きな実。豊かな気分にさせてくれます。

カボチャのホットケーキは、パンをきらした朝食の時や、おやつに作ってみて下さい。栄養たっぷりでとても簡単。大きなフライパンで焼いて、そのままドンとテーブルに出します。バターはたっぷり。メープルシロップや蜂蜜、お砂糖、好きなものをかけて下さい。

冷夏に台風、今年のカボチャたちには、けっこう苦労の多い年でしたけれど、数ある花の中から、八月の花に私はカボチャを選びました。期待にこたえて、その実はとてもおいしかったのでした。

〈材料〉
・カボチャをゆでてつぶしたもの3カップ
・薄力粉2～3カップ
・卵3個
・牛乳100cc
・ベーキングパウダー小さじ2
・メープルシロップまたは砂糖¼カップ
・焼きあがってからかけるたっぷりのバター、メープルシロップなど

〈作り方〉

①カボチャをゆでて、熱いうちにつぶしておく。

②ボウルに卵を割りほぐしカボチャを入れてよく混ぜる。

③牛乳、メープルシロップ、粉、ベーキングパウダーを入れてよく混ぜる。

④フライパンに薄く油をひき、熱する。一度火からおろして③を入れる。

⑤弱火にかけ、表面がプツプツと穴があいてきたら裏返す。

⑥ふたをして弱火で焼く。竹串を通して、種がつかないようならできあがり。

⑦熱いうちにバターをたっぷりのせて、メープルシロップもかける。冷めてからでもおいしいので、たくさん作っても大丈夫です。

――追記

遊学舎はその後、火事にあい、建物はなくなりました。吉田さんたちは元気に、新たな場を作りはじめました。

フルーツの香りのチキンサラダ

9月15日

今週もとても簡単なメニューです。
オレンジジュース、アップルジュース、パイナップルジュースなど、家にある100％のジュースで漬けこんで焼いた鶏肉のサラダです。鶏肉の独特の匂いがなく、さっぱりして野菜もたくさん食べられます。私は肉を食べませんが、肉を食べる人のために少量の肉を大切に料理しています。
とっても良いことがありました。
岡谷から帰る途中、午後四時半頃でしたが、諏訪湖にかかる大きな虹を見ました。いままでもたくさんの虹を見ました。イギリスのプールという町で、スタッフの万里ちゃんと見たダブルの虹や、ヒースローの空港でみなちゃんと見た虹は、旅先ということもあって特に印象的でした。

虹を見つけると、いつも息を飲んでしまいます。虹のはかない美しさに目を奪われて、気がつくとフーッと息をはいています。その時、心がきれいに澄んでいくような気分になります。

オーストラリアの先住民族アボリジニは、虹を「虹の蛇」といって、地の底から湧きあがるパワーとして、畏敬の念をもってとらえていたようです。どうして虹が立つのか、今は科学的に説明ができますが、昔の人は、どう思って、幻のように空いっぱい広がる虹を見たのでしょう。

諏訪湖にかかる虹は、虹の「ねもと」まで見えて、ねもとのむこうに虹色の町並が写りました。突然の豪雨のあとで、見事に立った虹。車の運転中でしたが、道を歩く小学生が指さして話をしているのが見えました。あー、あの子たちも虹を見つけたと、とてもうれしくなりました。

あの時、みなさんも虹をご覧になりましたか。

〈材料〉

・鶏肉（胸、ももどちらでも）400g
・アップルジュース200cc（1本）
・りんご1個、塩、こしょう
・タマネギ、レタスなどサラダの野菜（好みの量）、ミントの葉5〜6枚
―ドレッシング用
・リンゴ酢¼カップ

・サラダ油1カップ
・蜂蜜大さじ1
・塩、こしょう

〈作り方〉

①鶏肉の皮をとって大きめに切り、アップルジュースに一晩漬けておく(塩、こしょう)。

②180℃のオーブンで、①の鶏肉に輪切りにしたリンゴをのせて焼く。

③タマネギは薄く切り、レタスは洗って水気を切り、ちぎっておく。

④冷めた鶏肉を薄く切って野菜とあえる。

⑤食べる直前にドレッシングをかけて、よく混ぜる。ミントの葉をちぎって散らす。

※オーブンで焼いた時、肉汁が出ます。とっておいて、チャーハンに入れたり、スープに使います。漬けこむジュースは、オレンジ、パイナップル、トマト、桃、ぶどう、何でもそれぞれおいしい。

自然舎《じねんじゃ》と豚汁

9月22日

星空の下で映画を見てきました。

シーツをつなぎあわせた16ミリフィルムの画面です。昼に降った雨で草むらはしっとりと濡れています。屋外の「映画館」はお日様の照明がなくなるまで待たなくてはなりません。

「地球交響曲（ガイア・シンフォニー）」という映画で、登山家のラインホルト・メスナー、植物学者、動物保護活動家、元宇宙飛行士、音楽家のエンヤなど、五人の映像と言葉を中心にストーリーは進みます。

人間は地球の一部であるという認識の上に、体験の中から生まれた言葉が、地球の明るい未来へとつながって語られます。

東京で上映した時に見たかったのですが、都合がつかず、今回やっと見ることができました。

　この映画を企画したのは、石の彫刻家の村澤明生さんと友人の俳優の榎木孝明さんです。四年前、岡谷に建っていた約百二十年前の舞台建築が解体されることを知って、村澤さんは山梨県の津金という静かな村の山林に移築し、「自然舎」と名付けました。

　映画はその自然舎のイベントとして行なわれました。「とんでもないことをしちゃいました。資金不足、力不足、本業がなかなかはかどりません。でも、この舞台は舞台としては三回くらいしか使われず、小学校や公民館となって今日までできました。もう一度、たくさんの人々に愛される舞台として生かしたい」とおっしゃいました。百年も待って、彼らに会えて、この建物も幸せです。

　まだ屋根と骨組だけの自然舎の正面に大きなスクリーンが張られ、仮設のテントで二百円の豚汁と百円のワインが売られました。

　その前々日、私とスタッフは、同じ山梨県の評判のレストランで、お昼を食べました。ドイツ風の建物とドイツ風の料理、お値段も私たちにはちょっと高めでした。

　もう一度、生命を吹きこまれた百年前の建物と、舞台の一階のあかあかと電燈のともった台所で料理を作るざわめきと、具のいっぱい入った豚汁や湯のみ茶碗で飲む白ワインのほうが、私の好みです。ずーっとおいしくて、楽しい。

映画の上映を知ってから、日がなかったことと遠いことで、声をかける人も限られましたが、ほとんど、会場で出会いました。ホカホカとうれしくなりました。

　地球のことからはじまって、生きること、食べること、たくさんの想いが私の中で交差した、もりだくさんの夜でした。

香りの塩

9月29日

ハーブ研究家の広田靚子さんから「プロヴァンスのハーブたち」という本が送られてきました。

紫色に煙るラベンダーの畑の表紙のこの本には、プロヴァンスの香りがあふれています。久しぶりに電話でお話ししました。どこが良かったでしょうという質問に、道端のハーブやそこに暮らす普通の人たちの写真が私は好きと答えると、そうでしょうとうれしそうでした。

この本は、フランスのラベンダー畑で著者の作品や生けこんだ花を撮影した種類の本ではないところが好きです。広田さんの会った人や植物が、同行のご主人の写真になって、ふんだんに出てくるところが好きです。

「私ももう五十才なの。自分のしてきたことを少しでも人の役にたてたいの」。

最近の広田さんは、心や身体に障害を持った人のためにハーブを役立てることを勉強し、実践しています。この週末は、ご長男の結婚式で、庭と貸農園のハーブを摘んでブーケを作るのを、とても楽しみにしているとおっしゃいました。家族のこと、仕事のこと、おもわぬ長電話になりました。

プロヴァンスに関する本がたくさんでています。憧れのプロヴァンスは、今、ちょっとした流行です。広田さんも二十年もずっと憧れ続けていたそうです。

私も六年前にほんの三日、過ごしました。ここでは育たない大好きなローズマリーが、生垣や道端で繁っていました。通りがかりのおじさんが何度も「ロマラン」と発音してくれました。もう一度来たい。そう思う土地です。

プロヴァンスには「エルブド・プロヴァンス」という八種類近くのハーブを入れた調味料があります。袋や壺に入れて売っていて、これを使うと、南フランスの香りあふれる料理ができあがります。

今日は、焼き塩を作って、乾燥したハーブを混ぜた香りの塩を作りました。肉や魚料理、チャーハンやサラダにと便利なものです。

素焼きの壺に入れました。壺をゆすると、この夏の蓼科のハーブの香りがしました。プロヴァンスも素敵だけれど、幸せはすぐそばにあったという「青い鳥」が、壺に入っているようでした。

〈材料〉

・塩½カップ（できれば自然塩に近いもの）

・ハーブの乾燥したもの（ローズマリー、タイム、セボリ、オレガノ、パセリ、マジョラムなど、好みのものを数種類）

〈作り方〉

①塩をフライパンでサラサラになるまで、から炒りする。

②日陰でゆっくり乾燥したハーブを枝からはずして指先で細かく砕く。

③さめた焼き塩に②を混ぜる。

※精油分を損なわないように、ハーブは日陰の風通しのよいところで乾燥します。

畑に残った野菜と玄米の炒飯

10月6日

もう霜が降りそうです。
昨日は、庭のたくさんの匂いゼラニウムとローズマリー、ヘリオトロープを鉢に移しました。
小さな野菜畑には、インゲンやニンジン、青いトマトが、まだ細々となっています。丁寧に採って、玄米と炒飯にしました。天候の不順な今年に、なんとか育ってくれた野菜たちです。野菜と玄米の自然の甘味のでた、よくかんでじっくり味わえば、ダイエットにもなるおいしい炒飯です。
毎日しっかり玄米食ではなくて、生活のリズムの中でときどき食べています。玄米をたく鍋は、部品を取り換えながらもう二十年以上も使っています。この頃は、ちょっと古くなると修理するより買うほうが安いと勧められたり、部品がなくなったりするのですが、この鍋は頼もしい存在です。

私は雑穀が大好きです。稗《ひえ》、粟《あわ》、大麦、ライ麦、オーツ麦は、パンやスープに入れます。ライ麦、オートミールも国産のものが手に入るようになりました。オートミールは、ハンバーグやかぼちゃスープに加えたり、ガーゼに小さじ一杯包んで、洗顔に使います。ぬかよりも刺激が少なくて肌にあいます。

以前はこのあたりでも作っていたという雑穀、経済性の問題があるのかもしれませんが、また身近で利用できるようになったらと願っています。

冷害でお米の収穫量も心配です。雑穀や玄米など、主食の種類を増やして食べる量を減らせば、内側からもスラリときれいになるチャンスかもしれませんね。

〈材料〉

・インゲン、ピーマン、赤または青いトマト、ズッキーニの発育不全、ニンジンの葉、パセリなど
・玄米ごはん
・ニンニク、バター
・しょうゆ、塩、こしょう
・オリーブオイルかサラダオイル
・あれば大豆の炒ったもの、カシューナッツ、ピーナツ、松の実、ゴマなど。

〈作り方〉

①野菜、ニンニクをみじん切りにして、オリーブオイルでよく炒める。

②玄米ごはんを入れて、さらに炒める。

③ナッツを荒く刻んで入れる。

④塩、こしょう、バターをひとかけら、しょうゆ少々を入れて、さっと炒めてできあがりです。

大急ぎのカレー

10月13日

大きな二人の息子の夕食作りはボリュームとスピードが要求されます。上の息子は大学に入り、主人と次男の二人分になりましたが、スピード料理は相変わらずです。

　これは働く主婦のための朝から煮込まなくてもよいカレーです。細切りの野菜と大きめの肉とオレンジジュースと牛乳と市販のカレールーを使います。

　私はレストランではスープストックをとってたくさんのスパイスを挽いて、じっくり煮込むカレーを作っていますが、ちょっといいかげんなこんなカレーをあつあつのご飯にたっぷりかけて食べるのも、実は大好きなのです。

　今週もにぎやかな一週間でした。

誕生日にはお花や心のこもった手作りの

プレゼントをたくさんいただきました。いくつになってもうれしいものでした。スタッフだった万里ちゃんが「お里帰りです。ただいま」と六カ月ぶりに訪ねてくれました。明るく笑ってさよならと言った後、今度はくしゃくしゃの泣き顔になって帰っていきました。生活そのままを紡ぐような仕事ですから、一緒に過ごした日々は、かけがえのないものです。スタッフのお嬢さんは全員、私の娘、宝ものです。

伊那からは約束していた紅玉が届けられました。これからジャム作りをはじめます。公民館のハーブ講習会には、雨にもかかわらず四十人近くの人が参加して下さって、楽しい時間でした。

パタパタと過ごした一週間には「良いこと」がいっぱい詰めこまれていました。私自身、まだまだ勉強をしたいし、やりたいこともたくさんあって、子供たちとも「たっぷり」と「さらり」とつきあいたい。工夫のスピード料理はしばらく続きそうです。

〈材料〉

※大急ぎのカレーライスですから、材料はあるものを適当に。ポイントは牛乳とオレンジジュースです。

・鶏肉
・タマネギ、ニンジン、ジャガイモ、野菜いろいろ
・パセリ
・サラダ油、牛乳、オレンジジュース

〈作り方〉

①鶏肉は大きめのぶつ切り、野菜は千切りにする。

②サラダ油で鶏肉をこんがりと炒める。

③野菜を炒める。

④鶏肉と野菜に牛乳とオレンジジュースを半々でひたひたになるくらい入れて煮る。

⑤カレールーを½くらい入れて味を整える。あとはルーを足しながら味を決めます。

⑥とろみが出たらできあがりです。

※かなり甘口のカレーです。材料はおのおの火を通してあるので短時間でできます。おいしい福神漬と食後の果物でもあれば、いうことなしです。

秋の魔法のスープ

10月20日

リンゴとジャガイモの季節になりました。

ジャガイモは大地のリンゴとフランスでは呼ばれるそうです。私の住む広見は、おいしいジャガイモの採れるところです。伊那の友人が農家をまわって集めてくれた真っ赤な紅玉と、来春まで食べるジャガイモを倉庫に収納すると、秋がやってきたこと実感します。

今日はこの二つの「リンゴ」を使ったスープを作りました。最後のトウモロコシや、栗やクルミもあったら入れて下さい。タイムやローズマリー、野に咲くイブキジャコウソウなど、ほんの少しのハーブはスープに魔法をかけます。庭や野草でひと枝とった草を、ぐつぐつ煮ている鍋に入れてかきまぜているところは、魔女のようですが、このスープは白くてきれいなので、良い魔女の作るスープです。

紅葉がはじまり、雑木林はさまざまな色を見せてくれます。小道を歩くと、色彩と落ち葉や木々の香りが身体を包みます。昼間から上等のお酒に出合ったようです。

「小さな秋の幸」を集めて作るスープは、少し冷たい澄んだ空気をオードブルにして、よりいっそうおいしく感じられます。

〈材料〉（4～5人分）

・リンゴ½個
・ジャガイモ2個
・タマネギ½個
・トウモロコシ1本
・クルミ、栗あれば少々
・麦かオートミール大さじ1杯程度
・塩、こしょう
・サラダ油少々
・ハーブ（ディルの花か種、タイム、ローズマリーなど）
・スープストック6カップ（かわりに水と固型スープでもよい）

〈作り方〉

①タマネギ、リンゴはみじん切り、ジャガイモはサイコロ状に切る。トウモロコシも芯からはずしておく。ニンニクもみじん切り。

②ニンニク、タマネギをサラダ油で炒め

て、スープストックを入れる。

③ジャガイモ、リンゴ、クルミや栗を入れてやわらかくなるまで煮る。

④麦かオートミールを入れて煮る。

⑤ハーブを入れて、塩、こしょうしてできあがり。

※栗もクルミもない時は、ピーナッツを細かくして入れてもおいしい。甘くなりますが、カボチャやサツマイモも合います。

イージークラッカービスケット

10月27日

頭に「イージー」とついたこのクラッカーは、ほんとうに簡単で、しかも作って楽しく、香ばしくておいしいものです。以前、ニュージーランドで買った小冊子からの作り方です。

私は本が好きで、小さい頃は貸本屋さんと古本屋さんがお気に入りの場所でした。どちらも一冊新刊を買う金額で、もっとたくさんの本を読めるからです。

今も時間さえあれば、本屋さんや図書館にずっといたいと思うし、外国に出掛ける機会があると、まず、町の本屋さんに行きます。地方の本屋さんは特におもしろくて、その土地で出版した質素な本の中に、素敵な暮らしや素朴な料理があったりします。

お料理の本は、台所に広げて、折り目や

シミがつくくらい繰り返し使ってしまうような、何がどこに書いてあるか覚えてしまうような、同じ本をだれかに送ってあげたくなるような、そんな本が好きです。幼い頃読んだ本を大人になってもう一度読むのもいいものです。「秘密の花園」に咲く花や球根の名前、荒野に吹く風やヒース、冬枯れの庭、ポカポカ日のあたる気持ちのよい時間、今なら香りとともにわかります。

「ピーターパン」の年令は「一週間」だということも、私たち大人が背中がムズムズするのは、その昔、背中に羽根がはえていた名残だということもわかります。

外国の小さな町で買った小さな本から作ったクラッカーと、温かいお茶と、「子供の頃読んだ本をもう一度」は、秋の午後の、楽しい私の時間です。

〈材料〉

・小麦粉（薄力粉）1カップ（250g）
・オートミール、押し麦、全粒粉を混ぜて1カップ
・バター60g
・塩小さじ1
・炒りゴマ大さじ2
・水½カップ

〈作り方〉

①バターを小さな四角に切る。
②ボウルに水以外を全部入れ、フードプロセッサーにかける。バターが細かく

なってから、水を入れ、まとまるまで混ぜる（手でこねる場合は、両手でバターをこすってパラパラにしてから水を入れまとめる。しっかりこねる必要はない）。水は2回にわけて入れる。

③オーブンシートの上にクルミの大きさに丸めた種をおき、熱いお湯につけておいた平たいナイフなどで、平らに伸ばす。もう片方の手でナイフを押さえながらするとよい。市販のクラッカーくらいの薄さに。

④200℃のオーブンで約10分から12分、まわりが少しきつね色になるまで焼く。

小さな焼きりんご

11月3日

調理用の紅玉とアルプス乙女は、友人たちが農家からわけてもらってくれました。かごいっぱいの赤いリンゴは、私たちの台所に、活気と元気と香りをふりまいてくれます。ジャムやアップルパイ、スープやパンにも使います。

落ち葉で焼いた焼きいもや、ストーブの上で焼く栗やギンナン、秋から冬は、香ばしい、素朴なおやつがうれしい季節です。

小さなオーブンでもたくさん作れるアルプス乙女の焼きりんごは重宝です。白い大きなお皿に、小さなあつあつの焼きりんごと、少し離して冷たいアイスクリームを載せて、緑色のアップルゼラニウムの葉を散らします。とっておきのデザートです。

この焼きりんごを丸ごと包んだアップル

パイも楽しい。庭で採った葉のついたリンゴをパイの頭に刺します。

ポマンダーといって、クローブ（丁字）をオレンジやレモンにいっぱいに刺して保存する香り玉があります。小さなリンゴで作るとちょうど良い大きさでできあがります。

去年は、赤い皮で布と籐のかごを染めて、十一月が誕生日の友人に、パンかごとパンを包む布にして贈りました。薄いピンク色に染まって心のこもったプレゼントになりました。食べるばかりではなくて、リンゴは手仕事でも楽しむことができます。大好きです。

〈材料〉

・アルプス乙女（必要な分だけ）
・バター
・砂糖
・シナモンパウダー

〈作り方〉

①リンゴの上の部分¼を横に切る。
②芯をくり抜いて、中にシナモン、バター、砂糖を混ぜたものを入れる。
③180℃のオーブンで焼く。上がこげてきたらアルミホイルをかぶせる。竹ぐしがスッと通ったらできあがり。

ゆかりと干葉《ひば》と干しりんご

11月10日

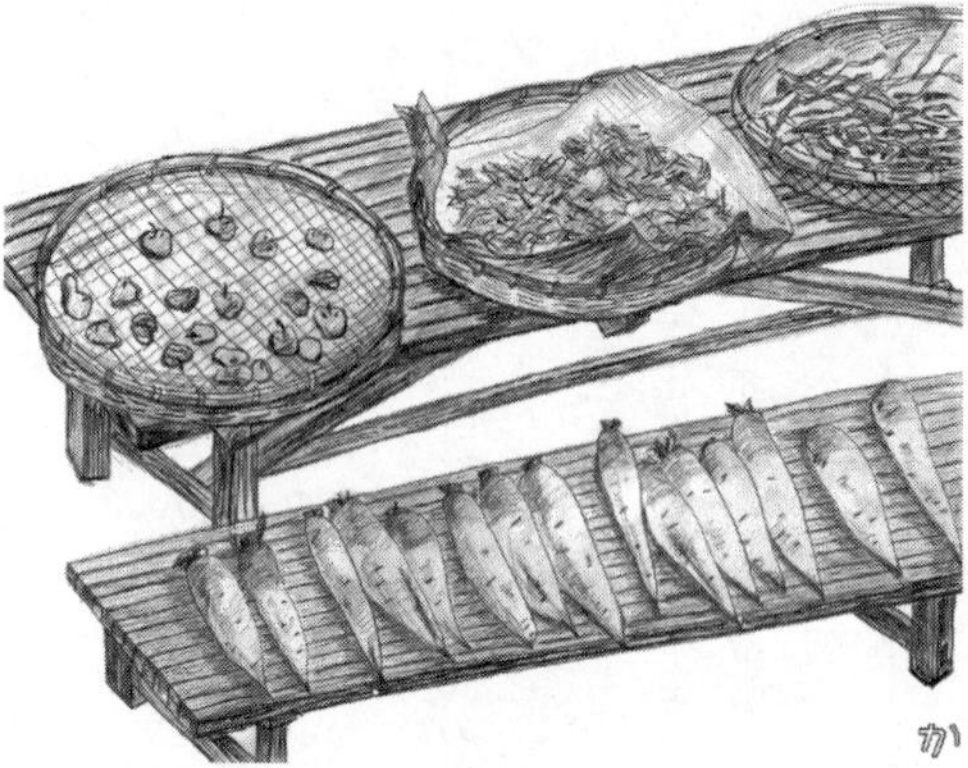

スタッフの賀代さんが、夕方のお茶の時間におにぎりをたくさん作ってくれました。

手作りのゆかりと干葉を混ぜました。ゆかりは梅漬のしそを天日で乾かして、フードプロセッサーにかけて作りました。干葉は大根の葉をさっとゆでて同じように干します。

干しりんごは、これ何ですかと聞かれるたびに、おいしいのよ、食べてみてと、つまんでいるうちにどんどん減ってしまいました。甘味と酸味のバランスがよく、なかなかの味です。

お日様はすごい。たくわん漬けも干し柿も切り干し大根も、みんなお日様が作ってくれます。

テニスコートを眺むベランダで、白菜も大根もリンゴもお日様を浴びています。テニスにいらした若いお嬢さんたちは何と思うでしょう。私にとっては、白菜の緑や大根のつやつやの白は最高のおしゃれでぜいたくな色です。

リンゴの赤、洋梨の薄緑、カボチャのオレンジ色や濃い緑、ブドウの紫、稲穂の金色、秋は色のパレードです。野いばらの小さな赤い実が、線香花火の最後のように、日差しに輝いています。冬から春までは、外は茶色と白の世界です。今のうちに色彩を楽しんでおきましょう。窓辺には小さな緑のオアシスも作っておきます。

四季のはっきりとしたこの土地に住むことになった新しいスタッフに、年ごとの色彩を記憶して、心や目に残る色のリズムと番りを味わってほしいと思います。

自分たちで作ったゆかりや干葉のおにぎりに、歓声をあげて舌鼓を打つ、うちのお嬢さんたちを私は素敵と思います。

〈作り方〉

―ゆかり

梅漬けの赤じその水気を絞って、ざるにあけ広げて天日に干す。カリカリと乾いたら、フードプロセッサーにかける。

―干葉

大根の葉をさっとお湯でゆで、よく絞ってざるで干す。フードプロセッサーにかけてビンに保存する。

—干しりんご

小さなりんごを厚さ2～3㎜の輪切りにして、パリパリになるまで天日で干す。

畑の小さなニンジンのスープ

11月17日

今週は二冊の絵本を買いました。

子供たちはもう大きくなったので、まず、自分のために、時々は友人のために、そしてレストランに来て下さる小さなお客様のために、絵本を買います。

一冊目は「ぼくの庭ができたよ」というドイツの絵本で、小さな兄妹が、それぞれ自分の小さな場所をもらって、花や野菜を植え、その庭に巡る四季を描いたものです。隣のマンションの三階には、車椅子の少年が住んでいて、ベランダでたくさんの植物を育て、やって来る鳥の名前をその兄妹たちに教えます。三十六ページの庭の一年は、文句なしに幸せな気分にしてくれます。

二冊目は「アリーテ姫のぼうけん」です。日本の女性グループがロンドンで見つけた童話の、挿絵を拡大して布や糸で大きなキルトを作り、写真に撮って絵本にしたものです。アリーテ姫は、自分の勇気と知恵と優しさと楽しさで、問題を解決していきます。今までのヒロインのように、幸せをだれかが運んでくるのをじっと待っているタイプではないのです。先輩の女性たちが、これからの小さな女の子のために心をこめて作った本です。

大人になって童話を読むと、また違った感動があるものです。アリーテ姫の元気と二人の兄妹の庭の楽しさをもらって、もう寒くなった庭の小さな指先ほどのニンジンを全部採りました。オレンジ色のニンジンスープに、オレンジ色の小さなニンジンをプカプカ浮かべました。絵本のようにわくわくするスープができました。

〈材料〉(4~5人分)

Ⓐニンジン3~4本、タマネギ1個、押し麦½カップ、カシューナッツ⅓カップ、スープストック5カップまたは水と固形スープ、ニンニク1片

Ⓑ小さなニンジンを少量の水でゆでる。

Ⓒ牛乳100cc、または生クリーム100cc

Ⓓシナモン、ミントの葉、塩、こしょう

Ⓔミカンの薄切りかリンゴのすりおろしたもの、ニンジンかパセリの葉

〈作り方〉

①Ⓐをミキサーにかけるか野菜をみじん

切りにしてスープストックで煮る。

②Ⓑのゆで汁、ⒸとⒹを入れる。ミントの葉はみじん切り。

③Ⓑのニンジンを入れて少量の果物をのせ、青味を散らす。好みで生クリームかサワークリームをのせる。

※きれいでかわいらしいスープです。足りないものがあっても平気。

リンダのバタービスケット

11月24日

ビートルズの音楽に出合ったのは、高校生の時です。

以来、いつも彼らの音楽と一緒でした。生活の場で、仕事の場で。彼らの詩とメロディーどちらも好きです。

アップルレーベルのレコード盤のまんなかに青い大きなりんごが印刷されて出た時は、新鮮な感動がありました。ABCのAで始まる、だれでも知っているアップルの絵がラベルというのは、その頃なかなか考えつかないことでした。

先日、ビートルズのメンバーのポール・マッカートニーのコンサートにスタッフと行ってきました。音楽は香りと同じ、人それぞれに思い出や時間や時代が、その曲でよみがえってきます。山ほどのヒット曲を持つポール。私の息子たちから年配の人たちまで、年を越えて巨大な東京ドームが熱い思いで波打ったような気がしました。

今、彼は五十歳。白髪もしわも増えました。大きなワールドツアーや小さなコンサートを楽しみ、作曲をし、田舎の暮らしを大切にし、地球規模で考え、身近なところから行動をと活動する彼は、若い頃よりずっとスマートで素敵です。

奥さんのリンダも写真家で、バンドのキーボードで、四人の子供のお母さんで、ベジタリアン料理の本も出しているチャーミングな人です。

その中の最も簡単なビスケットを作ってみました。彼も食べたであろうビスケットを、高校生の時のようなキャーキャーという気分で作って食べました。

彼と同時代を生きてきたことを、ただ単純にうれしく思いました。ポールの好んで使う言葉のひとつ「プラネット（惑星）」に、平和や愛があふれますようにと願います。ビスケットは甘くておいしかったのです。

〈材料〉

・バターかマーガリン225g、卵2個
・砂糖115g、ちらす用に少々
・レモン½個（果汁と皮のすりおろしたもの）
・薄力粉455g
・ベーキングパウダー小さじ1と½
・アーモンド55g（刻んでおく）

〈作り方〉

①大きなボウルに、バターと砂糖を入れ、クリーム状にする。

②2個分の卵黄を①に入れてよく混ぜる。

③レモンのすりおろしたものと果汁を入れる。

④小麦粉をふるって入れ、よく混ぜる。

⑤まとめてラップにくるみ、2時間冷蔵庫に入れておく。

⑥卵白を軽く混ぜておく。⑤を直径7㎝くらいの棒状にする。約5㎜の厚さに切って形を整える。卵白を塗り、アーモンドをパラパラとのせ、砂糖を散らす。

⑦180℃のオーブンで約10分焼く。まわりがきつね色になったらできあがり。

ネギのおみそ汁と麦ご飯

12月1日

私がこの二、三年、肉を食べないのは、身体が必要がないと感じているからです。生命《いのち》あるものを食べて私たちは生きているのですから、動物ばかりを食べなくても心の痛みが消えるわけではないのです。それでも、少しは気持ちが楽になるし、たくさんの飼料を動物に与え、その肉を食べることより、牛乳や卵をわけてもらい、野菜や穀物を食べるほうが私にはあっていると思うのがそのささやかな理由です。

私の幼い頃は、いわゆる「食」の細い子供で、裕福ではない時代に大人たちは病気がちのひとりっ子に、たくさん食べさせるために苦労したようです。その子が埼玉の父方の祖母の家に行って食べた麦ご飯とネギのおみそ汁が大好きになりました。それもご飯にじゃぶっとかけたものが。

なぜネギのおみそ汁だったのかなと思います。子供たちに食べさせても、おみそ汁に麦ご飯は好きですが、ネギの入ったものは敬遠されます。食べろ食べろと言わない祖母の物ごとを気にしない明るい性格と、庭の菜園でとったばかりのネギと、麦のプツプツした舌ざわりがおいしかったんだろうと今は想像します。身体が望んでいて、私に必要だったからおいしかった最初の食べものでした。

「食」という字は「人を良くする」と書くのだそうです。病気になって私って何と思いはじめたころに食べた麦ご飯でした。自分を見つめることをはじめたころから私は少しずつ健康になりました。


身体が望むものがもっとよくわかれば、心も身体も健康でいられるでしょう。若いスタッフにも「食べることは生き方。何をどう食べるかはその人の知性」と言います。食べること抜きには暮らしはなりたたないし、食べることで見えてくるものも実にたくさんあります。

同時に、何を食べるかと選択のできる私たちは幸せと思います。今、この時も、世界のどこかで飢えて、生命の危機にさらされている人たちがいます。せめて少しでも丁寧な選択をしたいと思います。

食べものを扱う仕事になった今、暮らしと自分の想いと仕事を分けて考えることはできません。できるだけでよいから、考え方にでこぼこのない、まっすぐなことがしたいと思います。

　今回は献立のヒントにはなりませんね。ネギのおみそ汁ジャブジャブかけ麦ご飯は、昨日食べましたが、今も私の身体は大喜びでした。素直に身体や心が喜ぶ暮らしや食べ方をしたいですね。

輪切りの焼きりんご

12月8日

珍しい焼きりんごの写真を見ました。

友人のシャロンさんに見せてもらったアメリカの雑誌にありました。おしゃべりに夢中で作り方を読まなかったのですが、その姿が気に入って作りたくなりました。

皮をむいて作るので、少々農薬のかかったリンゴでも大丈夫です。しんをくり抜いたところに、アイスクリームや生クリーム、カスタードクリームをかけたらとびきりのデザートになります。一人ではもったいなくて、だれかにプレゼントしたくなります。

十二月は贈り物の季節です。新聞に入ったちらしの数も増えて、デパートは大にぎわいです。私の暮らしはもうだいぶ前から、形式的なお歳暮からは遠のいたのですが、贈りものをするのは大好きです。

まず広見のジャガイモを送ります。毎年、楽しみにして下さって、お礼の電話の声が弾んでいます。スイカズラのつるで編んだかご、月桂樹の葉のしおり、生の木の実をいった手作りのミックスナッツ、イギリスの小さな町で買ったひざ掛け、カリン、リンゴ、鉢植えのハーブを摘んで作った小さな花束、この十一月から十二月に私がプレゼントしたものです。

町に出た時に、気に入った木のスプーンや絵本、小さなガラスのビンなどをだれにともなく買います。家のまわりを散歩するたびに、木や草に丸印をつけておきます。必要な時に少し分けてもらいます。そうして組み合わせて贈りものを作ります。

八十歳と九十歳の大先輩の女性からプレゼントのお礼のお葉書きをいただきました。どちらも短歌が添えられていたのが印象的でした。

いただいた贈り物も私がきっと喜ぶだろうと考えて贈って下さいます。段ボールにガムテープがペタペタ張ってある分だけ、きれいなデパートの包みよりも私はワクワクしてしまいます。

〈材料〉

・リンゴ（種類は何でもよい）3個
・バター大さじ3
・きび砂糖大さじ3
・シナモンパウダー少々
・シナモンスティック½本

〈作り方〉

①リンゴの頭のところにスプーンをあて、少しずつしんをくり抜く。くり抜いた「へた」の部分と、果肉は種を取り除いてとっておく。

②リンゴの皮をむいて塩水につけ、1㎝の輪切りにして、またもとどおりの形にしておく。

③バター、砂糖、シナモンパウダーをよく練りあわせる。

④しんをくり抜いたところに③を詰め、シナモンスティック½本を深く刺し、「へた」のふたをする。

⑤オーブンを180℃にして、リンゴをきちんと立ちやすい容器に入れ、果肉の残りをまわりにおき、約20分焼く。

⑥残った③の練りバターと焼き汁をリンゴの表面に、何度か塗ってさらに20分ほど焼く。竹ぐしを刺して通ればできあがり。

※砂糖は白砂糖よりもくせのある赤い砂糖が合う。半量をメープルシロップにするとさらにおいしい。練りバターの中に細かく砕いたクルミやアーモンドを入れたり、上から散らしてもおいしい。

ダイコンのサンドイッチ

12月15日

東京に住んでいた頃、ダイコンは必要なたびに八百屋さんで買っていました。

広い畑のダイコンを、もういらないから好きなだけ持っていってといわれて、初めてダイコンを抜いたのは、今は楽しい信州暮らしの思い出の一ページです。

ここの暮らしでは、初冬に採れたものを、どろ付きのまま、むしろにくるんでおいたり、室《むろ》や土の中に埋めておいて、取り出して使います。そういう暮らしが好きです。一本のダイコンの生命の源がどこにあるかを知っていることも、たっぷりの栄養になっているような気がします。

このダイコンのサンドイッチ、とても好評でした。パンのサンドイッチに塗るバターのかわりに、熟し柿と、みその混ぜたものを使います。この組み合わせは友人に教えてもらいました。みそマヨネーズに熟し柿を入れたものも合います。

のりをはさむとウニのペーストのようにも見えます。サラダのように、漬けもののように、パリパリつまんで食べられます。梅干しに大葉の組み合わせは見かけますが、柿ペーストは珍しい。パーティーのオードブルとしても人気者です。

お日様とも仲よしになれるダイコンはすぐれものです。吉沢久子さんの家事の本に、ダイコンの輪切りを二日ほど陽に干して、干し柿、ゆずの皮、しょうがの線切りを一枚に一種類ずつ入れて巻き、糸を通して干してから、三杯酢に漬けて食べるというのがあります。これもおいしそう。お正月用に作ってみるつもりです。

今年の台所の貯えはハクサイ、ダイコン、ジャガイモ、ニンジン、カボチャ、長ネギです。コトコト、ホクホク、パリパリと、長い冬をこの野菜を中心に工夫して食べる食生活を、楽しんでいきたいと思います。


〈材料〉
・ダイコン1本
・熟した柿1個
・みそ大さじ1~2
・マヨネーズ大さじ1
・リンゴ1個
・のり、シソの葉など

〈作り方〉

①柿の中身を取り出し種をとって、みそとよく混ぜる。

②①の半分をマヨネーズと混ぜる。

③リンゴは薄切りにして、塩水で洗う。

④ダイコンの皮をむいて、薄切りにする。

⑤①と②のペーストをそれぞれダイコンに塗る。

⑥好みでシソの葉やのりなどをはさむ。

⑦リンゴの薄切りは、何もつけず、それだけダイコンにはさむ。

※ダイコンは切っただけなので、作りおきをすると水分が出ます。なるべく食べる直前に作って下さい。はさむものは、薄く切ったハムやスモークサーモン、チーズ、レタスなど工夫しだいです。

チキンパイとコールスロー

12月22日

クリスマスの日にたくさんの飾り付けをしてもらうモミの木を、うらやましがった松の木に、神様がクモの糸に雪と氷をキラキラつけて美しい飾りをプレゼントしてくれるお話があります。
先日の朝、この冬の贈りものを見ました。クモの糸が付いたのではありませんが、葉を全部落した木々と野原の枯れ草や畑が一面にキラキラ輝いていました。
凍って白くなった木や草に、お日様があたって、小さなプリズムが無数に散っているようでした。茶色の野原が最高のドレスアップをして見せてくれました。真っ白に輝く山よりもそれは素敵でした。
特別の材料を使わなくても、心をこめて作ると「ごちそう」です。クリスマスの日は、ささやかなプレゼントとこの「ごちそう」を用意します。子供たちにとっては、小さな頃から誕生日ではない日にプレゼントをもらえる、サンタクロースのやってくる日です。森羅万象に感謝して、ほっと暖かくなるような日を祝うのなら、クリスチャンでない私たちのクリスマスも良いものです。

コールスローは、作りおきのできる、キャベツをドレッシングであえたものですし、パイ皮も作ってみると簡単。パイの中身も、サツマイモ、ジャガイモ、カボチャ、ニンジンなど組み合わせはいろいろできます。

普通の野原が輝くように、いつものことの中から、キラリと光るプリズムを時々は見つけるような料理を作りたいと思います。

―コールスロー

〈材料〉

- キャベツまたはハクサイ½個
- ニンジン¼本
- 酢⅓カップ、砂糖⅓～¼カップ
- マヨネーズ大さじ1、油大さじ1
- 塩、こしょう

〈作り方〉

①キャベツやハクサイを千切りにして軽く塩をふっておく。

②ニンジンをすりおろして酢、砂糖、油といっしょによく混ぜる。

③水気を切ったキャベツを②に入れてよく混ぜる。好みで塩、こしょうをする。

―チキンパイ

〈材料〉

・パイ生地（薄力粉100g、強力粉50g、バター110g、冷水30～50cc）

・パイの中身（鶏のももか胸肉2枚、タマネギ1個、クルミ1カップ、タイム、セージ、ローズマリー、パセリなど、塩、こしょう）

・ミカン3個

〈作り方〉

①パイ生地を作る。粉をふるい、冷やしたバターをアズキ大に切り、フォークで混ぜながら冷水を少しずつ入れる。

②ひとまとめにしてラップで包み、1時間以上ねかせておく。

③鶏肉は皮のまま、塩、こしょうしてミカン汁に漬けておく。

④鶏肉をオーブンかフライパンで焼き、皮を除いて細かく刻む。

⑤タマネギをみじん切りにしてバターで炒める。クルミもいる。

⑥タマネギと鶏肉、刻んだハーブ、クルミをよく混ぜ合わせ、塩、こしょうして味を整える。

⑦パイ生地をのばし、3回くらい折って広げパイ皿に敷き、⑥をきっちりと入れる。

⑧パイ皿よりも大きめにふちを出しておいて、折りまげる。180℃のオーブンで40分くらい焼く。

⑨漬けこんだミカン汁を煮つめて、塩、こしょうして切り分けたパイにかける。

ダイコンの皮のはし休めと
ミカン果汁入りなます

12月29日

今年もあとわずかです。日頃、丁寧な掃除はしていないので、暮れの二、三日では大掃除は間に合いません。

近くの林に、実のついた松と桜とミズキの大きな枝をもらいに行きます。「今年もありがとう。来年のために一本だけ下さい」と言って枝を切ります。大きな壺に南天の枝と共に生けます。お正月が終わって、松や南天をはずすと、春までに桜やみずきの芽がふくらんでいく様子を楽しめて、ひとあし早くお花見もできます。

植物を生けてしまうと、もう暮れの仕事はどうでもよくなります。除夜の鐘を聞きながら、おそばをすすりながら、まだなお、おせち料理を作っていた頃もあったのですが。

それでも黒豆や煮物などは、ことこと家で煮たものがおいしいので作ります。なますは酸っぱいと子供たちが食べないので、ミカンの汁を入れてサラダ感覚にします。なますを作った残りの皮でお酒のさかなも作ります。

この欄を書きはじめてから二年、もうすぐ一〇〇回になります。私たちがいつも作っているお料理を素直に書いてきただけでしたが、思いがけず多くの方の声援を受け、ポカポカ暖かくなりました。楽しみに読んでくださった皆さん、ほんとうにありがとうございました。そして来年もどうぞよろしく。

―ミカンの果汁入りなます

〈材料〉
・ダイコン1本
・ニンジン½～¼本
・塩小さじ2
・酢大さじ6
・砂糖大さじ3
・ミカン4個
・ゆず

〈作り方〉
①ダイコンとニンジンを千切りにする。
②ミカンを絞って果汁をとる。
③塩、酢、砂糖を合わせておく。
④ボウルに②と③を入れ、よく混ぜあわせる。
⑤ゆずの千切りを少々入れる。

―ダイコンの皮のはし休め

〈材料〉
・ダイコンの皮1本分
・鶏肉の皮2枚
・しょうゆ
・トウガラシ

〈作り方〉

①ダイコンの皮を細く千切りにする。

②鶏の皮も細く切って、熱した厚手のフライパンか鍋でから炒りする。

③きつね色に焼けたら、ダイコンの皮を入れて、しんなりするまで炒める。

④しょうゆをジュッとかけて、トウガラシを振る。

おいしい水

１９９４年

1994年（平成6年）

英仏海峡のユーロ・トンネルが開通
北朝鮮の金日成が死去
松本サリン事件
大江健三郎にノーベル文学賞

はすのおかゆ

1月12日

いつもと同じ日の光や空気のはずなのに、年が明けると香りも輝きも違って見えます。

まわりの木々や風景も「新春」という晴れ着を着て弾んで見えます。受けとめ方が変わるとまわりも変わって見えるから不思議です。

小さな「新春」は毎日あるのです。夜になって思い悩んでいたことが、朝が来ると小さなことと思えることもよくあります。新しい明日が来た時に気持ちをきりかえることができれば､心のバランスがとれます。

今年一年をもらうこと、明日一日をもらうことをあたりまえに思ってしまうけれど、それは素敵なことなのです。

はすのおかゆは天使のように優しいおか

ゆです。自然の甘みが心地よく、のどが痛かったり風邪をひいたりしている人にもおすすめです。ちょんとのせた針しょうがも効果があります。身体にふんわりと優しいおかゆを食べて、今年の一年を毎日新しい気持ちで暮らしていけるようにと、仏さまや天使のように澄んだ心になりたいと、このおかゆを作ってみましたが。

〈材料〉

・はす（すりおろして大さじ3）
・ごはん1カップ
・だし汁4〜5カップ（コンブ、かつおぶし）
・塩少々、針しょうが

〈作り方〉

①コンブとかつおぶしでだしをとる。
②はすをすりおろす。
③鍋にだし汁を入れ、煮たたせて、すったはすを入れる。
④はすがひと煮立ちしたところで、ごはんを入れる。
⑤ごはんがさらさらにほぐれたら、塩をひとつまみ入れる。
⑥器に盛って食べる時に、針しょうがを上にのせる。

焼きのり入り菜っぱのお浸し

1月19日

どんど焼きの火の粉が高くあがりました。空は満天の星です。その夜はかなり冷えこんでいましたが、火のそばでは、みんな目をキラキラさせて、顔は赤くほてっています。上の子がやっと保育園、下の子はここで生まれてからずっと見てきた「火」です。

どんど焼きの積み方から、まゆ玉の作り方、柳の枝の選び方まで教えていただきました。子供たちも大きくなって、今はスタッフの若い人たちとまゆ玉を作ります。子供たちの少なかったこの地域も、地元の次の世代の子供たちにつながっていくようで、途中でお世話になった私もホッとします。

ここに来て、季節と共に暮らすこと、日々を紡ぐことを覚えました。毎年、素直につきあってきた「火」は、心の芯をずっと暖めてくれていたようです。
　小さな紙に走り書きしたことが、活字になって一〇〇枚になりました。切り抜いてとっておいて下さった方と、毎回、楽しみに読んで下さった方と、小さな時を共有できたことが何よりうれしく思えます。素直に丁寧につなげてゆくことが、あとからもふわっと暖かくさせてもらえるのだとわかりました。
　声援を送って下さった方、心から楽しんでイラストを描いてくれた万里ちゃん、かつみちゃん、いつもまわりで明るく支えてくれるスタッフのみんな、家族、まわりの自然、ほんとうに「ありがとう」でいっぱいです。

　まゆ玉作りに加わったご近所の山田さんが、お茶受けに持ってきてくださった、菜っぱのお浸し、懐かしい素朴な味だったので書きました。一〇〇回目もとてもおいしい。作ってみて下さい。

〈材料〉
・ありあわせの菜っぱ（コマツナ、シュンギク、ホウレンソウ、ハクサイなど）
・のり、出し汁、塩、しょうゆ、砂糖

〈作り方〉
①濃いめの出し汁を作っておく（昆布、シイタケ、かつお節、じゃこなど好みで）、塩、しょうゆを入れて味を整え

る。あえる野菜の甘みが出るので、砂糖も好みで。

②菜っぱをゆでる。種類は違っても一緒でよい。ただし茎の部分は少し先に入れる。

③ざるにあげて、水にさらすものがあれば、一緒にさらす。

④よく絞って、ざくざく切って、もう一度絞る。

⑤野菜を出し汁であえて、味を整える。

⑥のりを焼いて、もみほぐして⑤に混ぜる。

※お惣菜は、素朴な持ち味を生かして、しかも簡単。結構いい加減が実はおいしいのです。

―どんど焼き

一月十五日の夜、門松、お飾り、書き初めなどを燃やし、柳につけた「まゆ玉（米の粉で作ったもち）」を焼いて、厄除け、無病息災を祈る、子供たち中心の行事。

クルミとジャガイモのサラダ

1月26日

ちいさな緑のお家《うち》がひとつ。
ちいさな緑のお家の中に、
ちいさな金茶のお家がひとつ。
ちいさな金茶のお家の中に、
ちいさな黄色いお家がひとつ。
ちいさな黄色いお家の中に、
ちいさな白《しィろ》いお家がひとつ。
ちいさな白いお家のなかに、
ちいさな心《ハアト》がただひィとつ。

（角川文庫版「まざあ・ぐうす」より）

これは、北原白秋訳のマザーグースの童謡の「くるみ」です。私はクルミを手にすると、いつもこの詩を思い出します。北原白秋の韻をふんだ、古めかしい訳が大好きです。

大きな木になっている青い実がクルミだとこちらに来て、はじめて知りました。二人の友人に使うクルミを分けてもらっています。大きな麻袋いっぱい採れる時も、小さなざる一杯分もない年もあります。山のクルミは小さな動物たちの大切な食べものなので、少ない年は心配してしまいます。

クルミの外側の「緑のお家《うち》」は、染色に使います。これは採りたてでないとうまく染まりません。「金茶のお家」は半分に割って、綿とラベンダーの花を入れて、小さな針差しを作ります。白い「心《ハアト》」は、お菓子やパン、スープ、サラダに合えものと、さまざまに使います。

冬の間によく食べるジャガイモは、素朴な組み合わせでいろいろ楽しめますが、この「心」との組み合わせは、なかなか「心のこもった一品」になりました。

〈材料〉

・ジャガイモ中3個
・クルミ1カップ
・パセリ½カップ
・タマネギ½個
・酢大さじ1
・蜂蜜小さじ2
・マヨネーズ、塩、こしょう
・ローズマリー小さじ½

〈作り方〉

①クルミは炒っておく。タマネギはみじ

ん切りにして水にさらす。ジャガイモは皮をむいてザク切りにしてゆでる。
②ゆでたジャガイモの水気を切って、熱いうちに酢を混ぜる。塩、こしょうをする。
③水気をよく切ったタマネギと、軽くみじん切りにしたクルミをジャガイモに混ぜる。
④パセリもみじん切り、ローズマリーも、生も乾燥もみじん切りにする。
⑤③に蜂蜜とマヨネーズを入れ、よく混ぜ、さらに④を入れる。
⑥もう一度、塩、こしょうで味を整える。
※ローズマリーがなくてもかまいません。手持ちのハーブを少し入れると、さらにおいしくなることもあります。

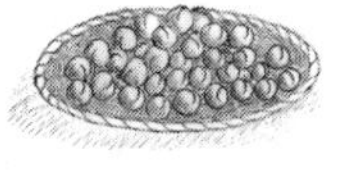

吉《きち》のビスケット

2月2日

これは犬のためのビスケットです。何てぜいたくと思わないで、犬のシンデレラストーリーを聞いて下さい。

スタッフが初もうでの帰りに、ファミリーレストランの駐車場で迷い犬を見つけました。優しい瞳のやせたビーグルで、思わず目が合ってしまったのだそうです。車の往来の激しいところでしたから、ほうっておけなくて彼女は連れて帰りました。家では飼うことができず、もらってくれる人があったらと、しばらく私たちのところにいることになりました。

初もうでておみくじを引いて「吉」と出た、その帰りに出合った犬でしたから「吉(きち)」と名付けました。だれか探していたらと、保健所にも届けて、獣医さんにもみてもらったら、成犬であまり若くない、虫歯もあるといわれたそうです。

　長く放浪の旅を続けてきたのでしょうか。とても聞きわけがよくて、現状に満足している様子が心痛みました。

　でも、すべてを承知でもらってくれる人が現れました。シャンプーの予約までしてもらって、「吉」は「マイフェアレディ」のようです。吉はＮＨＫのテレビにも映りました。捨て犬や迷い犬を保護しているＮさんのところへ相談に行ったスタッフが、たまたま取材されたのです。全国放送のアップで映る吉は、なかなかの美人でした。

　私の住むまわりでもよく犬が捨てられます。十二年前の犬年に迷ってきた犬を私も飼っています。吉は運よく幸せな余生を送ることができますが、捨てられた動物で幸せになれるのはほんのわずかです。

　とても少ない確率で幸せになれた「吉（ラッキー）」のために、私たちは骨の形をしたクッキーを焼きました。ニュージーランドのヘンリエッタさんのレシピを、手に入りやすい材料に少し変えました。まわりの犬たちにモニターになってもらいましたが、好評でした。実は人間にも大好評で、無添加、自然食のおいしいクッキーで、あっという間になくなりました。

―8㎝の骨クッキー15本分

〈材料〉
・オートミール1カップ
・全粒粉（薄）1カップ
・サラダ油⅙カップ
・牛乳⅓カップ
・ニンジン⅓カップ
・ひき肉⅙カップ
・クルミ少々、ハコベ少々

〈材料〉
①オーブンを190℃に温めておく。
②材料を全部混ぜ合わせる。
③骨の形に作って、20分ほど焼く。
※すべてカップで計りますから、とても簡単。骨の形の大きさは犬に合わせて。全粒粉がなければ、普通のものを使って下さい。オートミールは、あれば歯ごたえが出て良い。ハコベは、鉢植えの青々と出たものを使いましたが、コンフリーやパセリなどもおすすめです。

ふーふー卵どん

2月9日

さすが二月、寒い日が続きます。
この寒さのために、私の主婦の仕事もふえました。台所の水道が凍り、一階のトイレはパンク、頼みの二階のトイレも凍りました。洗濯機も動きません。
だいぶ古くなった家で、気をつけていたのですが、油断をするとこの始末です。かろうじて洗面所とお風呂場が出るので、洗面所でお米をとぎ、お風呂場で洗濯ものは手洗い、足洗い（？）の日々です。バケツの水をトイレに流し、次の人のために水をくんでおきます。少し不便をして、ありがたみがわかります。それでも熱いお湯が出る生活です。まだまだぜいたくをさせてもらっています。
朝日にキラキラ輝くつららは、本当に美

しい。台所の窓の外でリスが木から木へ飛び移ります。少なくなった実をついばみに小鳥が来ます。見とれてしまうものがたくさんあります。家の中では、日だまりで猫がグニャところがって眠っています。寒いからこそ二月も楽しい。

いつものように何でもない二月の台所。戸棚の中の麩《ふ》を使った卵どんぶり。これが鶏肉の親子どんぶりよりもおいしくて、あつあつをふうふう食べると、体もおさいふもポカポカしてきます。

〈材料〉
・卵、麩、タマネギ、だし汁
・みりん、しょうゆ、好みで砂糖

〈作り方〉
①タマネギを薄く切って、だし汁に入れて煮る。みりん、しょうゆ、好みで砂糖で少し濃いめの味をつけ、麩を入れる。
②煮たったら、溶き卵を入れてかきまぜ、火を止める。
③あつあつをご飯の上にのせ、もみのり、みつ葉などを飾ればさらにごちそうです。麩は熱いので、やけどをしないように注意。

ねぎみそバター

2月16日

今朝、考えついたものです。

久しぶりの大雪の次の朝、何か温かいものを今日のメニューに出そうと思いました。

ゆげを立てた野菜と玄米のスープに、小さな葉っぱにのせた丸いねぎみそバターを添えました。テーブルで召し上がる時に、ポンとスープに落としていただきます。

とろっとバターが溶けて、青いねぎとみその香りがふわっとするのが、なかなかいいのです。

夏に、よくハーブを刻み入れたハーブバターを作っていたのですが、みそ味バターは冬の食卓に似合います。チャーハンやラーメン、あつあつのごはん、こんがりトースト、パリパリの生のキャベツ、のりに塗ったり落としたり。作りおきができますから便利です。

　大雪で何度も雪かきをしました。暖かくなった体で、スタッフとストレッチ体操をしました。体のすみずみを伸ばして良い気持ちです。

　道路を渡った猫が、走ってきた車をよけてピョンピョンとイルカのように雪の海を、もぐっては跳んでいきました。かわいくて、タヌキもキツネもそうやっているのかしらと、おもわず笑ってしまいました。

　家の中の鉢植えの野スミレが一輪咲きました。この鉢はビワの木の鉢なのですが、庭の土を入れたので、毎年スミレが咲きます。雪と同じように白いスミレです。

　食べた実の種を何でも鉢に埋めてしまうので、ミカンもアボカドも育っています。まわりにハコベやスミレが咲いたので、暖かいところの植物たちもちょっと元気になったかもしれません。


〈材料〉
・バター大さじ2
・みそ小さじ2
・青いねぎを刻んだもの小さじ1

〈作り方〉
①サラダねぎはそのまま刻んで、長ねぎは青いところも入れて、細かく刻んだら水にさらし、よく水けを切っておく。

②バターを室温において、スプーンでよく練る。

③みそとねぎを入れて、さらによく練る。

④小さく丸めたり、お香のように指先で三角にして冷やしておく。

※ひとつずつ使います。入れる野菜はパセリやニンニク、しょうがなどもよくあいます。冷凍できます。

カツモドキⅡ

2月23日

昨年の二月二十四日のこの欄に「カツモドキ」を書きました。

好評の献立のひとつでしたが、また新しい「ベジタリアンかつ」を作りました。新鮮な素材の乏しい冬になると作りたくなるのが、この「カツモドキ」のようです。

レストランのコース料理のメインディッシュにしましたから、胸をはっての自慢の一品です。

今年の冬の掲載予定で、来週、雑誌の撮影があります。二月はまだまだ寒いのですが、光の中に春がほんの少し溶け込んでいます。この「春」に雑誌を見る人は気がついてくれるでしょうか。

今週もいろいろなことがありました。若い人が心のバランスを失って、家族中がとまどい、悲しみ、悩みました。電話で話した彼女の声から、魂が一所懸命に叫んでいるような気がしました。幸い、縁があって素晴らしいセラピストと出会うことができて、光が見えてきました。

思い悩んでいる人はたくさんいます。その思いは大きい小さいにかかわらず、心と身体にいろいろな影響を与えます。それぞれの心の奥にしまってある、小さなけなげな魂を、どうかほんの少し、春のお日様にあてて暖めて、休ませてあげて下さい。春の光はとても優しいのです。

〈材料〉

・こうやどうふ8枚
・生シイタケ8枚
・ゆでたタケノコ小1個
・卵4〜5個
・小麦粉、片栗粉あわせて1カップ
・塩、こしょう
・衣用のパン粉、卵、小麦粉

〈作り方〉

①こうやどうふをお湯で戻してよく絞っておく。
②生シイタケ、タケノコ、こうやどうふをフードプロセッサーにかける（包丁でみじん切りでもよい）。
③卵を割り入れ、塩、こしょうして、小麦粉、片栗粉を入れ、よく練ってまとめる。

④カツの形にまとめ、衣をつける。
⑤くずれやすいので、油にそっと入れて揚げる。

※こうやどうふの量によって、粉と卵の量を調節して下さい。まとまりやすい固さにします。今回はトマト、タマネギ、ニンニクを刻んで炒めて、ウスターソースとバターを入れて煮つめたものをソースにしました。

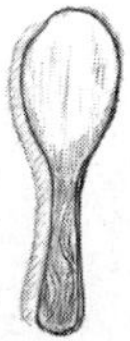

キンカンのドレッシング

3月2日

お天気にも恵まれて、雑誌の撮影が無事終わりました。今年のハーブ専門誌の冬の号の企画です。
　信州は春も夏も遅くやって来ます。季節感が売りものの雑誌の注文は私たちには難しいし、季節の先取りの「絵」のために、作りごとをするのが嫌いで、取材があると、今のままでよいことを確認してから引き受けます。
　ありのままを撮ってもらわないと、私たちからのメッセージは伝わりません。この撮影での自慢は、特に二つありました。
　ひとつめは、友人の採ってくれたクルミ、青大豆、この土地のジャガイモが、大きなざるや袋にいっぱいに貯えた冬の食料の写真です。冷凍庫からはバジルのペースト、紅玉や洋梨のジャム、パセリの茎の束、細かく刻んだチャイブ、ブルーベリーの実、ホウレンソウやダイコンの葉、カボチャの瓶詰めや袋詰めを出しました。白く凍った、私たちの「夏や秋の喜びと楽しかった仕事」がベランダのテーブルに並びました。

ふたつめは、友人がロケットの葉をたくさん持ってきてくれたことと、今年も初めてのクレソンが摘めたことです。冬のさなかの生き生きした緑は、何よりのごちそうです。緑色にさわる指先が、心からうれしそうな表情をしていて、きっとよい写真が撮れたことと思います。

乾燥した花で糸を染め、縫いものをして、パンやケーキを焼く、ほんとうの毎日をカメラマンは撮ってくれました。うきうきするようなみずみずしいクレソンとロケットをキンカンのドレッシングであえました。甘くてピリッとしたおいしいサラダです。

キンカンドレッシングは簡単で、ハクサイやホウレンソウ、コマツナ、ダイコン、冬の野菜によく合います。お試し下さい。

〈材料〉

・キンカン5個
・サラダ油大さじ8
・リンゴ酢大さじ2
・塩、こしょう
・蜂蜜小さじ1

〈作り方〉

①キンカンを洗って薄い輪切りにして種をとる。

②ボウルにキンカン、酢、油、塩、こしょう、蜂蜜を入れ混ぜる。酢味、甘味は好みで。

ピーターラビットのクレソンスープ

3月9日

香りの総合学院「グラース」の生徒さんが毎月一回、一年間のプログラムで、「ハーブ講座」を受けにきて下さいます。

一日を使って、栽培、料理、クラフトなどを学びます。東京でやってほしいという講座を、無理をいってこちらに来ていただくことにしたクラスです。

秋からのスタートで、十月のホップを摘みとって安眠枕を作ることから始めました。三月は、まずクレソン（タイワンゼリ）を摘みに行きました。もちろん、ご自分たちのお昼の食事の材料です。車で行けばわずかの距離を、歩くと二十分ほどかかります。二月とは違った木々の芽のふくらみや、カリカリの氷の道が少なくなって溶けているので、小鳥たちの鳴き声も姿も、よく目立つようになるのがわかります。

素手で冷たい水の中のクレソンを摘みます。根を取らないように摘んで、流れでごみを落とします。帰りの道はもう体がほかほか暖かくなります。その日のクレソンはこのスープとサラダに使いました。

午後からは、イースター（復活祭）の飾り卵を作りました。新鮮な植物を染色しながら卵にプリントする珍しい手法です。おやつには、オレンジの花の香りのシフォンケーキを作って、全員幸せです。教室の中でハーブの使い方を勉強するのもいいのですが、こうやって体や心が気持ちよく喜びながら学べるのは、素晴らしいことだと思います。

私たちも仕事をかたづけて、原村の自然文化園の「星を観る会」に出掛けました。その日は午後から雪で、夜道は一気に冬に戻って、県外車もとまどっていました。雪の世界にともるペンションの灯は、リレハンメルのよう。思わぬ美しい光景を見ることができました。

夜空の観察はできませんでしたが、プラネタリウムでのんびりとスバルやオリオンにあえました。東京から来た新人スタッフは、毎日の帰り道で眺めた星のことがよくわかってうれしそうでした。

おいしい豚汁も出ましたし、係の方たちもとても親切で、私たちの心も体も喜んで、楽しく星を勉強させていただきました。

〈材料〉（4人分）
・クレソン1束
・ジャガイモ2個
・タマネギ1個
・スープストック1～1.5ℓ、または水と
　固形スープ
・バター大さじ2
・生クリーム1カップ
・あればタイムとミントの小枝
・塩、こしょう
〈作り方〉
①ジャガイモは皮をむいてゆでてつぶしておく（ゆで汁が出たらスープストックに使う）。
②クレソン、タマネギをみじん切りにして、バターで炒めて、ジャガイモ、スープストックを入れ、フードプロセッサーにかける。
③ミント、タイム、生クリームを入れて、沸騰しないように温める。
※このスープはニュージーランドのヘンリエッタさんの子供のためのレシピで、レタスかクレソンで作ります。レタスはちょっと眠くなるスープ、クレソンはシャキッとするスープだそうです。早春のクレソンの苦みは体の中をきれいにしてくれます。フードプロセッサーの部分は除いてもかまいません。

富士見カレー

3月16日

農協婦人部富士見支部の総会の講演会に呼んでいただきました。

その日の昼食に「富士見カレー」を作ると聞いて、お昼を食べないで伺いました。信州博の出品のために、地元の野菜をたっぷり使った、ルーも手作りのカレーを考えたのだそうです。

今日は準備で忙しくて市販のルーを使いましたとおっしゃるけれど、セロリ、シメジなど、その時採れた野菜を使うことが目的のカレーです。その気持ちがうれしいカレーですから、大丈夫、おいしくいただきました。

人生も農業も、私より大先輩の多い中で、私の話せることは、背伸びをしないで、今の私の素直な思いを伝えることでした。東京と長野というふたつの場所に住んで感じたことは、東京は、心も体もお金も消費を繰り返すところ。長野は、ストレスを吸収し、喜びをもたらし、心も体も癒され、リフレッシュのできる場所だということでした。

古い植物誌には、「香りは土の香りが一番素晴らしい。香油の香りがする土が最上であり、たとえば日没の頃、虹の先端部が投げかけられるような点で感じられるような香り。乾燥が続いたあとに雨で土が濡れた時に感じられる香り。土は太陽から受け取った神々しい息吹を放つ。土をひっくり返せばこの香気が放たれる」など書かれているそうです。

土が香り、その土に育てられた万物が放つ香りは、人々をどんなにか慰め癒してくれるのです。蚕のまゆで花飾りを作り、育てた大豆でみそを作り、ブルーベリーでジャムを作り、廃油でせっけんを作る富士見の女性たちは、土を守る女神です。土の下にはおいしい水が流れ、土の香気はまた大気となり、風となります。

土も浪費すればなくなります。大切に育て、次の世代に美しいままで渡してやらなければなりません。今回はカレーの作り方は書きませんでしたが、「富士見カレー」の中にある気持ちをお伝えしたいと思いました。心と体を気持ちよく使うことでバランスが保たれ、健康にむかいます。一番ぜいたくな土の香気の中で仕事ができると見方をかえれば、まわりはバラ色にもなります。

「会いたかった」と喜んでくださった方たち。土を守り、土地の文化を育てて下さい。声援を送ります。お土産もありがとう。もちきびもジャムもおみそもとてもおいしかった。若いスタッフにも、土からの贈りものがちゃんと伝わったと思います。

パラク・パニヤー

3月23日

ヒンドゥー語でパラクはホウレンソウ、パニヤーはチーズという意味だそうです。

かごにどっさりのホウレンソウが友人から届いた時に、インドから帰ったスタッフの映子さんに作ってもらいました。うちのキッチンでも人気のメニューです。調理は簡単で、たっぷりのホウレンソウをいつのまにか食べてしまう、ポパイになれるひと皿です。

映子さんは南インドのオーロヴィルという村で四カ月暮らしてきました。ここは「マザー」と、尊敬と愛情を込めて呼ばれたフランス人の女性の「夢」が作り出した村です。現在も、世界中から彼女の「夢」を実現し、続けていくために人々が集まり、現地の人々と共に生活しています。

牛のふんで燃料のガスを作り、日の光で電気をおこし、一日に必要な分だけのエネルギーを使って暮らしています。農業を基盤として、教育、文化、スポーツの施設を手作りし、人間が人間らしく簡素で豊かに生きていく場を作っている所です。ココナツの葉でふいた屋根の素朴な住居や、石臼で穀物を挽き、川で沐浴をする写真を見ると、日本にも以前あった風景のようでもあります。

インドには、世界から人の集まってくる村がいくつもあるようです。それぞれの思想や哲学の実践の場として魅力のある場所なのでしょう。オーロヴィルのスタッフの会話の中に、福岡正信さん（自然農法）、桜沢如一さん（マクロビオティック）の名前が出てきたそうです。

「マザー」の夢は、オーロヴィルの小冊子と、映子さんの見て感じてきたことと共に伝わってきました。日本の実践家の夢はインドにも伝わっていました。どこかに種を蒔けば必ず実を結び、その香りは風にのって、さまざまな所に運ばれていくのです。

南インドの小さな村で、映子さんがほとんど毎日食べていた「パラク・パニヤー」は、北インドのお料理で、揚げたプリや焼いたナンと一緒にしても、五十円から百円のお昼ご飯だそうです。召し上がって下さい。

〈材料〉

・ホウレンソウ3束
・チーズ1カップ
・トマト2個
・タマネギ2個
・トウガラシ1本
・しょうが少々
・塩小さじ1
・サラダ油少々
・フェヌグリークの粉少々

〈作り方〉

①タマネギ、トマト、しょうが、チーズ、トウガラシを（種を抜いて）みじん切りにしておく。
②ホウレンソウを固めにゆでて細かく刻んでおく（フードプロセッサーやミキサーにかけると便利です）。
③タマネギ、しょうがをよく炒めてから、トマトを入れ、しっとりとしてきたらホウレンソウ、トウガラシ、塩を入れ、よく混ぜてチーズを入れて火を通す。

※フェヌグリークはマメ科の植物で、その種子を香辛料として使います。手に入らなければ、ほんの少々のカレー粉を使って下さい。

定番マッシュポテト

3月30日

どうやって作るのですかと、うちのレストランでよく聞かれます。

こつといえば、この土地のおいしいジャガイモと蜂蜜を使うことです。湯気をたて、ソーセージの付け合わせにのせるマッシュポテトは、レストランのオープン以来の定番です。涼しい倉庫に貯えたジャガイモは芽を出しはじめますが、丁寧に使いきります。

ジャガイモに芽が出始める頃、林の中のスノードロップが雪をかぶったまま、光を浴びて顔を出します。スノードロップは、雪を自分の熱で溶かして出てくるのだそうです。

土の中から新しい生命が生まれる春は、始動の時、出発の時です。冬ごもりをしている私たちのところにも、便りが届きはじめます。庭の小鳥のスケッチと飼いはじめた子猫の写真の入った手紙、農業の研修にスイスに旅立ったお嬢さんからの絵はがき、就職に対する思いをつづった手紙と履歴書。

春休みは、久しぶりの人たちの生き生きした顔に出会えます。冬の間にどんなことがあったのでしょう。ガラス越しの光が強くなって、パンの発酵の進みかたが早くなりました。パセリの新芽は苗床いっぱいに青々と繁っています。

春は再生の時、スノードロップのように雪を溶かして、わくわくするような自分自身の春にスタートしましょう。

〈材料〉

・ジャガイモ大4個、バター大さじ2
・酢少々、蜂蜜大さじ1〜2
・塩こしょう少々、好みでマヨネーズ

〈作り方〉

①ジャガイモをよく洗い、丸ごと、大きいものは半分に切ってゆでる。
②熱いうちに皮をむく。ジャガイモはむきながらつぶしてゆく。
③熱いうちに酢をふり、バター、蜂蜜、塩、こしょうを入れよく混ぜ合わせる。

※マッシュポテトは、牛乳でのばしてスープにしたり、サラダや丸めて焼いたり、コロッケにしたりと重宝です。

パンゲアスティック

4月6日

コンサートをすることになりました。

「ここでコンサートができますか」と、ひとりの青年に聞かれました。「気持ちのよい空間なので、ここで演奏してみたいと思ったんです」。

彼は「パンゲア」という名のアコースティックバンドのリーダーで、のびのびと作曲をするために、東京から南牧村に移り住んだのだそうです。うちのスタッフもぜひやりたいということで、初ライブの準備はスタートしました。

「イン・ザ・スピリット」という彼らの一曲をタイトルに、魂から魂へと副題をつけました。チラシには「ここを愛して下さるすべてのお客様のために。私たちを愛して下さるすべての精霊たちのために」という言葉を入れました。

私たちの暮らすこの森のあたりの夜は、木々の匂いがいっそう強くなり、あかりを消すと月の光が思いもかけず明るく、星は降り注ぐほどの時があります。動物も植物も静かな中で、話をしているように思える空気が漂います。

草も花も動物も私たちも、そんな時をみんなで共有したいと、ちょっと恥ずかしいほどの言葉でしたが、ドキドキと心はずませて、その副題とコピーをつけました。打ち合わせの間にも彼は曲を作りました。森がくれたのだそうです。「ビールだって生《なま》がおいしいでしょ！」といって、ライブはそれだけで楽しくて気持ちのよいひとときを味わえるものだとその日を楽しみにしています。

少しは何か食べたい人のために、スティックパンを考えました。紙袋に入れたスティックパンをポリポリ音をたてたら悪いかななどと思いつつ、演奏を聞きながら食べてもらうスナックです。

材料は素朴だけれど、かみしめると味のある、その日の手作りコンサートのようなスティックパンです。

〈材料〉（30本分）

・強力粉210g
・薄力粉90g
・イースト7.5g
・砂糖7.5g
・塩3g
・バター10g
・ぬるま湯150g

〈作り方〉

①ボウルに粉、イースト、砂糖、塩を入れ、ぬるま湯を加え混ぜ合わせる。
②台の上でこねる。バターを加えてさらに10分ほどこねる。
③ボール状にまとめて、ラップかぬれタオルをかけて、40分ほど暖かいところへおく。
④2倍になったら、空気を抜いて、3つ

に分けて丸めて、10分ほどおく。
⑤めん棒で生地を8ミリくらいの厚さにのばし、1.5㎝の幅の細い棒状に切る。長さは好みで。
⑥天板に並べる。そのままもう一度、室温で発酵させる。
⑦170℃のオーブンで焼く。20分間、中までカリカリになるように焼く。

※⑥で、けしの実やごまやチーズなどのせてもおいしい。生地の中にチーズ、ごま、あおのり、いろいろ混ぜられます。

—パンゲア
何億年も昔に、五大陸がまだひとつだった頃の大陸の名前だそうです。

ロールレタス

4月13日

久しぶりに東京に行ってきました。もう桜が満開で暑いくらいです。国鉄の沿線には菜の花がいっぱいです。
桜の花に送られるように、義母が亡くなって一年たちます。東京の家で兄弟姉妹が集まって会食をしました。小さな庭には紫大根の花が咲いています。近くの小学校の桜やコブシ、レンギョウ、水仙、ハナニラと路地には花があふれています。
スタッフだった万里ちゃんがアルバイトをしている自然食レストランを訪ねました。鎌倉のお寺をやめて、今は赤坂のレストランの厨房にいます。
途中、ビルの谷間に古い民家があって、年輩の女性が玄関を掃いていました。庭には黒い犬がひなたぼっこをしている、懐かしいような家です。万里ちゃんにその話をすると、「そうなんです。素敵な家ですよね。赤坂にも楽しみがたくさんあります」とのことでした。

私たちがいつも東京で素敵というのは、かわいいお店ではなくて、昔からの小さな自然です。春は緑色をはじめとした自然の植物の色が、歩道のすきまや垣根や公園で明るく輝いてみえます。東京の一番よい季節は春かもしれません。

ビジネス街のビルの一階の自然食レストランで、ちょうど昼休みの万里ちゃんとご飯を食べました。定食は玄米ご飯にひじきの煮物など三品とロールキャベツでした。

帰ってから、生協で買ったレタスが冷蔵庫に眠っていたので、似たものを作ってみました。

包み込むには大きな葉がいるので、台所の白菜、キャベツ、レタスを総動員して、いろいろなロールを作ると楽しいですね。お寺にいた頃は、心身のバランスが崩れてやせてしまった万里ちゃんでしたが、赤坂では、ふっくらピカピカの元に戻っていて安心しました。「小さな自然」のような素朴な万里ちゃん、春です、輝いて下さい。

〈材料〉（小14個分）
・レタス14枚
・とうふ1丁
・高野どうふ2かけ
・ニンジン¼本

・タマネギ¼個
・塩、こしょう
・こんぶ、干ししいたけ、かつおぶし
・だし汁
・片栗粉大さじ2
・しょうゆ、みりん
・ようじ

〈作り方〉

①こんぶ、干ししいたけ、かつおぶしでだし汁を作っておく。

②レタスを1枚づつていねいにはずしてよく洗い、さっとゆでる。

③とうふの水気を切っておく。高野どうふはもどしておく。

④ニンジン、タマネギはみじん切り。高野どうふはフードプロセッサーにかける。みじん切りでもよい。

⑤くずしたとうふと④をよく混ぜ、塩、こしょうで味を整える。

⑥水気をふいたレタスで⑤を包む。楊枝でとめる。薄いときは2枚重ねる。

⑦鍋にだし汁をはり、ロールレタスを並べる。

⑧ひと煮立ちしたら、みりん、しょうゆ、塩、こしょうで味をつける。水でといた片栗粉をいれて、もう一度、火を通してできあがり。

春の花のホットケーキ

4月20日

スタッフと清春美術館の桜を見に行きました。

樹齢六十年の大木は、手にふれる高さに桜の花があります。お花見の喧騒はなく、静かな空気の中で、ひっそりと咲く満開の桜は妖しく美しい存在です。

私の住んでいるところは、まだほんの春の入り口です。ヒヤシンスが咲き、ムスカリや水仙がつぼみをつけ、チューリップやサクラソウが葉を出したところです。それでも、日だまりでタンポポを見つけました。林の中には、小さなスミレも咲いていました。頭の中には「あの桜」が満開です。

以前の店には、レストランも台所もなかったので、庭の染色用のコンロでお料理をしました。大きなフライパンでこのホットケーキはよく焼きました。ちょっとこげめのついた大ざっぱなホットケーキは、庭中よい匂いを漂わせました。スタッフのおやつなのですが、お客様をとてもうらやましがらせました。

小さなお子さんと、お花を摘みに散歩に行って、たくさんお話をして、帰ってこのホットケーキを一緒に作ってみて下さい。保育園や小学校の新入生は、日頃のちょっぴりの緊張もとけて、また明日から元気いっぱいです。

若い頃は、レストランのホットケーキのようにと工夫したものですが、今は、簡単で素朴が、おいしいと思うようになりました。ホットケーキミックスを使うより、台所の戸棚や冷蔵庫や庭や野原から集合した材料が、あつあつのホットケーキになるほうが、おいしそうでしょう?

子供たちが小さかった頃は、「おだんごぱん」や「ぐりとぐら」をよく読んでやりました。本の中の湯気のたつホットケーキと、うちのホットケーキ、心と身体においしく残っているようです。

〈材料〉

・薄力粉2カップ
・牛乳½カップ
・卵2個
・ベーキングパウダー小さじ1
・砂糖大さじ1
・春の花を好きなだけ

・サラダ油
・メープルシロップか蜂蜜か砂糖
・バター

〈作り方〉
①摘んだ花をさっと洗って、水気をとっておく。
②ボウルに卵と牛乳、砂糖を入れよく混ぜる。
③小麦粉とベーキングパウダーをふるい入れ、さっくりと混ぜる。
④花を入れる。
⑤フライパンに油をひいてホットケーキを焼く。
⑥熱いうちに、たっぷりのバターをのせ、ジュージュー溶かしてシロップか砂糖をかける。

※食べられる花は、タンポポ、桜、桃、ウメ、菜の花、スミレ、ハコベ等。ヒヤシンス、水仙など球根植物はだめです。桜やタンポポは、萼をはずして、花びらだけを使います。

春のパーティー、八重桜のシャーベット

4月27日

パーティー料理を頼まれました。毎日少しずつ春の速度が増していくのがうれしくて、大はりきりでメニューを作りました。サラダを二品、ひとつはクレソンのサラダ、もうひとつはタンポポのサラダです。

陶器の大皿にフキの葉を敷いて、シロインゲンの煮もの、ワサビの花のお浸し、お漬けものを出しました。

八ケ岳の実践大学校の売店で、スタッフが見つけた花のついたキュウリはスティックサラダに、ウコギはウコギ飯のおむすびを作りました。

白身の魚は、トウモロコシ粉と冷凍しておいたトウモロコシの実の衣をつけて揚げました。鮭はテリーヌという冷製のオードブルを作って、芽が出たばかりのハーブを

のせました。

他にもさっぱりしたチキンカレーや採りたてのワケギを小麦粉の生地で包んで焼いて、ごまみそで食べるねぎ焼きも作りました。デザートは朝摘んだやわらかいヨモギがパン種のあんパンと、八重桜のシャーベットです。このシャーベットはとても簡単でおいしいので、塩漬けの桜があればおすすめします。

そんなこと、普通はいいそうもないおじさまたちが、体も心もきれいになっていくようでとてもおいしい、と喜んで下さいました。

季節の野の花やハーブ、野菜に応援してもらってできる「ごちそう」です。

―八重桜のシャーベット

〈材料〉(10人分)
・水2と½カップ
・白ワイン1カップ
・砂糖1カップ
・あればチェリーのリキュール小さじ4
・八重桜の塩漬け½カップ

〈作り方〉
①八重桜の塩漬けを、水を変えながら、ひと晩水に浸して塩分を抜く。
②すべての材料をミキサーにかけ、ステンレスかガラスの容器に入れ冷凍する。ときどきかき混ぜる。

―クレソンのサラダ

〈材料〉
クレソン、キウイフルーツ、伊予柑

〈作り方〉
①クレソンはよく洗ってごみをとり、水気を切っておく。
②キウイフルーツは皮をむいて細かく刻む。
③伊予柑は袋を取り除き、実を出し、小さくちぎっておく。
④全部よく混ぜてできあがり。
※ドレッシングも塩も加えません。クレソンの香りと味がひきたちます。

―タンポポのサラダ

〈材料〉
・タンポポの花と葉
・カリフラワー、キャベツ
・クルミ、オリーブオイル
・塩、蜂蜜、リンゴ酢、こしょう

〈作り方〉
①カリフラワーは酢を入れて白くゆでて薄切りにする。
②キャベツは千切り、クルミは炒っておく。
③キャベツとカリフラワーにオリーブオイルをまぶしておく。
④洗ったタンポポの花びらを萼からはずして③にパラパラと入れる。

⑤クルミ、塩、蜂蜜少々、酢、こしょうを入れて味を整える。最後にタンポポの葉をちぎって入れ、できあがり。

※サラダを盛りつけてから、まわりに長い茎のついた花や葉を飾るといい。

ネギの煎

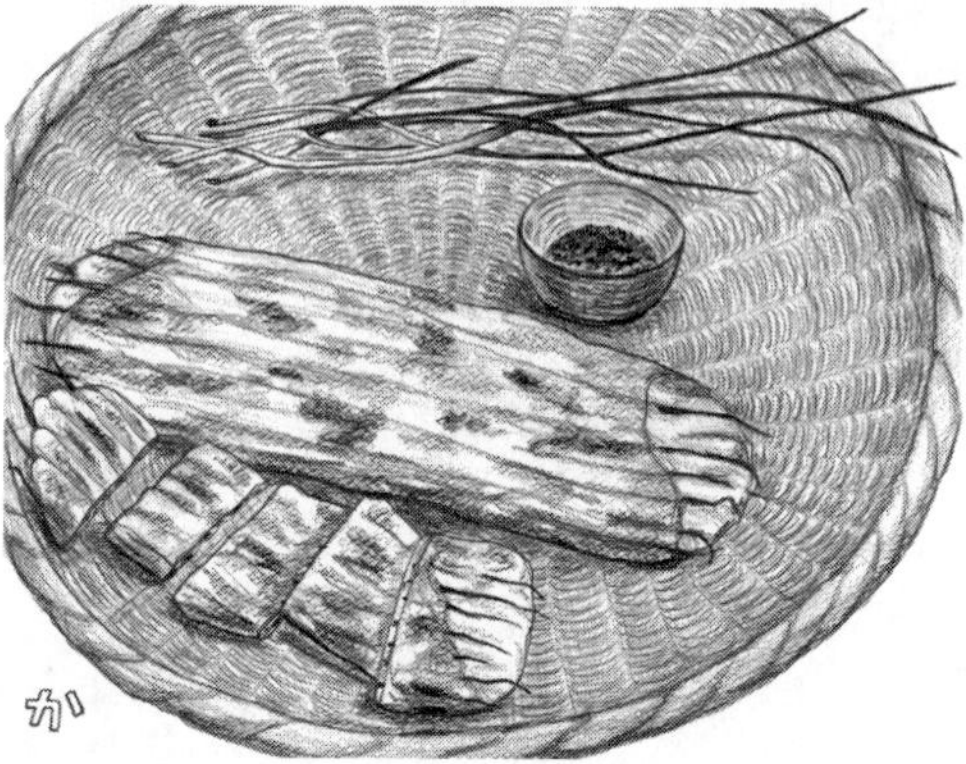

4月20日

友人がたくさんのワケギとワサビの花を摘んでくれました。もう一人の友人は、サラダ菜やレタス、生みたての卵をざるいっぱい持ってきてくれました。

ここに住みはじめてから、私の子育ても仕事もずっと見てきてくれた人たちです。二人とも農業をしながら、絵を描くこと、山に登ること、ボランティアもして、地域と生き生きとかかわりながら、自分を育てることを知っている素敵な女性です。

私は何がほしいという要求ではなく、今、たくさん育てているもの、使い道の少ないものを好んで分けてもらいました。私が楽しんで料理する姿を見て、彼女たちはとても喜んでくれます。忙しい中、必ず、こんなものが今あるけど…、と声をかけてくれます。

新鮮な材料は素直に料理すると、素晴らしい実力を発揮してくれます。ワケギの濃い緑、ワサビの白い花やハート形の小さな葉、まあるい茶色や白の卵、自然の造形はなんと見事で愛らしいといつも思います。

テレビで、年配の女性が経営している韓国料理の店のメニューを見ました。「煎《せん》」といって、焼いて食べる簡単な料理が紹介されました。その中でネギの煎が一番おいしそうだったのです。

次の朝、届いたのが、ざるいっぱいのワケギでしたから、さっそく作ってみました。生地もごまだれも想像で作りましたが、なかなかのできでした。ビールと一緒に、おやつに、軽い食事に、とてもおいしいし、経済的で栄養もあります。連休にご家族で作りながら召し上がってみて下さい。入れるものも、ニラやチャイブ、サラダネギ、アサツキなど、工夫できます。太鼓判の一品です。

〈材料〉（6枚分）

―生地

・強力粉250g、卵1個
・蜂蜜大さじ1
・牛乳30cc
・ドライイースト小さじ1
・サラダ油30cc
・ぬるま湯170cc

―ごまだれ
・ゴマ、みそ
・砂糖、しょうゆ、水少々

〈作り方〉

①ごまだれを作る。炒ったゴマをすり鉢ですり、調味料と小量の水を入れて、好みの味に練っておく。
②すべての生地の材料をボウルに入れ、よくこねてまとめる。
③ぬれぶきんをかけて、約2倍になるまで暖かいところに置いておく。
④こねながらガスを抜いて6つに切りわけ、丸めて、ぬれぶきんをかけ、台の上で休ませる。
⑤10分ほどしたら麺棒で生地を楕円にのばして、ワケギを長いままのせて、両はしをワケギの上にのせ、包み込むようにして麺棒でのばす。ワケギがサンドイッチ状態になる。
⑥フライパンを熱して、油をひかず、ゆっくりとこんがり両面を焼く。
⑦表面にべったりとごまだれをつけて、あつあつを食べる。マヨネーズもおいしい。

※生地は耳たぶより少し固めです。

お守りのハーブ

5月11日

ほんとうに久しぶりに風邪をひきました。
連休の後半から喉が痛くなり、いつもなら、すぐしっかりとうがいをするところを、忙しさについおろそかにしていたら、次の日熱がでました。
私はなるべく薬を飲まないようにしているので、治るのに時間がかかります。頭を冷やして、水分をとり、とにかく寝ます。うつらうつらと三日たって外を見ると、緑の芽がひとまわり大きくなって、林の中のあちこちでカスミザクラが満開です。布団にもぐりこんでいた間に、春はどんどん進んでいました。
まだ咳が出るし、咳をするとみぞおちの筋肉がとびあがるほど痛いけれど、熱は下がりました。自分のからだがわかる範囲の病気なら、少しは時間がかかっても自然治癒力を頼りにします。体が闘うことを覚えます。闘う前に薬を飲んでしまうと、けんかのしかたがわからなくなります。息子たちにもなるべく自分のからだが直すことを教えてきました。

「ぼくは熱のでたあと、肌がすべすべになるんだよ」と下の息子は言いました。きっとからだの中の大掃除を熱がしてくれたのでしょう。少しずつ変わる自分の体調をきちんと覚えることは大事なことです。

寝ていたときに役立ったのは、ハーブのお茶と香りでした。セージの葉のお茶でうがいをして、カモミールとタイムのお茶を飲みました。ラベンダーとミントとローズマリーは湿布に使いました。

野菜や花の間に、今年はハーブも植えてみて下さい。よい香りの草は薬草で役草…、きっとお役に立つでしょう。最初のおすすめの六種類は、ジャーマンカモミール、ラベンダー、ミント、セージ、ローズマリー、タイムです。カモミールだけは種をまきます。砂と一緒にバラまきをして土をかけません。他のものは苗のほうが楽です。苗は大きな苗よりも、しっかりした小さな苗を選んで下さい。特にラベンダーで、花の頭の先にリボンがついたものや、葉に切れ込みがある種類は、ここでは露地で越冬しませんし、大きな株はつきにくいのです。

タイムやセージは、品種がたくさんありますが、コモンタイプといわれる一番薬効の高い普通の品種を選びます。ミントはペパーミントかスペアミントにします。地下茎で増えますから、増え過ぎても困らないところに植えます。挿し木でも簡単に増えますからプレゼントにもなります。

おのおのの薬効は本に書いてありますが、全体のからだのバランスと喜び方を目安に、楽しみながら使うことが、「お守り」の力をさらに発揮してくれるようです。

「今日」の卵とじ

5月18日

かぜをひいて寝込んでからの回復期は、まだ食欲がなくて、さっぱりしたものがほしくなりました。

夕方の緑の海のような林の中で、コーレとミツバをたくさん摘みました。ミツバとコーレには山桜の花びらがついています。

ふっくらと炊いたご飯に、コーレとニンジンの卵とじ、ミツバのお浸し、お豆腐のステーキを、その日の夕食にしました。私に合わせたので、主人や子供にはちょっと淡泊でしたが、おいしいと食べてくれました。

シャキシャキとした歯ざわりのミツバも、濃い緑色のコーレと、赤いニンジン、黄色い卵のお総菜も、優しい甘さで、おなかにしみわたるようでした。

ここにきた当時に、ミネバ、ゼッタ、木の芽（マユミの新芽）やコーレを教えてもらいました。毎年、この春の緑色の「シャキシャキ」を食べると、体も心も「シャキシャキ」します。

ルバーブの茎を摘んで、ジャムやパイも今日作りました。カキドオシやウコギの葉をゆでておにぎりに入れました。ホップの新芽もバターで炒めました。ヨモギのパンも焼きました。野原の食べ物が少しずつ「元気」を育ててくれます。

「ベルリン天使の詩《うた》」という映画がありました。実体を持たない天使が、人間の日々の暮らしをうらやましく思って、話すところがあります。「熱いコーヒーを飲むのも、食事をすることも、恋人にふれることもなんて素敵なことだって思うんだ。今だ、今だ、今が大事だって、心が言うんだ」。ひとりの天使は人間になるのですが、最初に熱いコーヒーを両手で抱えて、その熱さや味を確かめます。

どこからか訃報が届くたびに、今日を大切にしなくてはと思います。先のことを考えたり、計画をたてたり、思い悩んだり、だれでもするものですが、確実に今、自分の持っている時間、両手いっぱいに抱えている確かな「時」を味わうことが大切と思います。

今日摘んだ緑は、今日の大切な味がしました。

〈材料〉
・ミツバ、コーレ
・だし汁(シイタケ、コンブ、かつおぶし)
・ニンジン
・卵、砂糖、みりん、しょうゆ、削り節

〈作り方〉
①ミツバはさっとゆでて、水にさらして、水気をギュッと絞り、しょうゆとけずり節をかける。
②だし汁を煮立てて、ニンジンの薄切りをさっと煮て、コーレのザク切りを入れ、調味料で味を整え、割りほぐした卵を入れる。

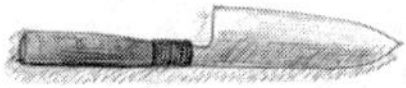

スギナとコンフリー

5月25日

スギナとコンフリー、雑草あつかいで、ふえて困るといわれます。

私はどちらも大好きで、よく使います。スギナはポキポキと枝を折って集めて、束にして陰干しします。乾いた葉に熱湯をそそいでお茶にします。とってもおいしいという感じではないけれど、カップに半分くらいはおいしく飲めます。ケイ素やミネラル分を含んで強壮効果のある、元気のでるお茶です。

スギナのシャンプーやリンスは、どんな髪質にもあいます。昨日は不注意でおでこにけがをして、大きなばんそうこうを張っていました。髪が洗えないので、タオルでふきました。さっぱりと気持ちのよい思いをしました。

濃く煮だしたスギナ液は、べと病やうどんこ、さび病の予防になるそうです。お試し下さい。よくスギナは酸性土壌に生えるといいますが、集めたスギナを燃やして灰にして、もとのところにまけば土壌改良になります。

コンフリーは若い葉をゆでて刻んで、ハンバーグやメンチカツに入れます。大きくなったコンフリーはザクザク刈りとって大なべで煮ます。煮汁をザーッとお風呂にいれると、素晴らしい入浴剤になります。かさかさした肌がしっとりします。

コンポストの山に生葉を積み重ねれば、発酵を促進させます。雨水に生葉を入れておけば、手軽に液肥ができます。

五月から六月は、このスギナとコンフリーが活躍します。リフレッシュ効果のある、お金のかからない美容法も楽しめます。コンフリーもスギナも皮膚にとっても、栄養のある、おいしい「食事」になってくれます。ありふれたスギナやコンフリーが、少し好きになるチャンスです。

—スギナのシャンプーとリンス
スギナの生葉をさっと洗っておく。なべに1ℓの湯をわかし、ひとつかみのスギナを入れる。5分ほど煮て、さめるまで放置する。こして、シャンプーとして使ったり、リンスに使う。シャンプー用に小さじ1杯のせっけんを溶かして使ってもよい。

—コンフリーの浴剤

なべにお湯をわかして、コンフリーをなるべくたくさん入れる。30分ほど煮て、ざるで漉す。

ヨモギとお豆腐のクッキー

6月1日

私の子供の頃、イチゴ畑といろいろな花の咲く隣の土地に、お豆腐屋さんが引っ越してきました。

朝のおみそ汁の具や夕食の冷ややっこや湯豆腐のために、お鍋やボウルをもって買いにいきました。朝早くから、お豆腐屋さんは仕事をしていて、水槽に沈んだお豆腐を手で取り出してくれます。「さいのめに」とか「やっこに切って下さい」と親に言われた通りに言うと、そんなふうにも切ってくれました。油揚げも厚揚げも作りたては格別おいしかったのです。

私がおいしいと思うお豆腐は、国内産の丸大豆とにがりで作った、できれば消泡剤など使わない、しっかりした木綿のお豆腐です。何もつけなくてもおいしいし、ちょっとおしょうゆをたらしただけでも一丁丸ごとペロリです。そんなお豆腐のおからも手にいれることができたら幸せな日になります。

大好きなお豆腐でクッキーを作りました。白いお豆腐にヨモギが合うような気がして、分量を加減しながら作ってみました。ほんのりと甘くて、ふわっとヨモギの香りのする、薄緑色のクッキーができあがりました。おやつはもちろん、卵も「緑」も「畑の肉」も入っているので、忙しい朝にもよいかもしれません。

昨年、二十年ぶりに昔住んでいたところを訪ねました。あのお豆腐屋さんもちゃんとあって、子供会で一緒だったT子ちゃんは、奥さんになってお豆腐を売っていましたし、お婿さんは木箱にお豆腐を入れて住宅街を走っていました。

そういうのって何だかとてもうれしい。二十年前と同じ味だといいなと思いました。

〈材料〉

・豆腐1丁
・卵2個
・薄力粉2カップ
・バター大さじ2
・サラダ油50cc
・砂糖大さじ4
・メープルシロップ大さじ1
・ベーキングパウダー小さじ1

・ヨモギの葉（ゆでて片手に一杯）

〈作り方〉

①お豆腐はざるにあけて、重しをして1時間くらい水気を切っておく。

②ヨモギの葉を摘んでゆでる。水にさらしてギュッと絞っておく。

③ボウルに室温においたバターと砂糖を入れよく混ぜ、油を入れてさらに混ぜる。

④③に卵とメープルシロップを入れよく混ぜる。

⑤フードプロセッサーに少しずつ、ヨモギの葉と豆腐を入れる。

⑥④のボウルに⑤を入れ、粉とベーキングパウダーをふるいながらさっくり混ぜる。

⑦天板に油を敷くか、オーブンシートを敷いて、スプーンで種を流し、スプーンの背で形を整える。

⑧180℃で約20分から30分、表面がうっすらと色づくくらい焼く。

※フードプロセッサーを使わない場合は、包丁でヨモギを細かく刻むか、すり鉢で豆腐といっしょにする。メープルシロップは使わなくてもかまいません。

チャイブの花のバラのお酢

6月8日

チャイブはハーブのひとつで、ネギの仲間です。

まるくピンク色に咲いた花を使って、バラ色のお酢を作ります。年に一度のうれしい作業です。ワケギもアサツキもおいしいけれど、花も利用できるところが、チャイブのお得なところなのです。

酢に花を漬けこむのですが、花の色が酢に移ってそれはきれいなバラ色になります。ドレッシングやマリネに使える、やわらかなネギの香りのお酢ができあがります。

花の色が鮮やかになった時に摘みとります。ひとつの花が小さな花の集合体で、ひとつひとつはかわいいユリの花のようです。バラバラにして、サラダに散らしたり、炒め物に入れたりすると、見た目にも美しく、ピリッとした味と香りがします。

花の時期以外は、ネギの葉の部分を使います。細かく刻んで、オムレツ、サラダ、炒飯と幅広く利用できます。バターに混ぜるとハーブバターができあがります。サンドイッチに塗ったり、焼き肉にポトンと落としたり、炒飯におしょうゆと一緒にジュッと入れたり、とても便利です。

株は少し大きくなったら、春に株分けすると、どんどんふえます。

チャイブは他のハーブのカモミールやラベンダーのように利用範囲は広くはないけれど、五月から六月にかけて色あざやかに咲いてくれる花や、いつも摘みとれるやわらかな香りのする緑のネギをプレゼントしてくれる、庭に植えておきたいハーブのひとつです。

ラベンダーの葉がぐんと伸びて、セージも花芽をつけました。霜の心配もなくなって、ハーブはすくすく育ちはじめました。チョウの幼虫がアンジェリカの葉を食べています。チョウたちには居ごこちのよいレストランのようです。もうすぐ香りのバラが咲きはじめます。バラのバラ色のお酢も、まもなく窓辺に並びます。

〈材料〉
・チャイブの花
・リンゴ酢（ワインの酢、米酢でもよい）
・空き瓶

〈作り方〉

①空き瓶をよく熱湯で洗うか、煮沸する。

②チャイブの花をさっと洗って水気をよくふいておく。

③瓶の⅔くらいまでチャイブの花を入れ、リンゴ酢を口もとまで入れる。

④ふたをして約2週間置く。花が酢を吸収して、酢の量が減ったら酢を足す。

初夏のポテトサラダ

6月15日

私はコロッケやポテトサラダが大好きです。前回書いたチャイブのお酢を使ってポテトサラダを作りました。
ジャガイモは、芽を出してしまった広見のジャガイモです。まだ蓄えがたくさんあって、マッシュポテトやコロッケ、このサラダと現役で活躍中です。このおいもはおいしいから、芽をかきながら大切に使います。
サラダには、大きくなりすぎた二十日大根や、ありあわせの緑を入れます。ナスタチューム（金蓮花）の青い種も細かく刻んで入れると、ピリッと辛みと香りが出ます。この種は甘酢に漬けておくと保存ができます。
タイムやローズマリーの葉も、まだ若い

バジルの葉も、ほんの少し入れます。「生まれたての夏」の恵みを入れて、初夏のポテトサラダはおいしくなります。

本格的な梅雨ではないけれど、時々、優しい細かい雨が降ります。雨が降ると植物は四倍大きくなるそうです。シャワーを浴びた植物はとても気持ちよさそうです。

「看護婦さんなんですか。道理ですごく疲れているみたいで、着くなりハーッとため息をついていらっしゃいましたよ」。スタッフがSさんと初対面の時の感想です。

Sさんは東京の香りの学校の紹介でやってきました。二カ月前にベランダで育てはじめましたと、メモいっぱいに書いたハーブの育て方を熱心に質問します。東京とここでは育ち方も違うけれど、大地から育っている姿をまず見てもらって、ハーブの特性をお話ししました。

食事のあと、ベランダの日陰で昼寝をして、庭を歩いたら、朝よりもずっと元気に見えました。生のカモミールの香りに感激して、もっといたいといいながら、百二十人の人工透析の患者さんの待つ東京へパタパタと帰っていきました。

ベランダのハーブ、どうぞ元気に育ちますように。香りの夏のシャワーが、彼女をリフレッシュさせてくれますようにと、見送ったあとに思いました。


〈材料〉
・ジャガイモ4個

・タマネギ½個
・二十日大根8個
・パセリ、インゲン、キュウリなど
・ナスタチュームの種少々
・蜂蜜大さじ1
・マヨネーズ、塩、こしょう
・チャイブの酢

〈作り方〉
①ジャガイモの皮をむいてざく切りにする。
②野菜は小さく切って、軽く塩をふっておく。
③ゆであがったジャガイモをボウルにいれ、熱いうちにチャイブの酢をかけて混ぜ、つぶしておく。
④塩、こしょうをする。
⑤野菜の水気をよく切ってジャガイモに混ぜる。
⑥マヨネーズ、蜂蜜、塩、こしょうで味を整える。

※ナスタチュームの種がなくても、チャイブのお酢がなくても平気。ちょっとずつ、初夏の野菜の香りを入れれば、体が喜ぶサラダになります。

変わり手巻き

6月22日

日差しが強くなりました。

朝夕の涼しい時間に、できるだけ種まきや植え込みをしています。日が沈む頃に雨が降りはじめて、翌日はお天気という日が多くて植物も私たちも助かります。

先日は、お料理の教室に、たくさんの緑色のヨモギのパンを焼いて持ってきて下さった方がありました。この欄の「ヨモギのナン」をパンにして、楽しんで下さっているのです。「カボチャのホットケーキ、よく作ります」という方もいらっしゃいました。そんな時、ほんとうにうれしい。

息子とみた「リトルブッダ」という映画で、苦しい修行を続けているシッダールタ（のちのブッダ）が、舟の上で楽器を奏でている人が「弦は張りすぎていても、ゆるすぎても、よい音はでない」というのを聞いて、中道という意味を悟るところがあります。

自立神経の失調で具合の悪かった女性が「あるがままに」と、神経科の先生に何度もいわれたそうです。

私も「あるがまま」で、がんばらずに「ふわり」と毎日をそのままで過ごしたいと思っています。この欄はいつもあるがままを書いていますから、とてもうれしいのです。

忙しくて、くたびれて、ご飯の用意をしたくない時もあります。そんな時に作って下さい。元気な時に、ワンタンの皮は買っておいて、ごまみそも作っておきます。

ワンタンの皮をサッと焼いて、野菜や油揚げとごまみそを入れて、巻いてバリっと食べます。ワンタン巻きとは別に、ご飯、のり、漬けものなどがあれば、自分で手巻きにして、おなかもいっぱい。ワンタン巻きの具は、チーズ、モヤシ、キュウリ、ハム、カイワレなど、なんでもおいしい。巻きやすく細長く切っておくのがコツです。パっとみんなで片付ければ、明日も元気いっぱいです。

〈材料〉
・ワンタンの皮
・油揚げ大3枚
・サラダネギ1束

―ごまみそ
・ゴマ大さじ3
・みそ大さじ2
・砂糖大さじ1から2
・酒小さじ1

〈作り方〉

①ごまみそを作る。ゴマを炒って、すり鉢ですり、みそ、酒、砂糖を入れて、さらにする。

②油揚げは網でサッと焼いて、細く切っておく。

③サラダネギは、ワンタンの皮の幅に切って、さらに細く縦に切っておく。

④①②③を食卓に用意して、ホットプレートを熱して、ワンタンの皮を並べる。表面がプツプツと小さなふくらみができて、パリパリにならないうちに具をまく。

※スタッフにとても好評でした。ビールに合います。夕食には、もっといろいろ具を使って下さい。

やきもち

6月29日

とても簡単でおいしいおやつを思いつきました。

甘いあんと香ばしい香りは、うちのみんなも大好きになりました。できあがりはちょうど焼き大福で、思いたったらすぐ食べられます。

ゆであずきの缶詰や冷凍したあん、パックの切りもちを常備しておくと便利です。電子レンジでおもちを焼いて、のびたおもちにあんをくるんで表面にこげめをつけるだけで、香ばしい焼き大福です。あんを中華風にしたり、おやきの具にしたりと、変幻自在のおやつです。

食べられない「やきもち」を焼くのは、人間と、人間と暮らしている動物たちだけのようです。恋をしている時や小さな子供たちの小さなやきもちはほほえましいのですが、度をすぎると心がやけどをしてしまいます。

植物はそれぞれが自分の必要な時期に花を咲かせ、まわりのことを気にかけるのではなく、自分がどう生きていくのかが大切と思っているようなのです。早春に咲くものもあれば、一年では花の咲かないものもあります。

庭を作る楽しみは、それぞれの個性で咲く植物たちの美しいハーモニーを、ほんの少し人間が参加して、一緒に奏でることなのです。

やきもちを焼くエネルギーを、自分がどう咲いていくかという、自分を生かしていくエネルギーに変えたら、目には見えないけれど心地よい庭が自分のまわりにできるかもしれませんね。

今、私たちの庭では、薬用バラやカーネーションが満開です。先週はナスタチュームとローズマリー、イタリアンパセリの苗を植えました。

花の種もどんどん発芽してきました。ゆっくりとやってくる短い夏のために、植物たちと私たちはゆっくりと演奏会の準備をしています。

〈材料〉

・切りもち
・あずきあん

〈作り方〉

①あんは作っておくか、缶詰または市販品を使う。

②皿に小麦粉を薄くしいて切りもちをのせ、電子レンジで1分ほど加熱をする。

③のびたおもちを手でのばして広げ、あんを中に入れ、頭のところでまとめる。

④フライパンを熱して、表面にこげめをつける。上下につけます。

※おもちは一度に何個もレンジにかけると、むらができるし、固くなるのでうまくいきません。ひとつづつ加熱して形を作ります。焼くのはまとめてできます。

イカのサラダ

7月6日

連日、暑い日が続きますね。いかがお過ごしですか。

避暑地のはずのここも、かなりの暑さでした。お客様にいただいたスイカに歓声があがるくらいです。

友人がイタリア料理の店を出したときに、そこの魚介類のサラダが大好物でした。二十数年も前のことですが。イタリア料理のことはよくわからなかったけれど、キリッと冷やした魚介とオリーブオイルとニンニクの味は、食欲をそそりました。事情があってまもなく閉店。以来、幻の味でした。イカの新鮮なものが手に入ったので、それらしいものを作ってみました。

山暮らしをはじめて、子供も小さかったころに、添加物のない、安心して食べられる食べ物を求めて知り合った仲間と、銚子から新鮮な魚を共同購入していました。魚一本をお刺身にしたり、煮たり焼いたり、魚屋さんにおいしくて上手な魚の食べ方をたくさん教えてもらいました。

　天然の氷に詰められてやってきた魚はキラキラ輝いて美しいものでした。日本の海はどんどん汚れてきています。近海でとれる魚を大切に食べることからも、環境汚染を考え、みんなで実践できることを考え勉強しました。小さな子供を抱えて、みんな元気でした。

　二十年前はただおいしかったイタリア料理のサラダでしたが、子供を育てながら、ここで暮らした日々は、仲間とともに魚を味わう思いが変わりました。子供たちのそのまた子供たちも、平和な暮らしとおいしい近海の魚と、太陽いっぱいの野菜や果物が食べられますようにと願います。

　今、「生活クラブ生協」の若いお母さんたちが中心になって、「食品安全条例」の制定を県に求めて、署名を集めています。小さなひとつひとつのまじめな願いがかなえられますように、主旨をよくご覧になって応援してあげて下さい。


〈材料〉
・生イカ
・セロリ、ピーマン、タマネギ、パセリなど
・オリーブオイル

・ニンニク
・塩、こしょう、酢

〈作り方〉

①イカの墨とわたを取り除いて、よく洗い、皮をむく（ふきんでむくとよくとれます）。

②少量の熱湯で、さっとゆでる。

③イカは輪切り、または線切りにして、オリーブオイルをからめて、塩、こしょうしておく。

④野菜は線切りにして、冷水にはなしておく。

⑤ニンニクを薄切りにしてたっぷりのオリーブオイルでこんがりと揚げる。

⑥⑤のオリーブオイルとニンニクを、水気を切った野菜とイカに混ぜ合わせ、酢、塩、こしょうで好みの味付けをする。

※分量はイカが多くても、野菜が多くても、お好みしだい。ニンニクはたっぷりがおいしい。

山のお弁当

7月13日

八ケ岳に日があたって、くっきりとそれぞれの緑を浮きあがらせて、それはきれいな時があります。

数日前から登りたいという思いはつのって、十三年ぶりに黒百合平まで行ってきました。朝から素晴らしいお天気で、下界は暑くなりそうな日です。歩きはじめると、ヨモギや草の夏の野の匂いがします。林が深くなると、土や木の匂いが濃くなります。

時々吹く風の気持ちのいいこと。私は「香りの世界」で仕事をしていますから、少しずつ変わっていく香りを楽しみながら歩きました。

コケモモ、イワカガミ、ゴゼンタチバナの花がかれんです。普段はよく歩くような仕事をしていますが、足を上げて登るという行動は本当に久しぶりです。

見晴らしのいい場所でお昼を食べました。私とスタッフのかつみさん（いつもイラストを描いてくれています）は、大きなおにぎりと梅漬けだけでしたが、みな子さんはお父様にぜひ持っていけといわれた採りたてのキュウリとみそ、お母様の手作りの卵焼きや漬けもの、穂高インゲンの青々とゆでたものを持ってきてくれました。

パリパリと食べたキュウリの、みずみずしくっておいしかったことといったらありません。柔らかいインゲンは夏の朝の香りがしました。大阪出身のかつみさんはキュウリに感動しました。「山で食べるのはこういうのがいいんだー」。

帰りに黒百合ヒュッテで、貴重な水でいれたおいしいコーヒーとお茶をいただいて大満足です。お揃いのTシャツまで買ってしまいました。ヒュッテではときおり演奏会が開かれます。音楽家も聴く人も、全員自分の足で登って、高いところに集まるのがおもしろい。その日の山の香りや色や姿を共有してから出会い、その中に浸り、音にも浸ることができるのが素敵です。

幸せそうで楽しそうな私たちを見て、すれちがう人が「天狗岳まで行った？寒くなかった？」と聞きます。今回はそこまでいきませんでしたけれど、鼻はふくらんで気分は天狗です。

自分の足で歩いて、気持ちよくおなかをすかせて、素朴な味を楽しむことができました。健脚ではない三人組に、その日は神様が夕立ちもない上天気をプレゼントしてくれました。

〈材料〉

・朝摘みのキュウリ
・穂高インゲン（モロッコインゲン？）
・みそ
・梅干し
・炊きたてのごはん
・ほうじ茶
・鳥の声、ときおり吹く緑色の風、道端で出会う小さな花

〈作り方〉

①ちょうど食べごろのキュウリとインゲンを摘んで、インゲンはゆでておきます。
②手に塩をつけて、炊きたてのごはんをキュッキュッとにぎります（梅干しを入れます）。
③ほうじ茶をいれ、さましてから水筒に入れます。
④みそも忘れないように。

薄荷水

7月20日

暑い日が続きます。

こんなに暑いのはここに来てはじめてのような気がします。クーラーも扇風機もありませんから、吹く風だけが頼りです。夕立ちにひと息つく毎日です。

日陰の薄荷のところへ行っては、さっと頭をなでて涼しい香りを吸い込みます。ペパー、スペア、アップル、ジンジャー、オーデコロン、ペニーロイヤルなど、いろいろな名と姿と香りを持つ薄荷が植えてありますが、いつの間にか庭でふえた日本の薄荷が、こんな暑い日には一番の香りです。

ハッカを薄荷と書くのが好きです。薄緑色と白色の混じったスーッとする魔法のような香りと味を、漢字は伝えてくれます。

小さな頃、家の近くの通りで、「二」の

つく日の夜に縁日がありました。浴衣を来て、下駄をカタコトいわせて暗い道を歩いていくと、いつもより明るい通りが見えはじめ、わくわくしたものでした。

薄荷パイプは夜店の香りです。首からぶらさげられるようにひものついたプラスティックのパイプに、お砂糖と薄荷の香りが閉じ込められています。

アメリカの小説や映画に、「コニーアイランド」が出てきます。仮設の夜の遊園地は、特に不思議な魅力に満ちています。子供たちや子供だった大人たちが大好きな場所です。そこにあるのは、ちょっとインチキくさい、安っぽい、でも何だかおもしろそうなものがいっぱい詰まっています。

そこだけポッカリと明るいお祭りや縁日の夜店は、大人になっても、心の中でキュンとする小さな夏の思い出です。

今年は「江戸川乱歩」がはやっています。涼しい木陰で薄荷水を飲みながら、子供の頃にドキドキして読んだ「乱歩」の怪しい不思議の世界に、もう一度浸るのも一興です。

〈材料〉
・薄荷の枝1束
・熱湯1ℓ
・グラニュー糖1カップ
・あればシナモンの棒½本

〈作り方〉

①耐熱のガラス瓶かステンレス、ホーローなどのポットに、ザクザク切った薄荷の枝を入れる。上から熱湯を注ぐ。

②熱いうちに砂糖を入れて溶かす。

③30分ほどおいてから漉す。

④新しい薄荷の枝を1本入れて、冷やしておく。

⑤たっぷりの氷を入れたグラスに、薄荷水を注ぎ、薄荷の枝を飾りにさす。

冷たいキュウリの炒め煮

7月27日

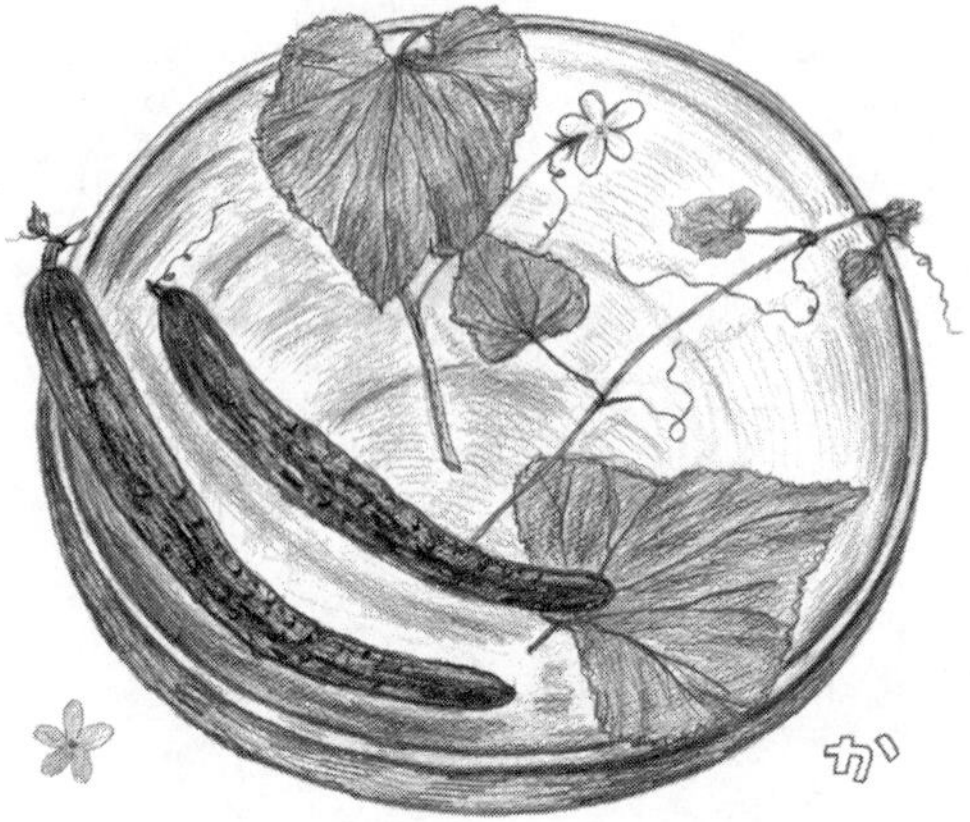

キュウリもズッキーニも、一日ごとに大きくなって大豊作です。
採れたてのキュウリはおいしいけれど、一日たつともう次のキュウリの出番です。古いキュウリは肩身の狭い思いをします。
肩身の狭いキュウリの利用法のひとつを考えました。火を通してあるので、たくさん食べられますし、おかずにもおつまみにもなります。
雨が降らないのに、キュウリはみずみずしくてえらい。私たちもみずみずしく、張りのある毎日を過ごしたいものです。水気たっぷりの冷たいキュウリの輪切りを顔にのせると、肌を引きしめるパックになります。輪切りで肌がツルツルになれば、高い化粧品はいりません。

キュウリ、マクワウリ、スイカ。「うり」は夏の匂いがします。私の祖母は、浴衣姿にたすき掛けで、木陰にたらいを出して洗濯をよくしていました。洗濯が終わると冷やしておいたキュウリを輪切りにして、キュウリもみを作っていました。ほんの少しせっけんの香りがするキュウリもみは、遠い夏の思い出のひとつです。

東京に日帰りで出かけました。私は山から都会へ行くので、途中ぐっすり眠って東京に近づくと目をさまして外を眺めます。

東京の沿線の暮らしを見るのが好きです。天気がよければ、ふとんや洗濯ものがいっぱい干してあって、干し方にも工夫があります。ベランダや庭にも愛されて育つ緑があります。

私が今、住んでいるところは、文句なく美しいところですが、文句のある都会にも、生き生きとした生活があります。場所や環境ではなくて、自分の居場所に風を通して、みずみずしいところになるよう、工夫することはできます。

東京の久しぶりの暑さは、懐かしいものでした。人の暮らしの見える、エネルギーのある東京の部分は好きです。帰るとまた、ざるいっぱいのキュウリが待っていました。


〈材料〉
・キュウリボウルいっぱい

・しょうゆ
・酒、みりん
・ごま油
・しょうが、ニンニク
・サラダ油

〈作り方〉
①なるべく一度に作っておきます。へたをとってどんどん輪切りにする。２〜３㎜がおいしい。
②ニンニクを薄切りにし、厚手の鍋に油をしいて炒める。
③輪切りのキュウリを入れてしんなりするまで炒めて、調味料を入れる。ごま油をたらしてしょうがの千切りを散らす。甘さは好みで。冷たくするとおいしい。

ズッキーニの七変化

8月3日

キュウリのあとは、ズッキーニの大豊作です。この天気でどんどん大きくなりました。

大好きな夏野菜です。うちのレストランでは、何にでもズッキーニが入ります。どれもほんとうにおいしい。

採れすぎると大事にしなくなりますが、大切に使ってほしい野菜です。かごに入れて摘みたてのズッキーニも売っていますから、大きさや色の違いをよく質問されます。緑色と黄色は品種が違います。どんと大きいのも、柔らかそうな小さいのも使い方しだいです。

今回は、ズッキーニがたくさん取れて困っている人と、いただいたけれどどうやって食べたらいいかと思っている人のためのレシピです。

このあたりで冷房設備のないレストランは、うちだけのようです。朝から大きなズッキーニをドスンドスンと切っていると、汗いっぱいです。お昼には、ズッキーニたっぷりのカレーができあがります。

ときおり吹く風が「サイドサラダ」。お客様には閉め切った涼しい部屋の空気より、緑の匂いのする風をたっぷり吸い込んでほしいから、冷房はいれません。健康な野菜料理を健康的に食べてほしいと思います。

——面倒なことは嫌いな人に

Ⓐそのまま棒状に切って、マヨネーズや塩などをつけて食べる。ちょっと甘めのみそマヨネーズが合います。

Ⓑ輪切りか半円に切って、ニンニク、オリーブオイルで炒めて塩、こしょうする。

Ⓒ縦半分に割って、溶けるチーズとパン粉を振りかけてオーブンで火が通るまで焼く。あつあつを塩とこしょうで食べる。

――簡単にできるお菓子の好きな人に

〈材料〉（パンケーキ）

・ズッキーニをすりおろして1カップ
・小麦粉1カップ
・卵2個
・ベーキングパウダー小さじ1
・塩ひとつまみ

〈作り方〉

全部さっくり混ぜてフライパンで焼く。メープルシロップ、蜂蜜、バターなどを塗って食べる。

――簡単な冷たいデザートの好きな人に

〈材料〉（アイスクリーム）

・ズッキーニをすりおろして½本
・ジャガイモをゆでて1個
・牛乳1カップ
・砂糖1カップ
・生クリーム大さじ3
・洋酒少々

〈作り方〉

ジャガイモはつぶして、材料をすべて混ぜて冷凍庫で冷やす。ときどきかき混ぜる。

―ほんの少し手間をかける人に

Ⓐフリッター

大きなものを輪切りにして、ビールか冷水に溶かした小麦粉をつけて揚げる。塩、こしょう、しょうが、しょうゆなどで食べる。

Ⓑラタトゥーユ

南仏の煮込み料理。ナスやピーマンなどをオリーブオイルとニンニクで炒めて、完熟した甘いトマトをザク切りにして入れて煮込み、塩、こしょうする。太陽いっぱいの元気メニューです。

Ⓒズッカヌー

アメリカの自然食レストランのメニューです。縦割りズッキーニの中をくりぬいて、ご飯と果肉と野菜で炒飯を作って詰めて、チーズをのせてオーブンで焼く。

※これだけ書いたらおなかいっぱいです。ぬか漬け、みそ漬けもできます。カレーの具にも合います。アイデアしだいの七変化です。

お米のサラダ

8月17日

暑い日が続きます。

この避暑地といわれるところでさえ、日中は何度「暑い！」という言葉を使うでしょうか。たんすの奥にずっとしまってあった涼しい夏服たちが、何年ぶりかに登場したほどです。

それでも、朝夕の気持ちのよい風や湿度の少ない過ごしやすさは、ちゃんと健在ですから「ここは天国」と、いらした方はホッとひと息つくのです。

暑い夏は香辛料のきいたエスニック料理が人気です。その土地の風土にあわせて考えられた料理は、健康的でおいしいメニューが多い。大騒ぎして手に入れたお米なのに、タイ米は残ってしまったそうです。タイの人たちがおいしいと思って大切に食べているお米です。日本食とは違う料理をすれば、おいしく食べられます。

サラサラしたカレースープやピラフは、このお米に合っています。香辛料は身体の調子を整えて食欲を増してくれます。このサラダも、これからお客様の多くなる季節に、話題の一品になります。火を使わない料理ですから涼しく、できあがりも冷たくしていただきます。

暑い日ゆえ、火を使わない「藍の生葉染め」もしました。藍の葉をミキサーで砕いて、お日様や水や空気の力を借りて、青く染め上げるのです。水不足のところには申し訳ないと思いつつ、キラキラ光る冷たい水を堪能しました。青い糸は風に吹かれてそよぎました。

草や穀物や野菜や水やお日様、私の両手にいっぱいの夏、どんなに暑くても、やっぱりありがとうです。

〈材料〉

・タイ米の炊いたもの
・ナス、キュウリ、ピーマン
・しょうが
・パイナップル（生か缶詰）
・ナッツ（カシューナッツ、ピーナッツ、アーモンド、松の実など何でも）
・ごま油、塩、こしょう、りんご酢、しょうゆ

〈作り方〉

①ご飯を炊いてさましておく。残りご飯でもよい。

②ナスは細かく切って水にさらしてから、塩でキュッキュッとよくもんで、水気をしぼる。キュウリも塩もみしておく。

③パイナップル、しょうが、ナッツも細かく刻んでおく。

④ピーマンも細かく刻む。

⑤ご飯と②、③をよく混ぜ、ごま油、塩、こしょう、りんご酢、しょうゆで味をつける。

⑥ピーマンを入れて混ぜる。

※ごま油、しょうゆは少なめに。ひげをとったモヤシやシシトウ、リンゴ、バナナなどもよく合います。大きなサラダボウルや大皿に盛るとごちそうです。香辛料は好みで、シナモン、コリアンダーなどを使って下さい。

いちばんおいしいスパゲティ

8月24日

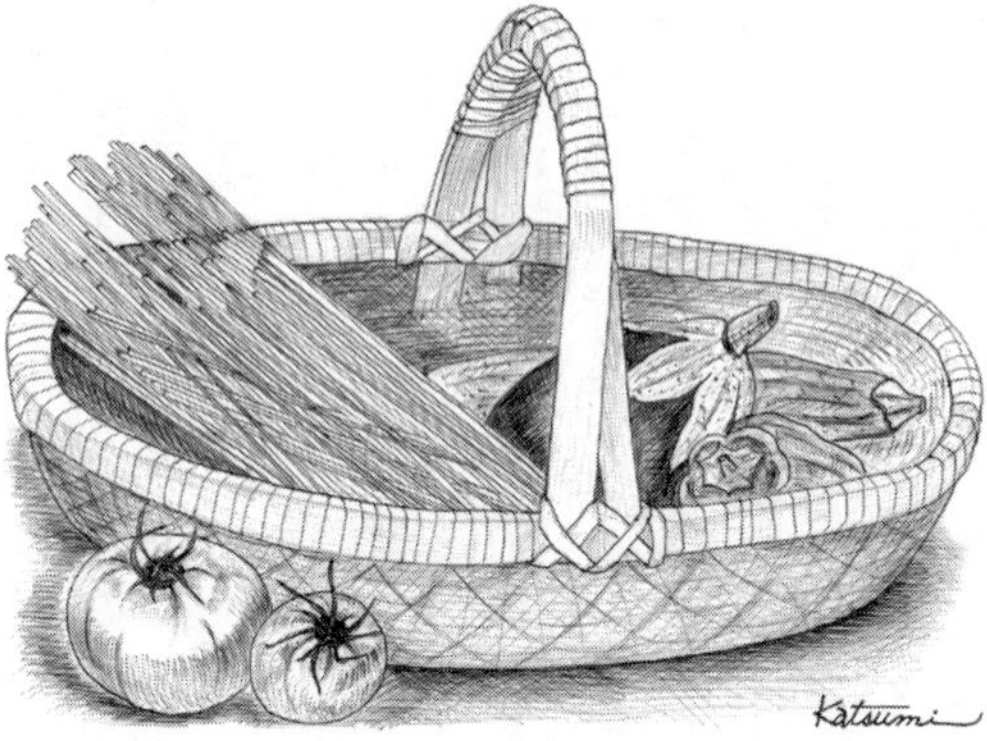

息子が帰省しています。湘南の藤沢から戻ってきましたから、この涼しさに改めてびっくりしています。満天の星空に感激し、冷たい水のおいしさを再認識しています。ほかで暮らしてみてわかることなのでしょう。

学生生活も二年目で、定食屋さんも近くにあって、料理の上手な友人もいるようですから、料理が苦手の彼の食生活も何とかなっているのでしょう。

大学の食堂の定食は「あたり」はないけど、「はずれ」がなければよかったと思うのだそうです。ナスの料理はナスそのものがおいしくなかったとか、シソとツナのスパゲティはけっこういけるとか、メニューの話をしてくれます。

それではと、たっぷりのシソの葉や、つやつやのナスやピーマン、熟れたトマトをふんだんに駆使して、母の腕は鳴るのです。「やっぱりおいしい!」。どのお皿もきれいになります。君の八〇%はここの野菜で育ったのだから、体も心もここの味が大好きなのはあたりまえ。

スパイス会社の営業の人が、新しく開発した業務用の調味料を持ってきました。アミノ酸、グルタミン酸などの表示はうまみ成分なのでしょうか。うちは野菜がおいしいから、こういうのは使わないといったら、「そうですね。野菜に『ちから』があるんですね。」と納得していました。「ちから」のある野菜、なかなかいい言葉です。

娘さんや息子さんに、お母さんのスパゲティ、こんなにおいしいんだぞと、洋風メニューはいかがですか。「ちから」のある野菜が応援してくれますから、特別おいしい。大勢で食べるのも特別おいしい。

おいしいおいしい夏休みです。

——青ジソとツナのスパゲティ

〈材料〉(4人分)

・スパゲティ400g
・ツナの缶詰2個
・青ジソ1束
・タマネギ½個
・バター大さじ1
・塩、こしょう

・固形スープ
・オリーブ油は好みの量

〈作り方〉

①みじん切りのタマネギをオリーブ油で炒める。
②ツナの缶詰を1にあけ、火を通す。
③②に1カップの水を入れ、固形スープ、塩、こしょう、しょうゆで味を整える。
④たっぷりのお湯に、塩ひとつまみとオリーブ油を小さじ1杯を入れてスパゲティを入れる。
⑤スパゲティをざるにあけ、熱いうちにバターを入れてよく混ぜておく。
⑥青ジソをみじん切りにする。
⑦あつあつのスパゲティにたっぷりの青ジソとツナのソースをかける。

―野菜たっぷりのミートソース

〈材料〉

・スパゲティ400g
・トマト大4個
・タマネギ½個
・ニンニク1かけ
・ナス2個
・ズッキーニ1本
・ピーマン2個
・合いびき肉400g
・トマトケチャップ

・固形スープ
・オリーブオイル
・塩、こしょう
・あればハーブ（オレガノ、バジル、ローズマリー、タイムなど）

〈作り方〉
①よく熟れたトマトをざく切りにする。
②ナスは輪切りにして水にさらす。
③ピーマン、タマネギ、ズッキーニ、ニンニクはみじん切り。
④なべにオリーブ油を入れ、ニンニク、②、③の野菜、ひき肉を入れて炒める。
⑤トマトを入れてふたをして、さらに炒める。
⑥水分が出たら調味料を入れる。なるべく野菜の水分を利用する。
※スパゲティソースは少し濃いめに作っておく。

素《す》コーン

8月31日

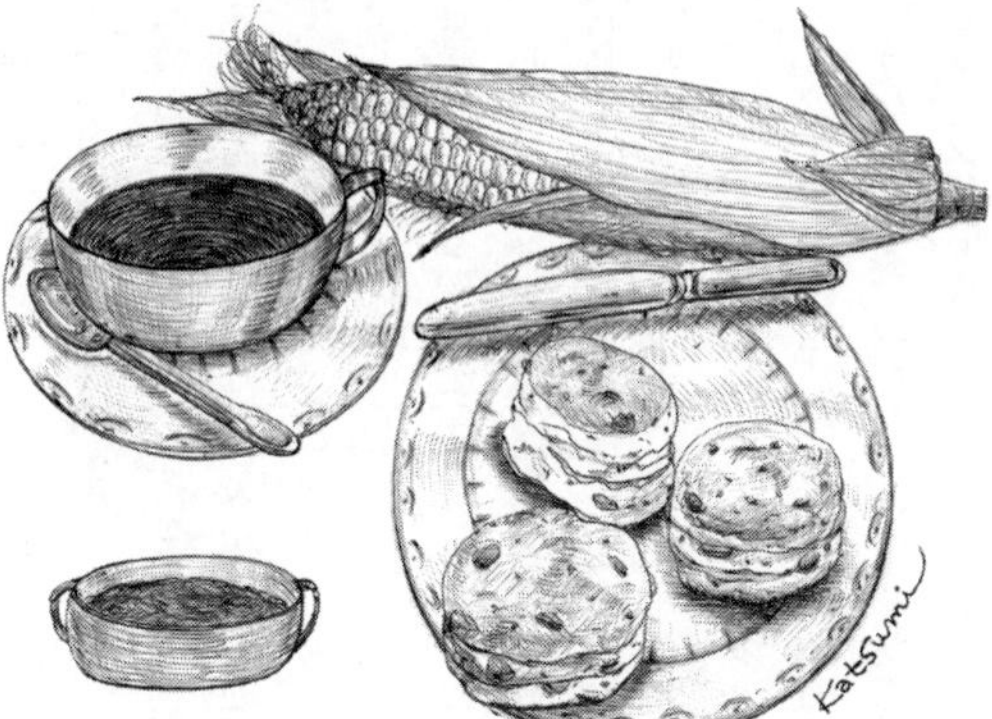

もうすぐ九月です。

今年の夏が残してくれたものは、たくさんあります。生ごみを埋めたところからは、メロンやカボチャ、インゲン、ジャガイモ、トマトまで、宝ものがザクザクです。

畑のバジルは、ペーストを作ったり、オリーブオイルに漬けこみました。トウモロコシも毎日ゆでて、実を冷凍にしました。八月の日付を入れて、「八月」をつめこみます。

スタッフの映子ちゃんが南インドで暮らした時、そこの人たちは、生でトウモロコシを食べていたそうです。食べたあとのトウモロコシが赤くなっているので、血を流しながら食べているとびっくりしたら、芯のところが赤いトウモロコシだったとか。

この「素コーン」は文字通りトウモロコシをいっぱい入れた焼き菓子です。たくさん採れるトウモロコシをいろいろ利用しようと考えて作りました。全体の生地が黄色で、黄色のつぶつぶが見えかくれして、チャーミングなお菓子です。

甘さやつけるものを変えれば、朝食、昼食、おやつ、夕食、どの場面でも似合います。材料も特別なものはないので、思い立ったらすぐ作れます。一本か二本ゆでたいときは、電子レンジが便利です。皮つきのまま、五分から十分加熱します。熱いので気をつけながら皮をむくと、ゆげをたてたトウモロコシが現れます。お試し下さい。

セージを摘みに畑に行ったら、二番咲きのラベンダーを両手いっぱい摘むことができました。高い青い空と、くっきりと輝く緑色の八ケ岳と、この思わぬ収穫に、八月のノートのしめくくりは、幸せで埋まりました。

〈材料〉

Ⓐ薄力粉350g、バター40g、塩ひとつまみ、重そう小さじ1、砂糖20g

Ⓑ牛乳100cc、卵1個、ゆでたトウモロコシ250g（1本～2本）

〈作り方〉

①ボウルにⒶを入れ、両手でこすりあわせるように粉とバターをよく混ぜる。

②ゆでたトウモロコシの実をはずして、

50gはそのまま、200gはフードプロセッサーで細かくする。

③①にⒷを入れ、よく混ぜる。

④③をまとめて、打ち粉をした上に置き、厚さ2㎝くらいにめん棒でのばして型を抜く。

⑤生地に粉を軽くまぶし、180℃のオーブンで、うっすらと小麦色になるまで約15分くらい焼く。

※スコーン型がなければ、ジュースの缶の上下を抜いたものや、包丁で四角や三角に切ったり、少し抜きにくいけれど、コップの口を使います。フードプロセッサーがなければ、包丁でみじん切りにします。

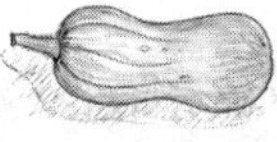

シソのペースト

9月7日

　ハーブ料理では、生のバジルの葉をペーストにして保存します。

　オリーブオイルやナッツ、ニンニクなどをいっしょにミキサーにかけるのですが、緑色の香り高いペーストは、便利でおいしいものです。ざるいっぱいのバジルが、台所中に香ります。

　生のバジルが手に入るようになる以前は、乾燥のバジルや青ジソを使った「スパゲティ・バジリコ」をよくみかけました。日本のシソもバジルと同じようにしてみたら、とてもおいしかったのです。

　赤ジソは油を酢に変えてみました。きれいな赤いペーストは重宝です。大根の角切りをあえたり、焼き肉のたれに加えたり、すし酢に使います。

青ジソは生の葉が一番おいしいけれど、こうすると、もう少し長く楽しめます。穂が出てきていても大丈夫です。葉も花穂も一緒に使います。

二年ほど前から、ハーブの小さなクラスを開いています。その中で一年間、月一回、東京から来るクラスが先週で終わりました。最後のコースは、春に植えたセージが葉を繁らせたので、刈りとってリトスを作りました。自分で摘んだ、テーブルいっぱいのセージで草の輪を作るのですが、たくさんの言葉や説明はいらないようです。深呼吸すると、セージの緑色の香りはため息が出るほどです。

取りたてのトウモロコシでスコーンを作って、庭でエダマメとメロンを収穫しておやつです。この一年で、全員お肌がピカピカです。このせいだけとは思わないけれど、ここに来るのを楽しみにして、ここではたっぷり食べて、たっぷり笑って、汗を流して、リフレッシュして帰っていきます。

青いトマト、赤いトマト、緑のクレソン、タンポポの黄色、ダイコンの白、ジャガイモの花の紫、目にはたっぷりの色彩の栄養、肌には冷たい雪や春風やいっぱいのお日様、時には雨のシャワー、時には土の感触、草の手ざわり、鼻が嗅いだパンの香ばしい匂い、ハーブの香り、森の中の土の匂い。体や心が弾んできます。

心や体のフットワークが軽くなって、お肌はきれいになったのです。

〈材料〉

・オリーブ油1カップ
・ニンニク2片
・カシューナッツ½カップ
・青ジソ2〜3カップ
・塩小さじ1

〈作り方〉

①ミキサーにすべての材料を入れて、よく混ぜる。
②空瓶を熱湯でよく洗ってから、口まで詰める。

※赤ジソのペーストは油を酢に変えます。あとは同じ。たくさん作る時は冷凍にしておく。

カボチャのサラダ

9月14日

今年もカボチャが豊作です。

ホクホクのカボチャではなくても、おいしく作れるサラダです。電子レンジがあれば簡単。小さなものは丸ごと、大きいのは半分にして、そのまま加熱します。レンジの能力やカボチャの質によって違いますから、竹串でときどき様子を見ながら熱を加えます。熱いのでやけどをしないように。

味の決め手はナッツです。クルミやカシューナッツ、アーモンド、ピーナッツなどを香ばしく炒って加えます。ベジタリアン料理のひとつですが、栄養満点という感じです。

以前、うちでコンサートをしたパンゲアの小馬崎さんのソロギターを清里の小さなホテルに聴きに行きました。CDの発売の宣伝をかねての演奏会です。午後九時からの小さなパブでのミニ演奏会は、十人ほどのお客様で満員です。開いたドアから冷たい空気が入ってきて、透明な心地よい時間がはじまりました。

下の息子が小馬崎さんにギターを教えてもらいたいというのが目的のひとつでしたが、私はビートルズの「ノルウェイの森」という曲に、二十三年も前に出会ったギタリストを思いおこしました。そのまますーっと若い頃の私に戻っていくようでした。

コンサートが終わって、小馬崎さんに弾いてごらんよと渡された高価なプロのギターにドキドキしながら、息子は大好きな曲を弾きました。彼の使っているギターは、三十年も前の父親のクラシックギターです。木製のそのギターは今もよい音を出すのですが、渡されたギターはまぶしいほどのピカピカです。緊張しながら弾いた曲は、きれいなやわらかな音で流れました。

時間があれば自分の部屋で練習していて、聴かせてというと、そのうちにねという曲をはじめてちゃんと聴きました。音楽を聴くのもいいけれど、音を生み出すのはもっと素敵なことのようです。息子を幸せな奴と思いました。

小馬崎さんは発酵しかけのパンを持ってきて、そのホテルで焼いてもらっていました。まきストーブの上に鍋を置いて焼いているパンを、今日は焼く時間がなかったのです。ホテルの玄関を飾っているカボチャも彼の作品で、たくさんとれたようとうれしそうでした。
作曲やギターは、ほとんど独学で、発酵しかけのパンを持ち歩いて、カボチャを作っているようなギターの先生にあえて、息子はさらに幸せな奴のようです。

〈材料〉
・カボチャ、タマネギ各1個
・セロリ½本
・ナッツ(ピーナッツ、カシューナッツ、アーモンドなどをどれかひとつ) 1カップ
・パセリのみじん切り½カップ
・酢、マヨネーズ、サラダ油
・塩、こしょう

〈作り方〉
①カボチャを丸ごと、または半分をそのまま電子レンジで加熱する。
②スプーンで種をとり除き、実を丁寧にくりぬく。
③タマネギはみじん切りにしてさらし、パセリ、セロリもみじん切り。
④ナッツは軽く炒ってみじん切り。
⑤ボウルにカボチャ、野菜、ナッツを入れ、塩、こしょう、酢、マヨネーズで味を付ける。
※皮も柔らかくなっていて、フードプロセッサーで細かくひいてペーストにすると、いろいろ使い道があります。ヒットはお砂糖を入れた緑色のあんでした。

秋の庭の花のサラダとオムレツ

9月21日

朝食の予約がありました。

うちは昼食が主で、朝食はメニューに入っていませんが、ときどきリクエストをいただきます。できるだけおもてなしをしようと庭に出ます。このごろは冷蔵庫を開けるのではなく、庭で考えます。

夏も盛りを過ぎても、なお花々は元気です。花のサラダを作ることにしました。ハーブも新しい柔らかい葉を出しています。オムレツに入れましょう。

野原には熟したトマトやメロンがなっています。採りたての野生の味がごちそうです。香りバラの赤い実と、青いドングリのついた枝をはし置きにしました。ジュースのグラスの下には、朝露にぬれた山ブドウの葉を敷きました。

ガラスの器に盛った花のサラダは、小さなお子さんたちが「きれい！」と特に喜んでくれました。オムレツは大人にはハーブ、お子さんには生クリームを入れて焼きました。私は「ホスピタリティ」という言葉が好きです。辞書の一番目には「親切にもてなすこと」と書いてあります。病院もホテルもこの語源からきているようです。

幸せそうな笑い声が聞こえる朝の食卓に、私たちもいい朝の時間をもらえたような気がしました。

――花のサラダ

〈材料〉

・ナスタチュームの花、ボリジの花、キンセンカの花、ヤグルマソウの花、チェリーセージの花

・レタス、洋ナシ、メロン

・フレンチドレッシング（サラダ油大さじ6、りんご酢大さじ2、蜂蜜小さじ1〜2、塩、こしょう）

〈作り方〉

①花はさっと洗って水気をふいておく。レタスは冷たい水に入れ、パリっとさせておく。

②メロンやナシは皮をむいてサイコロ大

に切って塩水で洗う。そのまま食べるには甘みが足りないものも使えます。
③フレンチドレッシングを作る。
④サラダボウルにレタスをちぎって入れ、フルーツをちらし、花も花弁をはずしてパラパラとちらす。
⑤食べる直前にドレッシングをかけてもう一度花をちらす。

—オムレツ

〈材料〉(2人分)
・卵3個、牛乳
・パセリ、マジョラムなどハーブ少々
・サラダ油
・バター
・塩、こしょう
・白ワイン
・トマト中1個

〈作り方〉
①トマトを輪切りにして、なべに入れ中火で煮る。水分が出てきたら軽く塩、こしょうしておく。
②卵を割りよく溶いて牛乳を少々入れて塩こしょうする。ハーブは細かく刻んで入れる。
③フライパンを熱して油をしき、卵を流し込む。中央をかきまぜながら手前によせてオムレツの形を作る。
④最後に白ワインをふりかけて、火を止

めてからバターをひと切れ入れる。
⑤あつあつのオムレツに①のトマトソースをのせてできあがり。

※白ワインのかわりにシェリー酒やブランデーでもいい。ヤグルマソウやキンセンカもハーブです。うちではパンやクッキー、ごはんの中にも入れます。

ナスバーガー

9月28日

「あと三カ月でお正月」と、スタッフのだれかが気づきました。

夏が終わったばかりと思っていたのに、考えるとほんとうにそうです。最初の霜がくる前に、掘りあげたり、刈りとったりしなければならないハーブがたくさんあります。

そのハーブたちの冬の間の住みかのビニールハウスの中の大きな穴は、だいたい掘りおわりました。ビニールのふたをした「室《むろ》」は、零度以下になることもなく、適当な湿度でそれは快適なのです。トマト、ピーマン、夏の野菜ともお別れです。ピーマンは種をとって、刻んで冷凍します。こうしておくと凍ったまま取り出して、パラパラ使えますから、とても便利です。お試し下さい。

よく熟れた最後のトマトや秋ナスでナスバーガーを作りました。秋ナスはどう料理してもおいしいけれど、この組み合わせも抜群のおいしさです。

輪切りのナスをフライにして、あつあつをパンにはさんで食べます。最後のシソの葉もはさみます。市販のソースもトマトを煮て入れるとずっとおいしくなります。「夏のおわり」と「秋」をガブッと食べると元気がでてきます。

夏のおわりにとてもいいことがありました。一日に三回も虹を見ました。そのうえ、二回目はダブルの虹だったのです。はじからはじまで見える大きな大きな虹でした。

その日は朝から雨で、庭の見学の方たちがたくさんいらしたのですが、雨はやみません。雨の庭のハーブの香りも素敵、とにかく庭に出ましょうと、傘をさして外に出ました。そのうち雨がやんで、ベランダの方がザワザワしています。虹が出ていると教えてくれました。

庭にいた人たちが全員、空を見上げているところは何だか不思議な光景です。そのさきに虹があるのですから、かわいらしい風景でもあります。全員が幸せな気分になりました。

それなのにその後、二回も虹が出たのです。こんなことは生まれて初めてでした。「虹のおすそわけ」といって、何枚かはがきを出しました。「おすそわけありがとう」

と返事をもらいました。はかない虹をさらに何度も何度も楽しませてもらったような気持ちでした。

〈材料〉

- ナス（大きなもの）
- パン粉、小麦粉
- 卵
- トマト
- ウスターソース
- シソの葉
- スライスチーズ
- ハンバーガー用のパン、ロールパン、角切りのパンなど

〈作り方〉

①ナスは1㎝弱の輪切りにして、水にさらす。
②よく水気をふいて、小麦粉、卵、パン粉をつけてカラッと揚げる。
③熟したトマトをざく切りにして火にかける。煮えてきたら既製のソースを加えて、少し煮つめる。
④パンを温めてバターをぬり、揚げたナス、チーズ、シソの葉を重ねソースをかけてはさむ。

電気がまで炊く雑穀ごはん

10月5日

今使っている電気がまは三代目です。「デンキガマ」って今でもいうかしらとみんなに聞きました。「電子炊飯ジャー」のご時勢ですが、大丈夫、知っていました。結婚した時にすでにあったシンプルな電気がまは、この長野に一緒にやってきました。なんの飾りもない、ご飯を炊くだけのもので長い間活躍しましたが、ついにこわれました。

息子たちが大きくなって、お弁当もいる頃だったので、大きな保温のできる炊飯器になりました。一年ほど前にそれもこわれ、補修のできない状態だったので、買いかえました。二人目の息子も、もうすぐ出ていきます。家族が少なくなって、小さなお釜でよくなりました。

「電気がま」が壊れた時は、厚いお鍋でご飯を炊きました。けっこうおいしく炊けるものですが、タイマーのついたジャーはやはり便利です。圧力釜で玄米もよく炊くのですが、ただいま部品がひとつ壊れていて休業中です。

秋は、かみしめて食べるご飯がおいしい。ごま塩をかけるとさらにおいしい。台所のガラス瓶に、アワ、モチキビ、押し麦、玄米を入れてあります。白米に混ぜて、電気釜で炊きました。小豆も少し固めに水煮しておくと便利です。大さじ二杯ほど入れます。きのこ汁と、栗やサツマイモも入れた秋のご飯、いいですね。心も体も喜びそうです。

とても良い本に出会えました。「沈黙の春」を書いたレイチェル・カーソンの「センス・オブ・ワンダー」です。帯に「最後のメッセージ」と書いてあります。

海洋学者のレイチェルが、一歳八カ月の甥のロジャーと自然の中で過ごす日々に思ったことをつづったものです。ロジャーを抱いて夜の海辺に出たり、よちよち歩きの彼と森の中を歩き、雨にぬれて、小鳥や虫の声を聞いて、小さな動物や植物を見つけて、二人で感動します。

「もしもわたしが、すべての子供の成長を見守る善良な妖精に話しかける力をもっているとしたら、世界中の子どもに、生涯消えることのない「センス・オブ・ワンダー（神秘さや不思議さに目をみはる感性）を授けてほしいと頼むでしょう」と書いてあります。私たちの多くは大人になる前に澄みきった洞察力や、美しいもの、畏敬すべきものへの直感力を」鈍らせ、まったく失ってしまうからです。

スタッフが二人新しい旅立ちをします。ここで暮らした毎日は、ロジャーとレイチェルの日々だったことを願わずにはいられません。これからは電気釜が大きくなったり、小さくなったりするでしょう。

元気でセンス・オブ・ワンダーを持ち続けて下さいと心から思います。

〈材料〉
・白米1.5合
・玄米、押し麦、モチキビ併せて0.5合
・小豆大さじ2

〈作り方〉
①時間のある時に小豆を1合くらい水煮しておく。固めでいい。
②米、その他を入れ、といでから小豆を入れ、水加減をする。白米だけの時より少し多め。

※私は玄米炊き込みご飯用のプログラムの炊き方で炊いています。

ポテトチョコレートケーキ

10月12日

初霜のくる前に、庭の耐寒性のないハーブたちを移さなければなりません。
一年たつと、根もさらにしっかり張っています。ひとまわりもふたまわりも大きくなった植物は移動も大変ですが、赤とんぼが飛びかう青空の下の作業はスタッフはだれもが好きです。
ヤマイモのつるにムカゴができていました。栗といっしょにご飯に入れました。ヤマイモも掘りあげて、ゆずしょうゆとのりをかけてお客様に出しました。つるのついたヤマイモも大皿の脇に飾りました。ジコボウとサトイモのおつゆにムカゴと栗のご飯、よく似合いました。ホクホクのジャガイモもふかしました。
十月はホクホクした月です。お誕生日の

ケーキにジャガイモの入ったケーキをもらいました。それがこのポテトチョコレートケーキです。

スタッフの千春ちゃんが初めて買ったオーブンで初めて焼いたケーキです。とてもおいしかったし、材料も特別ではなくて簡単なのでご紹介します。オーストラリアのお菓子の本から選んだのだそうです。

今年も私の誕生日を若いスタッフがお祝いしてくれました。大きなかごいっぱいのプレゼントです。手作りのクッキーや手さげ袋、花束や鉢植え、スノードロップ、ヒヤシンス、白いチューリップの球根、ドングリや栗、自家製のリンゴやキウイ、野菜、ローズマリーやバニラグラスの束、かわいい雑貨。

それぞれが、無理のない自分の範囲で工夫してくれたプレゼントだから余計にうれしいのです。ひとつひとつのラッピングのアイデアもお見せしたいくらいでした。相手のことを考えて贈るプレゼントは、輝いて見えることがよくわかります。

自分の生まれた月が、クリやクルミ、ジャガイモやカボチャ、お米から赤い野イバラの実まで、たくさんの「実り」を大地がプレゼントしてくれる十月であることが、あらためてうれしく思いました。


〈材料〉
・バター100g
・砂糖⅓から¼カップ

・卵2個
・ジャガイモ1個
・薄力粉1と¼カップ
・ココア大さじ3
・ベーキングパウダー小さじ1と½
・牛乳¼カップ

〈作り方〉
①バターを室温でやわらかくする。
②ジャガイモをゆでてつぶしておく。
③バターに砂糖を入れよく混ぜ、卵、ジャガイモ、粉、ベーキングパウダー、ココアと順に入れていく。粉、ベーキングパウダー、ココアはざるなどで軽くふるっていれる。ジャガイモの水分によって、量を調節しながら牛乳を入れる。
④型に流し入れて、180℃のオーブンで約40分焼く。

カボチャの簡単グラタン

10月19日

うちの「男たち」は、カボチャの煮物が得意ではありません。

私は食べたくなると、大鉢いっぱい作ってしまうのですが、密閉容器に移しかえ、冷蔵庫と食卓を往復する毎日になります。レストランで評判のよかった「カボチャのグラタン」を家庭で作ってみました。もちろん「カボチャの煮物」を使います。

調理時間も短くおいしいので、中の具によって朝食にも夕食にもなります。昨日、あまり進まなかったものが、これおいしいねと今日、食べてくれるとニヤリとするのです。

スタッフのひとりが結婚して新潟に行くことになりました。彼女が私の撮ったイギリスのスライドを見たいというので、ほんとうに久しぶりにスライド大会をしました。スライドのよいところは、大きな画面にその時の光が色とともに再現されることです。

ボランティアの年配の女性が、香りの花束を作っているところや、お総菜屋さんのおいしそうな盛りつけや、八百屋さんの店先に並んだ洋ナシやジャガイモが、香りと共によみがえってきます。

バースという町の小さなレストランは、素顔と笑顔のきれいな元気のよい女の子たちが働いていて、キッチンもフロアもとてもさわやかでした。入り口のショーウィンドウには、山盛りのパンやビスケットの中に「テディーズ」と書いた、クマの大きなビスケットがありました。夜になって店が閉まると、そのショーウィンドウには、そのお菓子のクマが一列に並んで飾られます。そのかわいさったらありません。夜もう一度、散歩に出かけて見ることができたのです。

静止した画面をゆっくり見ると、その時は気のつかなかったものが見えます。どれも楽しい旅であったとあらためて思います。

スタッフの若い人たちはほとんど、海外旅行の経験があります。留学した人もいます。アメリカ、カナダ、イギリス、オーストラリア、インド、インドネシア、世界がとっても身近です。私がはじめて外国に行ったのは、四十歳の時です。子供の手が少しはなれて実現しました。行くたびにわくわくします。若い人と同じように、好奇心いっぱいの自分を見つけてうれしくなります。

〈材料〉（２人分）

- カボチャの煮物２〜３個
- タマネギ¼個、ニンジン¼本
- シメジ½パック
- サラダ油少々
- バター大さじ１〜２
- 小麦粉大さじ１
- 塩、こしょう
- 牛乳½カップ
- 溶けるチーズ１カップ
- パセリなど

〈作り方〉

①タマネギ、ニンジンはみじん切り。シメジはざく切り。カボチャはさいころ大に切る。

②厚手の鍋にサラダ油を入れ、ニンジン、シメジ、タマネギをよく炒める。

③②に塩、こしょうし、火を弱めてバターを入れ、溶けたところに小麦粉を入れ、軽く混ぜる。火を止めて牛乳を入れ、「だま」にならないように混ぜる。

④器にバターをうすく塗って③を流し入れ、カボチャをその中に入れる。チーズを上からたっぷりとかけ、200℃のオーブンでチーズの表面が軽くキツネ色になるまで焼く。

※朝食には、まんなかをあけて卵を落とし、チーズをかけて焼くとよい。他にハムやソーセージ、鶏肉、ひき肉などを入れるとたっぷりの一品になります。

変わりものプリン

10月26日

市販のお菓子が底をついたので、久しぶりにおやつを作りました。アップルパイとプリンです。

プリンはちょっと工夫をしてみました。チョコレート味のコーンフレークスと、缶詰のモモを半分加えました。息子が一人になって、コーンフレークスも大箱はなかなか減りません。チョコレート味なので、フライの衣には不向きです。それで入れてみました。モモも缶詰をあけた残りの分です。

できあがりはというと、シンプルな普通のプリンは「いつもおいしい味」だけれど、これはザラリとした変わりものです。まず一日目にアップルパイ、次の日にこのプリンの登場としました。二つは甘すぎるし、アップルパイの勝ちになるといけないからです。こんな風に書くと作る気になりませんよね。でも作ってみて下さい。ちゃんとおいしいから。

　九月に採ったホップが乾きました。安眠枕を作ります。ラベンダー、カモミール、マジョラムと組みあわせるとなかなかいいのです。

　あるハーブ教室では、絹のスカーフの染色をしました。ホップ、オーデコロンミント、染色用キンケイギク、フェンネル、パセリ、ラベンダーの葉とタチアオイの花、湯気を立てて六色が染まって、大成功とわかるとみんな拍手をしてくれました。どれも本当に柔らかい優しい自然色でした。

　お誕生日にいただいたローズマリーの花束を水にさしておいたら、根がでました。


かさかさと落葉を踏んで、木もれ日の中で鉢に移しました。ふんわりと暖かい秋の日差しと林の中の色たち。目や体に柔らかいシャワーになって降り注ぎます。

　ビデオで見たカナダの映画「森の中の淑女たち」は、森の中でバスが故障して数日を森と草原で過ごす七十歳から八十歳のおばあさんたちのお話です。淡々と進んでいく景色と八人の老婦人がとても美しく見えました。

　映画の季節は夏でしたが、女性たちは秋の輝きを持っていました。「ひと」の成熟の時と季節の秋、どちらも素晴らしいひときと思いました。

※キャラメルソースはお好みで。

〈材料〉
・卵4個
・牛乳2カップ
・砂糖大さじ3
・コーンフレークス1カップ
・缶詰のモモ½個

〈作り方〉
①牛乳にコーンフレークスを浸しておく。砂糖を入れる。
②コーンフレークスが柔らかくなったら、モモも刻んで2〜3回にわけて、フードプロセッサーかミキサーで混ぜる。
③型にバターを塗って、②を流し入れる。
④蒸し器に入れて20〜40分弱火で蒸す。

手羽もとのことこと煮

11月2日

大鉢いっぱいの鶏肉料理なんて、ほんとうに久しぶりです。家に若い人が集まるので作りました。

生協から1週間に1度届く材料のストックで作る料理は、いつも「簡単でおいしい」がポイントです。まれに「おいしい」がはずれることもあって、そんな時は息子にがっかりされます。

大阪出身のスタッフの本場のお好み焼きをメインに、持ちよってくれたお総菜でテーブルはいっぱいになって豪華なものです。この鶏肉料理は特別なことはしていないけれど、息子たちが小さな頃、喜んで食べてくれたものですから、今でも若い人たちに人気の一品でした。

スタッフのみんなが大好きな、かやぶき

屋根のパン屋さんがあります。清潔な広い台所には大きな明るい窓があって、四季が見えます。おしゃれにしているのではなくて、生きた台所です。

店のコーナーには、不用品の服や本、雑貨が十円とか百円とかで売っています。無香料のせっけんや、ビワの葉の化粧水もあったりします。

オーナーは信仰を持った年配の女性で、時を重ねて気持ちのいい場所を作ってきたことが、そこに行くとよくわかります。見かけのよい、おしゃれな店はたくさんできているけれど、私もこういう店が好きです。

人生の先輩に、こんなふうに暮らしと仕事を平行して過ごしているのを見せてもらうとうれしくなります。苦労はいろいろあったかもしれないけれど、目に見えるものは、清々しい。「これが本当のかっこよさというものよ」とつい若いスタッフに言ってしまうのです。

一本、スジが通って気持ちがいい。パンにも「安心して食べられる」というスジも通っているのですが、何よりも、ふっくらとしっかりと滋味のある、それはおいしいパンなのです。

〈材料〉
・手羽もと10本
・ニンニク2片
・しょうが2片
・しょうゆ½カップ

・酒¼カップ
・サラダ油少々

〈作り方〉
①ボウルにすりおろしたニンニク、しょうが、しょうゆ、酒を入れて、手羽もとによくからめて一晩おく。時々、上下を返す。
②厚手の鍋に油をしき、こんがりと表面を焼いてから、ふたをして弱火でことこと煮る。ときどきころがして、中に火が通るまで煮る。最後につけ汁を入れて火を通す。

「みみ」のおやつ

11月9日

小淵沢方面の街道沿いに、神主が本職のご主人が打つ自慢のうどん屋さんがあります。

おいしいと聞いて出かけました。うどんもよかったのですが、うわさの「みみ」が気になりました。

手打ちうどんには「みみ」が出ます。ある芸術家の困窮状態の折りに、彼を救ったのが「みみ」であるとか、ラザニアなどパスタ料理は絶品であるとかいう「みみ」のうわさをスタッフが伝え聞いたのです。

気持ちよくたくさん下さった「みみ」は忙しさの中で、乾めんになりつつ四日を経て、やっと調理できました。もう二十五年も使っている黒光りのする大きなフライパンで、焼きうどんを作りました。お客様の少なくなる秋から春まで、「フライパンおやつ」は、スタッフの人気者です。おしょうゆジュージュー。バターもジュッ!。フライパンのまま、どすんとテーブルにのせてみんなでいただきます。

パンの「みみ」の干してからカリッと揚げてお砂糖をまぶしたものは、小さな頃のおいしいおやつのひとつでした。その頃の自家製の揚げ菓子はいつも新聞紙の上に山盛りでした。野菜も果物も皮や「はじっこ」、「みみ」のところはおいしいものです。

夕食をすませて、そのままこたつで寝てしまいました。テーブルの上には、この原稿用紙や生協の注文用紙まで散乱したままです。家族が何度か起こしてくれたようですが、また夢の中。小鳥の声と朝の光の中でやっと目がさめました。体のあちこちが痛いけれど、しーんとした家の中で、朝風呂に入ったらすっきりしました。窓ごしに見る朝の林の美しいこと。朝食作りやお弁当作りの始まる前のひととき。これも「みみ」でした。とってもおいしい時間だったのです。

〈材料〉

- うどんのみみ
- たっぷりの長ネギ
- 青菜
- ニンニク1片
- しょうゆ、バター
- サラダ油、ごま油

・七味唐辛子

〈作り方〉

①たっぷりのお湯で「みみ」をゆで、冷水でよく洗い、ざるにあげる。

②長ネギをななめザク切り、ニンニクをみじん切りにする。

③青菜もザク切り。

④中華鍋かフライパンを熱したところに、サラダ油をいれ、ニンニクをこんがりと炒める。

⑤長ネギを入れ、さらに強火で炒めたところに水気を切ったうどんを入れる。

⑥ごま油を入れてさらに炒める。

⑦しょうゆをジューッとまわりからかけて、バターを入れ、はじがこげるくらいまで焼く。

⑧あつあつに、好みで七味唐辛子を振って、ふーふー食べる。

※単純な材料でほんとうにおいしい。「みみ」ではなくても、うどんおそばも、もちろんおいしく食べられます。

サラダ風即席漬け

11月16日

風邪をひきました。
夜になってゾクゾク寒気がしました。翌日は大切な約束があったので、早く休んで早起きをして、気持ちをふるいおこしてはみたものの、微熱があって体がだるく元気が出ません。
申し訳なく思いながら、ことわりの電話を入れました。定休日でしたので、覚悟を決めてもう一度寝ました。息子の朝食を用意して、お弁当は今日はなしということで、なるべくゆっくりすることにしました。
日のあたる庭を眺めていると、大きな一本の木から、たくさんのキラキラ光る細い糸が流れて見えました。目を凝らしてみると、クモの糸のようです。流れる糸の先はよく見えませんが、隣の木とは五メートルも離れています。

庭に出て、木を見上げてみるのですが、存在がはっきりしません。もう一度、もとの場所に戻って眺めると、風に吹かれて金色の糸が何本も流れてみえます。

窓際の椅子に座って、暖かいお湯の中に「香り」を入れて「足浴」をしました。タイムを入れたボウルに熱湯を注いで、湯気を喉の奥まで吸い込みました。温かい薬草茶を飲んでぼんやりしていたら、ずっと気分がよくなったようです。

台所に立って、このさっぱりした即席漬けを作りました。パリパリと野菜をいっぱい食べたくなったのです。すっぱいものの得意ではない主人も、晩酌のお供に、鉢いっぱいのこの即席漬けを食べていましたから、おいしかったのでしょう。

この日は約束をした友人たちに申し訳なかったのですが、「少しおやすみしなさい」と神様がくれた一日の中には、金色のキラキラ光る無数の美しい糸と、思い出したように降る落葉と林の中で遊ぶ小鳥と、このお漬けものが入っていたのでした。


〈材料〉
・カブ、ニンジン、大根、キャベツ、野沢菜、白菜など
・しょうが
・ミカン
・蜂蜜
・塩

〈作り方〉

①カブは薄切り、ニンジンは千切り、大根、キャベツ、白菜、野沢菜はザク切りにして軽く塩をふっておく。

②ミカンの果汁を絞ってボウルに入れ、蜂蜜を少量入れ、よく溶かす。塩を入れて味を整える。

③①の野菜を軽く水気を絞って②の液に入れ、よく混ぜる。

④さらに塩を加減して好みの味にする。

⑤半日から食べられます。

※漬け汁はミカン2個、蜂蜜小さじ½、適量の塩が目安です。野菜の量で増減して下さい。

フルーツティー

11月23日

頼んでおいた洋ナシが届きました。

クルミも渋ガキも大根もアトリエいっぱいです。大きなざるや段ボールに山盛りの「秋の幸」です。

渋いカキは焼酎につけて「さわし」ました。少しだけ干しガキも作りました。ダイコンは太めに切って切り干しを作りました。伊那の友人が、「甘いカキ」とわざわざ段ボールに大きく書いて、まるまるとしたカキを送ってくれました。

霜の降りる前に大きな枝ごと抜いて、持ってきてくれたヨウシュヤマゴボウの実で染色をしました。食用にはなりませんが、この植物は、ピジョンベリー（ハトのイチゴ）、ベアーズグレープ（クマのブドウ）というかわいい名前もついています。

「大きな森の小さな家」という本に出てくるローラが持っている、トウモロコシの芯のお人形の口びるを染めた「インクプラント」もこの植物です。

煮汁は真っ赤で、それはきれいな色が出るのですが、退色も早い色素です。それでも、一年に一度は染めたくなる「クマさんのブドウ」なのです。

別荘地に永住している絵描きさんのお宅を訪ねました。庭で無農薬、有機農法で野菜を作って三年目の今年は大豊作。おいしい野菜がどっさりとれたのだそうです。

見せていただいた絵の一枚は自作の野菜の絵でした。種から育てて味も知っている美しい色彩の愛しい野菜たちの姿は、素直な、気持ちのいい絵になっていました。

蜂蜜や日本酒に漬けこまれたハーブの葉や、花の瓶漬け。庭には手製のビニールハウスとこの夏に活躍したパッチワークの畑たち。別荘と思って手に入れた家だけれど、東京に帰る理由がなくなったと話す彼女の部屋も庭もがんばっていなくて、いごこちがよかったのです。

今日も気持ちのいい一日でした。ガラスのポットに果物とハーブと紅茶の葉を入れて、しばらく待ちます。甘くさわやかなフルーツの香りが湯気と一緒に立ちのぼります。魂がここちよい香りのお風呂に入ったみたいです。

〈材料〉（2人分）
・洋ナシ¼個
・リンゴ¼個
・あればハーブ（レモンバーベナ、レモンバーム、ミントの葉2枚、レモンタイム1枝のいずれか1種類）
・紅茶の葉小さじ2

〈作り方〉
①ポットを温めておく。
②果物はよく洗って皮ごと薄切りにする。
③紅茶の葉、切った果物、ハーブを入れて熱湯を注ぐ。
④そのまま蒸らして4～5分おく。

パブリックフットパスとシチュー

11月30日

英国のパブリックフットパスをご存じですか。

昔から人が通っているために通行権の生じた私有地の歩道で、「パブリックフットパス」という標識があると、牧場、畑、ゴルフ場の中など、道の形をしていなくても通ることができる、なかなかすぐれものの小道なのだそうです。

版画家の野村好美さんが、ご主人の夏の短期留学のおりに、この「道」を歩いたときのスケッチが本になりました。できたてのホヤホヤの湯気のたった本をご自分で運んで下さいました。それからしばらくして、「読んだ？」と間をおいて、何度か聞かれました。いつも答えは「うん、今、読んでる」です。

字はびっしり、スケッチもたくさん、中身がいっぱいの本です。地図、泊まった宿、食べもののこと、イヌ、ネコ、ウマ、ヒツジ、ウシはもちろん、カワウソまで出てくる。動物、樹木も草も花も野生のベリーもふんだん。ご主人の「教授」とそのまわりの英国人もひと筋縄では行きません。

この本は歩くように読む本であると気づきました。サラサッサと駆け足で読む本ではなかったのです。仕事のひと段落したとき、家事のあいまに、私は「パブリックフットパス」を歩き、ヒツジやヒースの花やイラクサに出会ったり、パブでひと休みして、熱い紅茶をすすったり、みごとな冷え具合のビールで喉をうるおしたりする幸せを味わいました。

台所付きのコテージに帰って作る料理のひとつにアイリッシュシチューがあります。風に吹かれてたくさん歩いてきたら、きっとおいしいに違いないシチューです。

本を閉じてみわたすと、私のまわりはもう初冬。ありあわせの材料でシチューを作りました。アイリッシュシチューは、ヒツジの肉を使うのですが、牛肉を使いました。材料をそろえて作るシチューではなく、さくさくと歩いて気持ちよく疲れて家に帰ったときに食べるシチューは、簡単で素朴がいいと思うのです。たくさんのおいしい「材料」は歩いている間に、体にたっぷり浸みこんでいるからです。

「気分は羊、英国の旅」、河出書房から出ています。二千八百円は衝動買いの本ではありませんから、人間、植物、動物、食べもの、歩くこと、ニヤリとするユーモア、そして英国が好きな人におすすめします。

「読んだ?」と聞かれたら、「今、読んでる」という本です。

〈材料〉

・牛肉

・ジャガイモ、ニンジン、タマネギ、長ネギ、シメジ、シイタケ、サツマイモ、長イモ、ハクサイ、キャベツなど

・月桂樹の葉1枚

・パセリ数本

・あればタイムの小枝1本

・塩、こしょう、バター

〈作り方〉

①鍋にバターを入れ、タマネギと牛肉を炒める。

②なるべく大きく切った野菜を鍋に入れ、月桂樹の葉、パセリの茎、タイムの枝を入れ、コトコト煮る。

③野菜が煮えたら、塩、こしょうで味を整える。

④スープ皿に盛ってから、刻みパセリをちらし、サイコロ大のバターをのせる。

※野菜は何でもありあわせでいいが、タマネギ、ニンジン、ジャガイモは入っていた方がおいしい。

いりことパセリのかき揚げ

12月7日

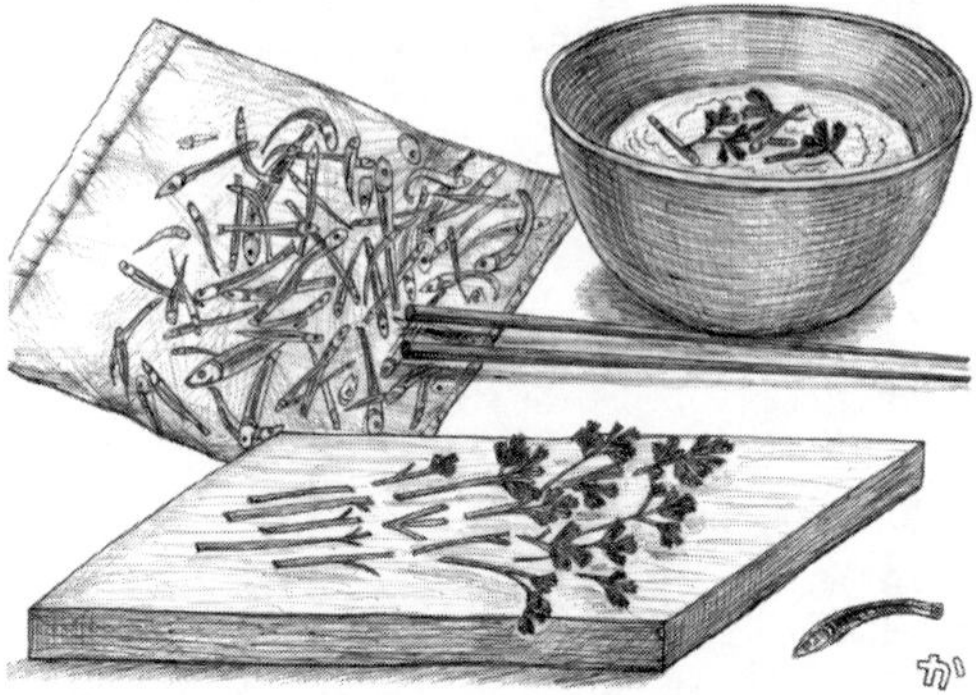

十一月になると、段ボールにぎっしりの銀色の「いりこ」が送られてきます。

唐津から主人の友人が、毎年送ってくれる天日干しのいりこは、ひと味もふた味も違って、そのまま食べてもおいしい「海の小さな幸」です。

もと経団連の会長の土光さんから、いつも注文のあったいりこだそうで、質素な食事を常としていた人らしい選択と思いました。「土光さんが食べていたいりこ」というう輝かしいキャッチフレーズも、「土光さんてだれ？」という若い人には通じませんが。

このいりことパセリのかき揚げは栄養たっぷり。ホウレンソウではないけれど、「ポパイの元気」が出てきそうなお総菜です。東京では、飾りのようなパセリも、ここではごま和え、お浸しと濃い緑のおいしい野菜です。

「いりこ」を広辞苑でひくと、「小さな雑《ざ》魚《こ》を炒ったもの、いりじゃこ、いりぼし」と出ています。「じゃこ」をひくと、雑魚とありました。何気なく使っている言葉も辞書をひくとよくわかります。うちではよく辞書をひくので、ぶ厚い広辞苑は手に届くところにおいてあります。

この広辞苑の編者、新村出《しんむらいずる》さんのお孫さんは、二人とも園芸関係の仕事をしています。お姉様の峰子さんには、諏訪中央病院のハーブガーデンの設計をお願いしたことがあります。オランダ、イギリスで研修したあとの、フリーランスになって最初の公共の仕事でした。彼女にいただいたひと株のイギリスのタイム「アニーホール」は、今は香りのじゅうたんになって畑や庭に広がっています。

妹さんのみどりさんは、園芸療法の実践と研究をなさっています。園芸療法は、ホーティカルチュラル・セラピーといって、植物を育てることを通して、体や心を治療する方法です。

園芸関係の仕事をしながら、福祉の勉強をしていると紹介されたときは、まだ若いお嬢さんでしたが、アメリカに留学して、夢を実現した今は三十一歳のたくましいお母さんになっていました。

「園芸療法士は一生が勉強の連続です。認定された資格を持つことにより、そのことが大切」というみどりさんに、多くの人が癒されることでしょう。

「園芸」というフィールドに、自分の夢を丁寧に育てているお二人を頼もしく思い拍手を送ります。

〈材料〉

・パセリたっぷり、いりこ

・小麦粉、水

〈作り方〉

①パセリをよく洗って、ザクザク大きめに切る。

②冷水で粉をといて、いりことパセリを軽くまぜ、油で揚げる。

※単純に、じゅっとおしょうゆをかけるか、塩をふりかけるのがおいしい。

香ばしい玄米の茶がゆ

12月14日

三日ほど東京に行って来ました。

仕事で出かけたのですが、そのあいだに、久しぶりの友人、知人にあって、街を歩いて、自由時間を存分に楽しみました。

歩行者天国の大通りでは、ストリートミュージシャンの演奏やパフォーマンスも華やかで、人も物もあふれていました。街はお歳暮とクリスマスがテーマで、にぎわっていました。

家に帰り着くと、さっぱりと素朴な食べものが恋しくなりました。塩鮭の焼いたものやレンコンの薄味の煮もの、キャベツとゴボウのサラダ、そして何よりもおいしかったのがこの茶がゆでした。

あいかわらず、圧力釜が故障中なので、工夫しました。お茶漬けとおかゆの間のような姿と味です。玄米茶に入っていたり、お茶漬けの素に入っている炒った玄米が主役です。

緑茶のさわやかさと玄米の香ばしさが、仕事に忘年会にと、あわただしい十二月の心と体にぴったりです。

前日に夕方から降りはじめた雨が、朝には木々に積もって真っ白い林を作り出しました。朝日が射して、雪は少しずつ溶けはじめました。小さな水滴になって、枝をつたって、ポトポトと落ちました。枝についたままの水滴は光をうけて、青、オレンジ、黄、緑とキラキラ輝きました。無数の輝く水滴の中に、わずかだけれど、色のついた水滴が散りばめられていたのです。

まだ白い木々と、ポトポトとキラキラは、ため息の出るほど美しいものでした。用事で家にもどって見ることができました。光の中から音符が出てくるようです。

小さな子どもたちは、学校や保育園に行っている時間です。見せてあげたいと思いました。学校でも外に出る機会をたくさんもらって、こんな「不思議」にいっぱいであえたら、どんなに素敵でしょう。

都会は人間が作ったクリスマスの飾りでいっぱいでしたけれど、ここでは季節の飾り付けは、どうやら「自然」がしてくれるようです。見逃さないようにしなくては。

〈材料〉

玄米1カップ、緑茶の葉大さじ1

〈作り方〉

①熱した中華鍋に玄米を入れ、中火でゆっくりとから炒りする。

②玄米がふくらんで、白い花のようにふくらんで割れはじめるまで炒る。

③厚手の鍋にカップ4杯ほどの水を入れ、はじめ強火で、沸騰してからは弱火で炊く。40分位して、水分が少なければ足して、もう一度沸騰させ、大さじ1杯の緑茶を入れ、火を止めてむらす。

ニンジンとクルミのケーキ

12月21日

昨夜から冷たい風が吹いて、次の朝、まわりは真っ白になりました。

水色のオナガが林を飛びかい、キジが庭を歩いています。窓から見る景色は、いきなり冬の絵になりました。

まわりが白くなる頃、根菜類の献立が多くなります。ニンジン、ダイコン、ゴボウ、サツマイモ、ジャガイモなどは保存の利く、頼もしい台所の味方です。中でも、サツマイモ、ジャガイモ、ニンジンは、おいしいお菓子になる、自然の甘みを持った根菜です。

スタッフのみな子さんが、ニンジンのケーキを焼いてくれました。ニンジンを三本も使ったケーキです。お砂糖も控えめ、バターの変わりにサラダ油を使っています。

クルミを入れましたが、干しぶどうや干し柿、プルーンなどを入れてもいいし、出来上がりに粉砂糖をふったり、生クリームをかければ、立派なクリスマスケーキです。「簡単」「おいしい」「ヘルシー」が私たちのケーキの基本です。


寒冷地で冬を過ごすには、土の中で育った根菜類をたっぷり食べることが、健康につながります。根菜は体を温めてくれる陽性の野菜です。たくさん利用して下さい。

庭の管理をお願いしている成嶋さんが、ビニール袋にいっぱいの種をテーブルで分類しています。採取した小さな種はそれぞれ違う形です。この一粒がまた新しい花を咲かせることを思うと、小さな種がいとおしい。「コテージフラワー」という本に、こんな詩が載っています。


夏に咲いていた花も、冬には草となる。

私は、眠っている種のことを思う。

種たちにとっちゃ、風がコマドリだ。夜ごと霜が、種にかぶさった葉をしっかりくっつける。

きらきらした羽根のような雪片が降りつもり、種たちはぐっすり眠るだろう、どんな天候だろうと。

(アンドリュー・ヤング「秋の種」より)


うちの庭の植物や種も、わらの下でみんな眠りにつきました。甘い香りと色をほんの少し早く楽しめるようにと、ヒヤシンスやスノードロップ、緑と白のチューリップの球根をつぼや木箱に埋めました。外の土の中で、室内の木箱の中で、「春」が育つのを感じながら冬を過ごすのは、体の心がほんのりと暖かくなるような気持ちがしていいものです。

〈材料〉
・薄力粉200g、重曹小さじ2、バター
・シナモンパウダー小さじ2
・塩ひとつまみ
・サラダ油50cc
・卵3個
・砂糖150g
・ニンジン450g（中約3本分）
・クルミ80g

〈作り方〉
①型にバターをひき、オーブンを温めておく。
②粉、重曹、シナモン、塩は一緒にふるっておく。
③ニンジンは皮をむいてすりおろし、軽く水気を切る。
④ボウルに卵と砂糖を入れよく混ぜる。
⑤粉類とニンジンを3回にわけて交互に加えながら、さっくり混ぜる。
⑥サラダ油を最後に混ぜ、クルミを混ぜて型に入れる。170～180℃のオーブンで約50分焼く。

※サラダ油の量はいろいろ試した結果、最小50ccでよく、120ccまで入れられます。

丸干しのマリネ

12月28日

うちではお歳暮を贈ることも少ないし、いただくことも、世の中よりずっと少ないと思うのですが、心遣いの感じられる、うれしいプレゼントは多いのです。

摘みたてのミカンやレモンが緑の葉と一緒にたっぷりと入っていたり、山を歩いて摘んだ、ここでは育たない赤い実や、暖かい地方のハーブが詰まっていたりします。手作りのパンやケーキ、お茶の時間にみんなが喜びそうなお菓子やらが、手作りのカードとともに届きます。

いただいたイワシの丸干しを、目先をかえてカラッと揚げて、酢漬けにしてみました。お酒にも合うし、パン食にも合います。これなら干物もマリネしたらおいしいのではと思いました。

今年もたくさんの人や「自然」に、小さなよいことをいっぱい教えてもらいました。「気がつく」ことは、どんなに素敵なことかとつくづく思います。

小鳥の鳴く声も、花がひっそりと咲くのも気がついてはじめて、心や目に浸みこんできます。この欄を書くようになって、そのことを「書いて伝える」という楽しい勉強をさせてもらいました。ありがとうございます。

聞こえるのに聞こえないこと、見ているのに見えないこと、触っているのに感じないこと、気がつかないからわからないこと、どうやらたくさんあるようです。指先や心の先を柔らかくして気持ちよく吸収したいものです。

でも香りは少し違います。意識しなくても、脳の奥までたどりつき、心にも影響を与えます。ほんとうに香りは不思議なのです。アロマテラピー（芳香療法）という言葉がよく聞かれるようになりましたが、これは精油（エッセンシャルオイル）を使って、心と体の自然治癒力を増大させる一つの療法です。これは香りの持つ生命力や不思議を利用したものですが、日常の暮らしの中にも、心地よい香りがあります。森や林にも、畑にも、野原にも、毎日の食事にも。ご飯のふっくらと炊けた匂いやこんがりトーストの匂い。思わず顔がほころびます。

「八ケ岳の食卓」もいつも香りと一緒にお届けしてきたつもりです。新しい年も、気持ちのいい香りに満ちた年でありますように、心豊かに過ごせますように。

〈材料〉

- 丸干し10本
- ニンジン½本、ダイコン½本
- 月桂樹の葉1枚
- 酢1カップ、白ワイン½カップ
- 砂糖大さじ2
- サラダ油大さじ1
- から揚げ用油適量
- ゆず½個

〈作り方〉
①ニンジン、ダイコンを千切りにする。
②酢、砂糖、ワイン、油を容器に混ぜておく。
③丸干しの内臓を取り除いて、約180℃の油でカラッと揚げる。
④②の合わせ酢に野菜と揚げたての丸干しを入れる。
⑤ゆずの皮を細切りにして散らす。３日目がおいしい。

庭園の香り

１９９５年

1995年（平成7年）

イスラエルのラビン首相が暗殺

阪神大震災

地下鉄サリン事件、オウム真理教摘発

野茂投手、大リーグで新人王

ホットミカネード

1月11日

新年の4日は、このあたりも雨でした。

暖かいお正月は過ごしやすくてありがたいことなのですが、キリリと寒く、カラリと晴れるか、さらさらの雪の降るお正月がやっぱり好きです。

その雨の四日に、上社に初詣でに行きました。義母のいない初詣では今年で二回目です。雨のために人出の少ない境内で、今年も心豊かな年でありますようにと手を合わせました。たくさんの生命が新しいたくさんの生命と交代して今年も始まりました。最後になった初詣で神社の階段を一歩ずつゆっくりとのぼっていた義母の姿が、去年よりも今年のほうが胸にしみました。

暖かい部屋でひんやりとしたミカンを食べるのも冬の楽しみのひとつですが、暖かいミカンもおいしいものです。ホットレモネードをミカンでつくります。レモネードはレモンと砂糖と水でできたもので、ラムネはここからきているのだそうです。

レモンの香りの部分は、強い殺菌力と気分を高揚させる力を持っています。風邪をひいたときや落ち込んだときに嗅ぐとよい香りです。他の柑橘類にも同様の効果がありますから、このホットレモネードも、風邪や眠れない時にも優しい飲み物です。

ワインやウィスキーを入れれば、体がぽかぽか暖まります。国産のレモンがあれば、ミカネードとレモネードの比率が変わりますが、どちらが多くてもそれぞれおいしいものです。レモンの皮を薄く切って、指先で香りの霧をかけるマティーニは、すばらしいカクテルです。

日陰で干したミカンの皮の浴剤は、ほっこりとした日だまりのここちよさです。どんど焼きで燃やす門松の松や、お飾りの酸っぱいダイダイやミカンもちょっといただいて、ミカンの皮と一緒に大きなボウルに入れて熱湯を注ぐと、森と日だまりの香りが部屋いっぱいに広がります。

一月は春への第一歩です。よいことたくさんありますように。今年もよろしくお願いいたします。

〈材料〉
・ミカン4個
・蜂蜜または赤砂糖大さじ1

・熱湯2カップ
・レモンのスライス1枚（ゆずでもよい）

〈作り方〉

①耐熱ガラスか陶製の水差しに、ミカンを二つに割って絞り入れ、蜂蜜も入れる。

②熱湯の半分を入れ、糖分をよく溶かす。

③残りの熱湯を入れる。

④輪切りのレモンかミカンを1枚入れる。

ピーナッツご飯

1月18日

東京のいとこから野菜が届きました。

自宅からバイクで通える距離に、彼は趣味で畑を借りています。秋には、土の付いた里芋をどっさり送ってくれました。今回の段ボールの中身は、ブロッコリー、サニーレタス、ニンジンでした。

以前に祖父の法事で出会ったときに、彼はお寺の沿道の小さな雑貨屋で小型の熊手を買いました。そう会うことはないけれど、心ひかれるものが共通というのは、うれしいものです。

彼が一番楽しそうにする話は「ひとときの農業」なのです。「長野には野菜いっぱいあるよね。こんなの送るのやめなさい。かえって迷惑だと、女房にはいわれるんだけど」。

野菜はいろいろたくさんとれるけど、この季節に緑や赤の、こんなに香りのよい、露地で元気に育った野菜は身近にはありません。一番のプレゼントです。

有機農法、無農薬の彼のブロッコリーは、しっかりとした形と甘みでほんとうにおいしいものでした。久しぶりに濃い味の野菜に出会ったので、野菜料理をたくさんつくりました。白いご飯よりピーナッツご飯があいそうです。梅干しや昆布の佃煮なども用意して、「大地の恵み」のテーブルです。お坊さんではないけれど、両手を合わせてからいただく雰囲気です。

ニンジンをザクッと切ると、ぷーんとニンジンの匂いがします。お鍋のふたを取ると、ブロッコリーの緑色の香りの湯気がもくもく出ます。ピーナッツを炒ると香ばしいおいしい香りが台所にたちます。ニンニクや青ネギを炒めると、おなかがグーッと鳴りそうです。

昨年の十月の私のお誕生日に、たくさんの鉢植えや花束のローズマリーをいただきました。挿し木をしたものも元気に冬を過ごして、テラスの日だまりで花をたくさん付けています。薄い青、水色、小さな花は可憐で美しくてよい匂いです。

ときどき、植木鉢の土の上や枝に、はらりとこの花は落ちます。これが私の大好物です。口に含むと、ローズマリーの香りと蜜の甘さが広がります。ほんのひとひらのぜいたくですが、ローズマリーをお持ちで、もし、花が咲いていたらお試し下さい。

〈材料〉

・ピーナッツ1カップ
・炊きたてのご飯3カップ
・ニンニク2片
・青ネギ½本
・サラダオイル少々

〈作り方〉

①ピーナッツの皮をむいて、香ばしい香りが出るまで炒る。
②ニンニク、青ネギを細かく刻んで、少量のサラダオイルで炒める。
③あつあつのご飯に①と②を混ぜる。好みで塩を少々振る。

野菜の蒸しパン

1月25日

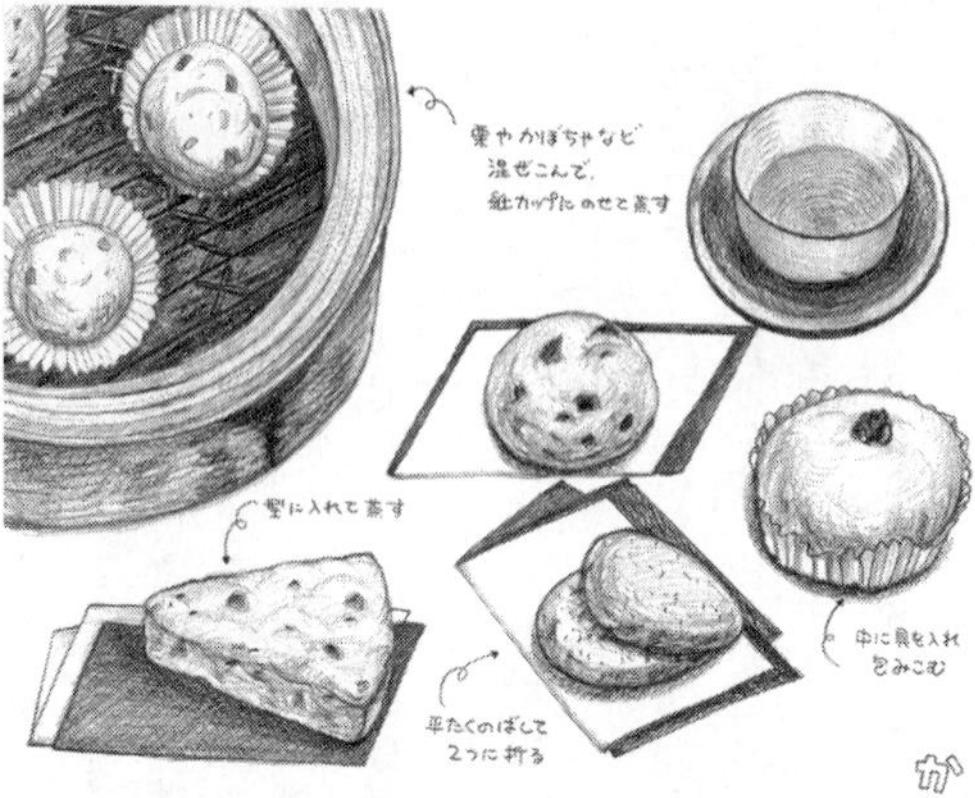
栗やかぼちゃなど
混ぜこんで、
紙カップにのせて蒸す
型に入れて蒸す
中に具を入れ
包みこむ
平たくのばして
2つに折る
か

どんど焼きの暖かい炎が燃えて、火の粉と星が一緒になった夜空の下、松や竹のパチパチはぜる音を聞きながら、きっと今年もよいことがいっぱいありそうと思いました。

でも、それから数日で関西の大きな地震がありました。日が経つにつれて報道される被害の大きさに胸を痛めるばかりです。私たちの親戚や友人は無事でしたが、亡くなった方、けがをした方の数の多さに、どこかでその方たちにつながっていき、悲しい思いを新たにすることがあるような気がします。

原発を一時停止して総点検を行うようにという申し入れ書を、通産省あてに「原子力情報室」が提出したという記事が、新聞に小さく載りました。相次ぐ大地震で日本の耐震設計が破られていること、施設の老朽化などがあげられていました。高速道路が折れ、ビルが崩れ、四階が一階になるような地震に原発は耐えられるのでしょうか。自然の力で大きなダメージを受けた人間に、さらに立ち直れないほどの危険をもたらします。行政は総点検と安全対策をすべきと思います。

流れる暗いニュースに気分は沈みがちでしたが、外国の援助の申し出の早さや、学生ボランティアの頼もしさはうれしいものです。私たちはささやかな金額を送りましたが、実際に体を使って行動する彼らをすばらしいと思います。

戸棚の整理をして見つけた使いかけの蒸しパンミックスと、あり合わせの野菜で朝食用とおやつに蒸しパンを作りました。蒸し器をことこといわせて、蒸しパンはできあがりました。湯気の立った熱いお茶とたっぷりのバターを並べて、暖かい家で調理できる、いつもは普通のことが、とてもありがたく思えたのでした。

〈材料〉(15㎝の丸型)
・蒸しパンミックス1と½カップ
・長芋(すりおろして½カップ)
・サツマイモのゆでたものと栗の甘露煮
1カップ
・卵1個
・レモンの皮と汁少々

〈作り方〉
①サツマイモはゆでてサイコロ大に切っておく。栗も同様。
②ボウルに卵を割り入れ、泡立て器でよく混ぜる。長芋をすりおろして卵に加える。
③レモンの皮を刻んでおく。茶さじ½くらいのレモン汁も絞っておく。
④①②③をすべて混ぜ、サラダオイルを塗るか、オーブンペーパーを敷いた型に流し入れ、蒸し器で約40分蒸す。途中で竹串を刺してみて、タネがつかなければよし。

マオリ風蒸し野菜

2月1日

仕事が終わって家に帰ると、まず、ストーブを「大」にして体を暖めます。特に足もとが冷えているので、夕食の支度を始める前にひと休みです。

体を動かしはじめると、頭も少し働いてきます。冷蔵庫や野菜かごの中を思い出して献立を考えます。ふーふーと温かくて、自然の甘みが恋しい気分です。

ヤマイモ、ニンジン、ダイコン、サツマイモ、タマネギの皮をむいて輪切りにして、蒸し器に入れました。三十～四十分もすると、ほかほかあつあつの、つややかな野菜が蒸しあがります。

ニュージーランドの先住民族、マオリ族の料理を思い出しました。地面に吹き出す温泉の蒸気と熱を利用する料理法です。無駄のないエコロジカルで、栄養やうまみを壊さないダイエット料理でもあるのです。八年前に行ったニュージーランドでは、このマオリ族の薬草利用法や実際の植物を見ることもできました。「自然」に寄り添って、丁寧に暮らしてきた少数民族の知恵に、走ることばかり考えてきた現代人は、学ぶべきことがたくさんあるようです。

ニュージーランドは、南半球の南北に細長い島ですから、氷河を抱く山々から、高原や草原、湖、川、海と、豊かな自然の景観に出会えます。植物の種類も豊富で、どこへいっても楽しいものでした。

マウントクックのふもとに咲いていた、純白のマウントクック・リリーや、トレッキングコースの野イチゴ。土手に点々と咲くウスベニアオイ、長いバスの旅の途中の岩場をピンク色に染めたワイルドタイム。植物園の大きなシャクナゲ、手入れのされたバラの咲く庭。道端のラベンダーやローズマリーの茂み。大木の森と、水鳥の遊ぶ緑のしたたるような場所をゆるやかに流れる川。短い日数の旅でも、植物は鮮明に心に残っています。

今年はニュージーランドから百種類の種が届きます。その中に「アスパラガスピー」という名のかわいらしい野菜があります。たくさんの赤い花が咲いた後に、アスパラガスと豆を混ぜたような味の、両脇がひらひらした豆が実ります。クローバーのように雑草を抑えるようですし、楽しみな植物です。輪切りにすると赤い渦巻き模様の出てくる赤カブとか、「トマティヨウ」というメキシコ料理に使う、黄緑の食用のホウズキとか、カタログを見ていると、想像の野菜畑や花畑はどんどん広がりますし、想像のテーブルには色鮮やかな野菜がのぼります。

ニュージーランドの思い出の花々と、これからやってくる花々で、暖かくなりました。節分、立春までもう少しです。

〈材料〉

サトイモ、サツマイモ、ニンジン、ゴボウ、タマネギ、ダイコン、ヤマイモなど

〈作り方〉

①蒸し器を温めて、皮をむいて大きめに切った野菜を入れる。

②中火で蒸して30〜40分。

③熱いうちに、ポン酢、しょうがじょうゆ、カラシじょうゆなどで食べる。

※肉を入れる場合は、大きな固まりは最初に。薄切りは最後に。菜っぱ類も最後に。なるべく蒸したてを食べて下さい。残ったら次の日に野菜サラダやオムレツの中身、煮込みうどんの具などに。

シーチキンの春巻と長ネギを巻いただけの春巻

2月8日

これは、スタッフのお誕生日のごちそうに、材料を持ちよって作った、簡単なお料理のひとつです。

春巻の具は、シイタケ、タケノコ、春雨などが定番のようですが、これは下ごしらえもいらないし、中の具がなくなって一枚残った皮に長ネギを巻いたら、とてもおいしかったので、こちらもおすすめします。

春巻は若い人が大好きです。受験シーズンを元気に乗り切れるよう、風邪をひかないよう、中の具を工夫して健康メニューのひとつにどうぞ。

試験を受けるまでと、発表が現実になるまでは、だれでも不安でいっぱいです。うちの次男は、昨年、第一志望の高校に落ちました。本人がいろいろ悩んだ末、大学検定を受ける道を選びました。まもなく一年になりますが、たくましくなったような気がします。大学生の兄は弟のそういう生き方を、おもしろそうだよと応援しています。

関西の被災地の学校が避難所になりました。その小学校の校長先生が「この経験が生きた教育になります」とおっしゃいました。中学三年の担任の先生が「先生も考えが変わった。もう服装のこととか細かい規則のことは言わん。みんなでがんばろう」と涙を流されました。皮肉なことに、この現実が学校というスペースの教育の質を変えたようです。
かりがね学園という施設の機関誌に、星野富弘さんの詩が載っていました。

神様がたった一度だけ
この腕を動かしてくださるとしたら
母の肩をたたかせてもらおう
風に揺れる
ペンペン草の実を見ていたら
そんな日が
ほんとうに来るような気がした

この数行に胸がキュンとなります。それぞれの人生に「胸のキュンとなること」が、きっといっぱいあるのだと思います。自分が感じ、相手が受けとめる、この中で人は育つのかもしれない。
人生の学びの場はどこに出もあって、気がつけば、柔らかな春の日差しは、必ず一人ひとりに当たります。今日は立春です。

〈材料〉
・市販の春巻の皮10枚
・エノキダケ2パック
・シーチキンの缶詰1缶
・青ネギ（小ネギ、サラダネギ）1束
・長ネギ3本
・みりん少々
・ごま油小さじ1
・塩ひとつまみ
・しょうゆ小さじ1

〈作り方〉

①エノキダケと青ネギを刻む。

②シーチキンをほぐして①に混ぜる。

③調味料を入れ、よく混ぜて皮で包む。

④長ネギの巻いたものは、長ネギを春巻の皮の長さに切って、太いものは縦に切れ目を入れる。

⑤皮の対角線のはしにネギを置いて、クルクル巻く。両端は折らない。

⑥160〜170℃でゆっくり揚げる。

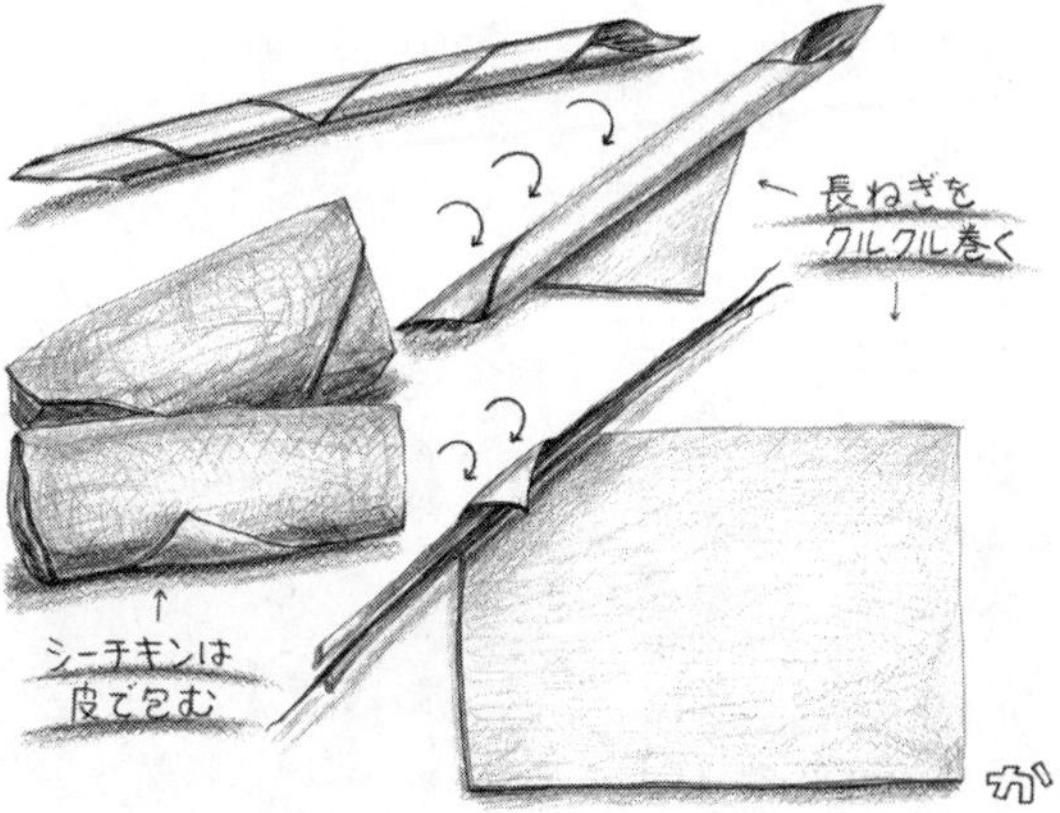

長ねぎを
クルクル巻く
シーチキンは
皮で包む
が

揚げニョッキ

2月15日

これも、超簡単のおやつです。水も卵も加えず、おいもと粉だけで作るお菓子です。

「ニョッキ」とは、イタリアのスパゲティーやマカロニのようなパスタのひとつです。二年前に、ジャガイモのニョッキを書きました。これはゆでて粉チーズをふったり、ミートソースで食べたりしました。私たちのレストランで、ときどき作るパスタです。

これを揚げてみたら、とてもおいしかったので、今回の登場となりました。中には、調味料を全く入れず、ドーナッツのように揚げたてにシナモンシュガーや塩をかけます。歯ごたえが適当にあって、素朴な味で、さめてもおいしかったたし、つい、もうひとつと手を伸ばしてしまう揚げ菓子でした。

少し暖かい日が続きました。その暖かい日に、頼まれた原稿のための染色をしました。コットンラベンダー（サントリナ）の枝とラクスパー（チドリソウ）の花が指定のものでした。

普段は、ざる一杯、バケツ何杯という仕事ぶりですが、今回はきちんと植物や水を計りました。秋に刈り込んだコットンラベンダーの葉と茎は、深い渋い黄色を出してくれました。ラクスパーの花は、あいかわらず絹を文字どおりの空色に染めてくれました。

もらった色もうれしかったのですが、窓を開け放った工房から流れ出る、植物を煮た香りは「春の香り」だったのです。夏から秋に刈り取った植物が、火を通して春の香りがするから不思議です。

日の暮れるのも遅くなりました。帰る頃には真っ暗だったのに、西の山々は、柔らかい茜色や薄水色だったりします。

鉢植えのヒヤシンス、スイセン、チューリップが芽を出しました。小さなカップや鉢、木箱、ローズマリーの根もとから、緑色の芽が伸びはじめました。サクラの枝のつぼみもふくらみました。もう一カ月もすれば、私の小さな小さなサンルームは、ひとあし先に「春の香りと色」でいっぱいになります。

〈材料〉

・サツマイモ、ジャガイモ、長イモなど 1種類250g
・強力粉75g
・サラダ油（揚げ油）
・シナモンシュガー
・塩、こしょうなど

〈作り方〉

①おいもをゆでて、熱いうちにつぶしておく。（長イモの場合もすりおろすのではなく、ゆでる）
②粉とおいもをあわせて、よく練る。
③耳たぶくらいの固さにして、打ち粉をしながら棒状にのばす。
④棒の端から2～3cmに切ってゆく。
⑤160～180℃の油でゆっくりと揚げる。

※種にゴマやピーナッツ、ハーブなどを刻んで、それぞれに入れると、それもまたおいしい。おいもの種類によって、水分が違うので粉で調節して下さい。

パンにも合うお総菜

2月22日

冬の間に少し太ったようです。

寒い季節は、少し太めの方が寒くなくていいなどと、言っているわけにもいきません。春が来てしまいそうです。冬の間にたるんだ心も入れかえて、健康食を作ることにしましょう。

戸棚の中の切り干し大根やヒジキや豆類など乾物と、ジャガイモ、ダイコン、ニンジンなどの根菜に、ほんの少しの「春の香り」を加えれば、何日か食べられる小皿がいっぱいできあがります。

もう亡くなられましたが、神田精養軒という パン屋さんの望月継治さんは、日本のお総菜にあうようなパンを作りました。小麦ばかりではなく、ライ麦、玄米、ヒエ、アワ、キビなどの未精白の穀物から作った、かみしめるほどに味のあるパンです。

東京の富ヶ谷にある「ルヴァン」のパンも、私の大好きなパンです。オーナーの甲田さんは飄々としたいい男です。干しぶどうから酵母をたてた、どっしりと重みのあるパンは、薄く切って温めて食べると、麦という大地の恵みが、人の手と火を通して愛情のかたまりになっているのがよくわかります。

「パパゲーノ」は、原村に新しくできたパン屋さんです。オーナーの小倉さんは、障害を持った人たちとのパンづくりを考えました。初めてお目にかかってから何回目かの春に、このお店は実現したのです。楽しくて、優しくて、気持ちのいいパン屋さんに、のびのびとすくすくと育っていってほしいと思います。

カナディアンファームのスタッフが遊びに来るときに、パンをお土産に持ってきてくれます。ダイナミックなパンに、うちのスタッフは大歓声です。

大きな流通にも、おいしそうなパンはたくさんのっているけれど、それぞれの地域で地道に心を込めて作っているパンはさらにおいしい。うちのパン作りの合い言葉は「ショージン、ショージン（精進、精進）」です。いろいろ勉強しながら、さらなる愛情を丸めたパンを作りたいものです。

大地と四季の恵みのパンとお総菜の食事は古くて新しい素敵なメニューです。熱いミルクティーとごいっしょに。

―切り干し大根と炒り大豆の煮もの

〈材料〉

・切り干し大根50ｇ
・炒り大豆½カップ
・だし汁（かつお節、シイタケなど）
3カップ
・サラダ油
・ごま油少々
・みりん、しょうゆ、砂糖

〈作り方〉

①切り干し大根をもどしておく。
②切り干し大根のもどし汁で、だし汁を作る。
③炒り大豆を荒く刻んでおく。
④切り干し大根を油で炒める。
⑤大豆とだし汁を入れ、ひと煮立ちさせて調味料を入れる。
⑥最後にあればセリ、ミツバを少々刻んで、「春の香り」を入れる。

―ダイコンの千切りとしらす干しの和え物

〈材料〉

・ダイコン¼本
・しらす干し½カップ
・しょうゆ少々

〈作り方〉

ダイコンを千切りにして、しらすと混

ぜ、たらりとしょうゆをたらす。ダイコンの葉があれば刻んで入れる。

―シンプルなポテトサラダ

〈材料〉

・ジャガイモ
・ニンジン
・冷凍しておいたトウモロコシ
・マヨネーズ
・酢、塩、こしょう
・鉢植えのパセリ

〈作り方〉

①ジャガイモを角切りにしてゆで、熱いうちに酢を振りかける。

②ニンジンもゆで、トウモロコシも火を通し、調味料であえる。

ひな祭りのミルフィーユ

3月1日

冷凍パイ生地を使ったお料理教室を頼まれました。アップルパイもミートパイもおいしいけれど、これもおいしい。

ミルフィーユは、薄くのばして焼いたパイ生地とクリームを、何層にも重ねたお菓子ですが、これは薄くのばさず焼きます。機械で百四十層というパイ生地は、プーッと膨らみました。冷めたら、クリームを塗って重ねていきます。

イメージは「ひしもち」。緑色と白とイチゴの赤が重なって、とてもきれいです。年輩の方なら、アメリカの漫画の「ダグウッドのサンドイッチ」を、たぶんご存じですが、一度はあんなにいっぱい重ねて、ひとりじめして食べてみたいと思うほどの、アメリカンドリームのサンドイッチです。このお菓子もダイナミック。特に子どもたちは、ワーッと歓声をあげると思います。大人たちも声をあげましたけれど。

作り方を書くと長くて面倒そうだけど、三十分でできてしまいます。切るのはちょっと大変なので、壊しながら大きく切ってぐしゃぐしゃに食べるのがおいしいお菓子です。おいしくて楽しくてきれいだけど、ちょっと乱暴なケーキです。作ってみて下さい。

私のおひな様は、十年前に太宰府天満宮の参道の古い店で買った、手のひらにのるほどの小さなものです。男の子二人のわが家は、おひな様なしの春を過ごしてきました。あこがれのおひな様の脇に、手作りの小さな花瓶に入れたモモの花を飾ると、薄桃色のもやがそこだけかかっているような、うれしい気分です。

数日前に、手作りのおひな様をいただきました。両の手にのるほどの小さなおひな様。「私のおひな様」が増えました。二重にうれしいこの春のひな祭りです。桃色のもやは、ふんわりと大きく暖かくかかりました。


〈材料〉
・冷凍パイ皮（20×12センチ）４枚
・生クリーム１カップ
・砂糖30g
・抹茶小さじ½
・コアントロー少々

・イチゴ1パック
・カスタードクリーム（卵黄1、薄力粉大さじ1弱、砂糖30g、コーンスターチ大さじ1弱、牛乳220cc、バター大さじ½）

〈作り方〉

①カスタードクリームを作る。粉、コーンスターチ、砂糖、牛乳を混ぜ合わせ、電子レンジで約1分加熱する。溶きほぐした卵黄を入れ、もう一度加熱して熱いうちにバターを入れて混ぜ、冷ましておく。
②パイ皮を1枚づつ、200℃のオーブンで約15分、こんがりと焼く。
③生クリームに砂糖、コアントローを入れ、軽く泡立ててから、二つに分ける。片方には抹茶を入れ、両方とも固く泡立てる。
④冷めたパイ皮に抹茶クリームを塗る。その上にパイ皮をのせる。
⑤その上に白い生クリームを塗る。3枚目のパイ皮をのせる。
⑥その上にカスタードクリームを塗って、薄く切ったイチゴをのせる。
⑦パイ皮をもう1枚のせてできあがり。
※びっくりするくらい背が高くなります。大変だったら、1枚減らして下さい。

ご飯のコロッケ

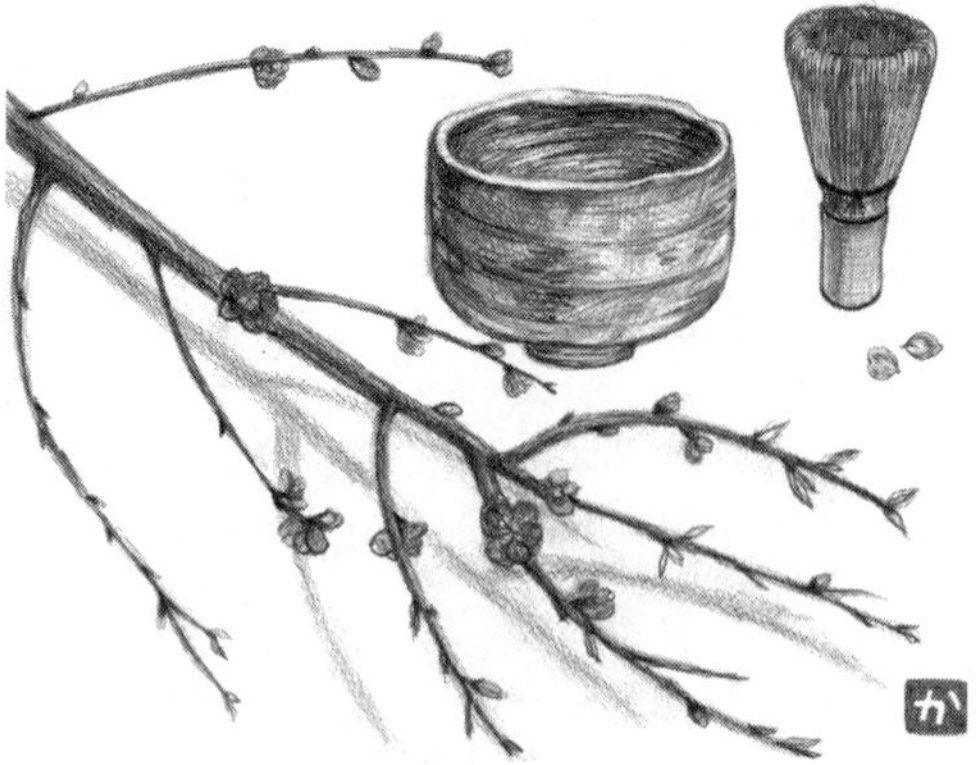

3月8日

休日は、冷蔵庫の整理をします。もったいないととっておいたものが、結局使えずに冷蔵庫の一部を占領しています。反省しつつ、残り物の再生メニューを作ります。

ダイコンの皮とゴボウとニンジンで、きんぴらを作りました。残りご飯に生ヒジキ、お弁当に入れたホウレンソウの残りがありました。チーズと缶詰の貝柱も入れて、ご飯のコロッケを作りました。

大皿にどんと盛って、お味噌汁とキャベツのさっぱりサラダで冷蔵庫もさっぱり。気持ちのいい夕食ができあがりました。もちろんご飯はいりません。

さっぱりと夕食を作りましたが、まだ、だれも帰ってきません。夕日が沈む頃、部屋も少しずつ暗くなってきました。床に座って窓の外を眺めながら、暮れてゆく静けさと空気に浸ってみました。「自分」が空気の中に溶けていくようでした。

私は、夜から朝になっていく透明な時間が、とても好きでした。光が希望となって輝きはじめる時間でした。「昼間」は、「私」という単位で世の中とかかわっているのですが、この夕暮れは、何の不安もなく、心地よく溶けていきます。こんなふうに生命が終わったら幸せだろうなと思いました。

私の手もとに「生命の輝きをささえる」という小冊子があります。内藤いずみ先生というお医者様が、研修医だった頃の患者さんへの思いと、イギリスのホスピスでの研修の日々、そして現在がつづられています。

「あなたが不治の病になったとしたら、最後の六カ月をどこにいたいですか。何をしたいですか。だれと一緒にいたいですか」。胸が熱くなります。ひとりひとりの違う答えが素直にかなえられる場所が与えられる世の中になってほしいと思います。医療に携わる人だけでなく、患者やその家族となりうる私たちが、このことを大切に考えてみることが必要です。生命が輝きながら、夕日が沈むように終わるよう。

諏訪中央病院の研修センターの「ほろ酔い勉強会」で、内藤いずみ先生のお話があります。三月十五日（水曜日）の二時から四時です。

〈材料〉
・冷やご飯2カップ
・もどしたヒジキ（½カップ）
・ニンジン½本
・タマネギ½個
・貝柱の缶詰1個
・ホウレンソウ½束
・チーズ80g
・塩、こしょう
・パン粉、小麦粉
・卵2個
・サラダ油

〈作り方〉
①ホウレンソウはさっとゆでて水にさらし、細かく刻んでおく。チーズを刻んでおく。
②ニンジン、タマネギをみじん切りにして、サラダ油で炒める。荒く刻んだヒジキを入れて、さらに炒める。
③貝柱の缶詰を開け、水分を②に入れ、さらに炒め、塩、こしょうしておく。
④ボウルにご飯、チーズ、ホウレンソウ、炒めた③をよく混ぜ合わせ、塩、こしょうで味を整える。
⑤コロッケの形に丸めて、小麦粉、溶き卵、パン粉の順に衣をつけ、コロッケの要領で揚げる。

質素なハコベのごまあえ

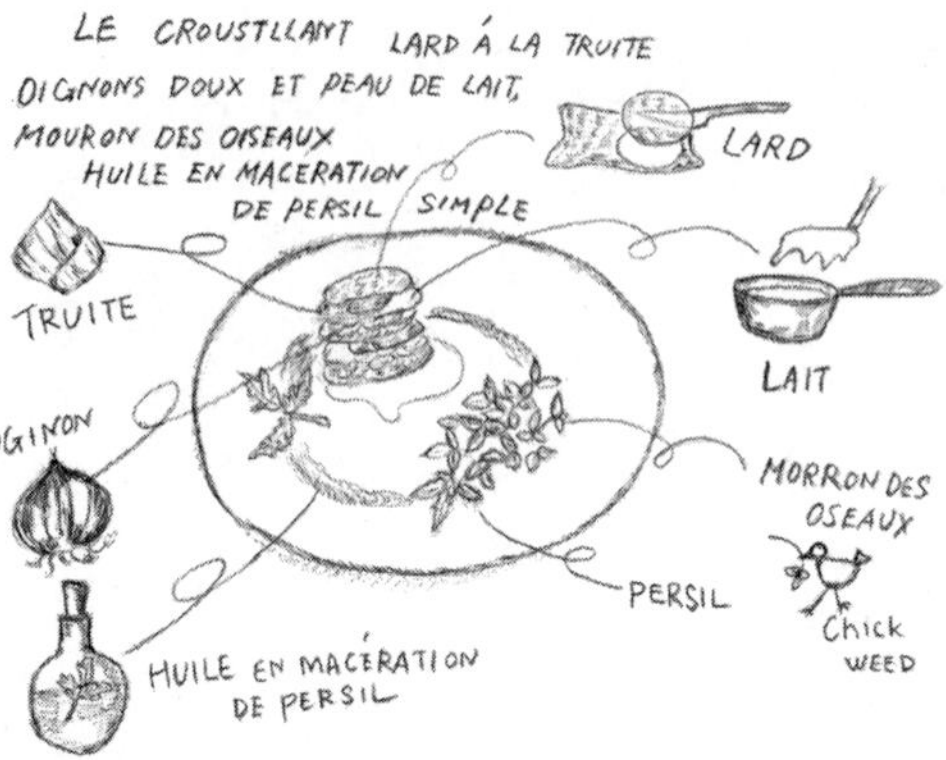

3月15日

また雪が降りました。

芽を出したスイセンも冷たそうです。家の中では、白いヒヤシンス、白いムスカリ、スイセン、桜も咲いています。チューリップの緑の葉は大きくのびました。このコーナーの「春」がたまらなくうれしくて、つい何度も立ち止まってしまいます。

鉢のまわりにはこべが育っています。集めると両手にいっぱいあります。ゆでてごま和えにしたら、ほんの少しになりましたが、小鉢にちょんとのせると「春」の一品です。

「自然と生きる料理人―ミシェル・ブラの世界」という美しい本があります。この中に「豚脂とマスのクルスティヤン、甘タマネギの牛乳の薄膜、ムロン・デ・ゾワゾー、イリアンパセリの香油」という長い名前の一皿があります。「ムロン・デ・ゾワゾー」がハコベです。雑草といわれるハコベも、フランス語で呼ばれて、白いお皿にのると、かなりおしゃれです。

洗って塩を振っただけのもので、試してみたら、青臭さが塩と合って、なかなかおいしかったのです。日本ではハコベはヒヨコグサ、スズメグサと呼ばれ、ムロン・デ・ゾワゾーも小鳥の草という意味らしいので楽しい。

ミシェル・ブラの料理はすべて独学で、標高千メートル以上の高地、オーブラックの野や林を歩き、走り、人には見えない魔法の世界に浸り、草や花の甘い香りを料理によみがえらせるのだそうです。荒涼とした冬景色が薄緑色に変わり、したたる緑があふれ、輝く紅葉に変わる大地が彼の創作のみなもと。

美しい料理の数々に魅了され、感心しました。彼は「料理」という杖を持った魔法使いです。その土地の精霊たちに応援をしてもらっているようです。

私も春まだ浅い光に助けてもらって、ひと握りのハコベを手に入れました。ブラのかっこいいお料理と同じくらいごま和えもおいしい。ゴマとハコベの栄養でお肌も心もツルツルです。

決して故郷を離れることのないミシェル・ブラのレストランには、遠くからロールスロイスやポルシェ、ジャガーなどが到着するのだそうです。私はお金持ちではないので、リュックをしょって歩いてみたいのですが、そんな人にもブラさんは魔法の料理を出してくれるでしょうか。

〈材料〉

・ハコベ（ざるにいっぱい）
・黒ゴマまたは白ゴマ½カップ
・砂糖、しょうゆ適量
・酒（またはみりんとしょうゆ）適量

〈作り方〉

①ハコベはごみをとって、さっと洗っておく。
②ゴマは炒って荒くすっておく。
③ハコベを熱湯でさっとゆでて水にさらし、ぎゅっと絞って包丁を入れる。
④ボウルにいりゴマと調味料をいれ、ハコベとあえる。

オレンジの香りのニンジン

3月29日

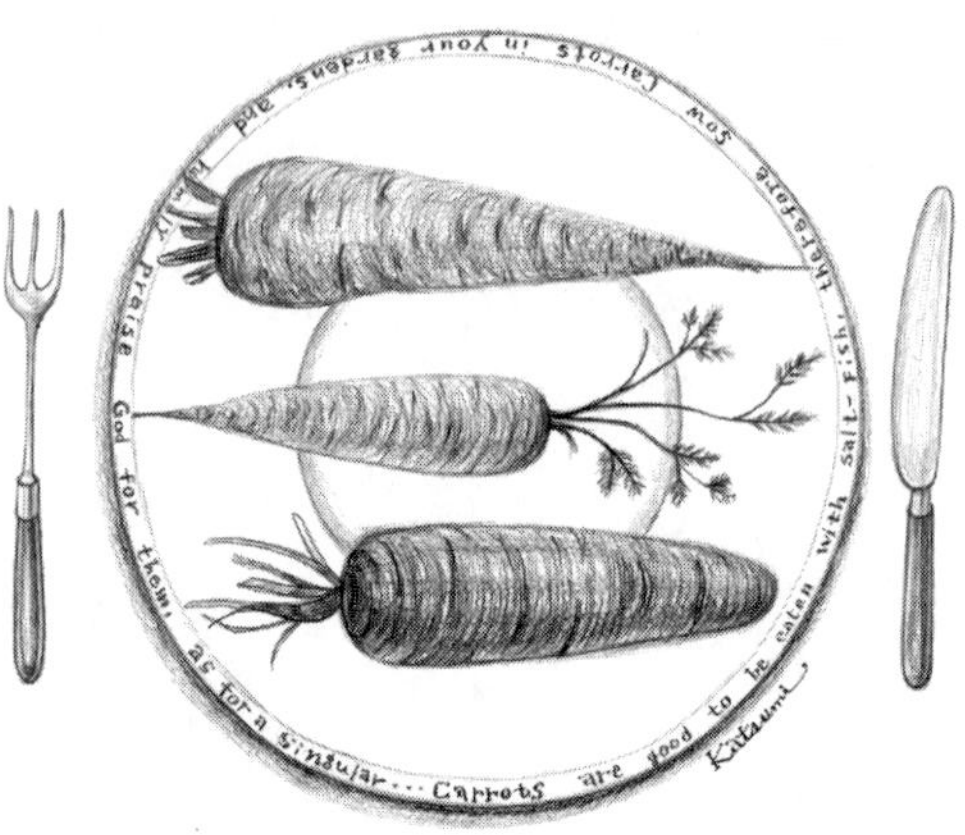

朝食にニンジンをよく使います。

土付きのおいしいニンジンが手にはいるからかもしれません。寒い朝に、赤い暖かな色のニンジンをゆでるのが好きです。

スライサーで細切りにして、さっぱりとドレッシングであえることも、ちょっと太めの千切りにして油で炒めて、おしょうゆをジュッとたらすこともあります。

この朝のニンジンに、もう一品加わりました。オレンジジュースに二、三時間漬けこんだニンジンのスティックです。オレンジジュースの香りでニンジン臭さが消えて、ぱりぱりとおいしいのです。おやつがわりにもなります。

英国のハーブ研究家のレスリーは、大学生から小学生までの四人の男の子のお母さんです。子どもたちは家事に協力的ですが、自宅が仕事場の彼女は超多忙です。おなかをすかせた息子たちの一時しのぎに、太いニンジンスティックを走って持っていきます。

中庭で卓球をしながら、ポリポリ、ニンジンをかじっている子どもたちのかわいかったこと、ハンサムだったこと。ピーターラビットの英国でした。

四月から、戸隠で育ったお嬢さんがスタッフで入ります。彼女は志望高校の入試に落ちて一浪しました。高校を卒業して、お菓子の学校に入りました。一浪したから今がある。一浪したから今の楽しさを自由な気持ちで味わうことができると話してくれました。そのときの悩みや苦労を、全部自分で引き受けたからこそ、彼女は元気で、はきはきして楽しい女の子でいられるのです。

うちの次男も高校を落ちて一年たちました。彼は一浪せずに「大検」を受け、英国に行く夢を持っています。

希望の高校に受かったら、身近な夢はかなうけれど、落ちたら少し遠い夢が何倍にもなってかなうこともあるのです。本人と親の心ひとつで、「ラッキーなこと」に変わります。

これから働く人も、高校に合格した人も、残念だった人も、悩んだ分だけ素敵なことにきっと会えると思って下さいね。

〈材料〉

・ニンジン1本

・オレンジジュース1カップ

〈作り方〉

①ニンジンを鉛筆くらいの太さ、長さ7～8㎝のスティック状にする。

②平らな容器にスティックを並べ、オレンジジュースを上から注ぐ。2～3時間おけばよい。

ハスとホタテのふわふわ揚げ

4月5日

土鍋を買いました。

ストーブにかけて豆などをことこと煮込むのにピッタリの、縦長のポットです。縁にひびが入っているので安くしてくれました。

ご近所のFさんは、おかゆの大家です。朝粥はタイ米に限ると力説されます。さらさらして、とてもおいしいとのこと。土なべの使いはじめは、おかゆが一番とタイ米でたいてみました。一合のお米に水を五倍ほど入れて、ストーブにかけました。いつのまにか、白いきれいなおかゆができあがっていました。

冷蔵庫の中から、おかゆに合うお総菜の材料を探しました。ハスは私の大好きな野菜のひとつです。煮たり、炒めたり、揚げたり、よく使います。主役も脇役も、正体不明の怪しくておいしい役も演じられます。揚げたてを二つもつまみ食いしてしまいました。細かく切ったニンジンやパセリを入れれば、緑黄色の野菜もとれます。

暖かい日が続いたので、庭のわらを取り除いたら、春の大雪の厚い布団がかかってしまいました。やっと咲いたスノードロップもクロッカスも、スイセンやチューリップの芽も、カウスリップやプリムラの黄緑色の葉も埋もれました。

たっぷりの春の雪は、やわらかい音楽のよう。春の暖かい旋律をうちに秘めて、まっ白いリズムを刻みます。あとで凍ったり、グチャグチャにぬかるむことなど忘れて、大きな白い風景に見とれてしまいます。

これからはしばらく、庭や畑を見回って、持ち上がってしまった株のまわりを踏み固める作業をします。こうしないと、持ち上がったまま凍って根をさらして、やがては枯れてしまうからです。

春の日差しに温められると、土はとてもよい匂いがします。この春の匂いを確かめながら、ゆっくりやってくる春の足音に耳を傾けます。

〈材料〉

・ハス大½本
・冷凍ホタテ大4個
・卵2個
・小麦粉大さじ4

・片栗粉大さじ1
・青のり少々
・塩少々
・サラダ油

〈作り方〉

①ハスは皮をむいて、ざく切りにする。

②自然解凍したホタテとハスをフードプロセッサーにいれ、細かくひく（フードプロセッサーがない場合は、ハスをすり下ろし、ホタテをみじん切りにする）。

③卵、青のりをいれ、もう一度フードプロセッサーにかける（フードプロセッサーを使わない場合は、卵をよく溶き、青のりを入れて混ぜる）。

④ボウルに③を移し、小麦粉、片栗粉、塩をぱらぱらといれ、さっくり混ぜる。

⑤160℃の油でゆっくりと揚げる。

※青のりのかわりにゴマもおいしい。両方でもよい。

クルトンのサラダ

4月12日

Spring has come when you can
put your foot on three daisies.
Katsumi

一週間ほどロンドンに行ってきました。帰ったばかりです。足の裏には、まだケンジントンガーデンのヒナギクがいっぱいに咲いた芝生の感触が残っています。

早春の黄緑色のヤナギやレンギョウ、桜、コブシ、白いモクレンなどの花木、スイセン、ヒヤシンス、ムスカリなど球根植物の群生が、今なら百色のクレヨンを使っても描けそうです。

一緒に旅をした友人は、ヨーロッパに行く途中、空からみた緑いっぱいの英国にどうしても来てみたかったのだそうです。私の若いころの上司であった「ミステリー風味―ロンドン案内」の著者、西尾忠久さんは「絵心の豊かな創造主が、幅広の刷毛《はけ》に緑のペンキをたっぷりしませて、ロンドン市内地図の左寄りをさっとひときしたようなものだな」と書いたのは、ハイドパークとケンジントンガーデンのことでした。

日曜日のマーケットへ行くために、運河を通りました。プリムローズやスミレがゆるやかな丘に咲いています。ゆっくりと、人が小走りで行く速度のボートは、河岸でジョギングをする人、犬と散歩をする人、ベビーカーを押す人、ベンチでサンドイッチをかじる人などを見せてくれます。その日は暖かな上天気で、みんなお日様と仲良しになることがうれしくてたまらない様子でした。

アールズコートエキシビションセンターという大きな常設展示場と、美しく静かで広い墓地のそばのホテルで、「エキシビションサラダ」というものを注文しました。

サラダは、オレンジの果肉とクルミ、紫キャベツの細切り、四角い揚げパン（クルトン）、コーンサラダ（マーシュ）、をさっぱりとしたドレッシングであえ、まわりに花びらのようにチコリが飾ってあります。ボートのようなチコリにサラダをのせて、手で食べました。カリカリのクルトンとパリパリの野菜がよく合いました。

家に帰って作りましたが、チコリも紫キャベツもオレンジもなかったので、夏ミカンとキャベツ、レタスなどを使いました。もうすぐ、ここでも芝生の中や庭のところどころにワイルドデイジー（ヒナギク）が咲きます。「ヒナギクを三つ踏むと春が来る」という英国の庭仕事の古いいい伝えの言葉と花の絵が、うちのレストランの白いお皿には描いてあります。この花びらをハラハラと散らしたら、私の「エキシビションサラダ」は完璧です。

〈材料〉
・キャベツ、レタス、サラダ菜など
・食パン1枚
・かんきつ類（オレンジ、夏ミカン、グレープフルーツなど）
・サラダ油
・リンゴ酢
・塩、こしょう
・蜂蜜
・炒ったクルミ

〈作り方〉
①野菜は洗って水切りしておく。
②夏ミカンは皮をむいて、袋から出してひと口大にしておく。出た汁はドレッシングに使う。
③パンをサイコロ大に切って、油でキツネ色に揚げて、油を切っておく。
④サラダ油⅓カップ、リンゴ酢⅓（夏ミカンの汁があれば、これも入れる）、蜂蜜小さじ1、塩、こしょうをよく混ぜ、ドレッシングを作る。
⑤食べる直前にドレッシングであえる。
※クルトンを揚げる油は、新しいものを使って下さい。油くさいとおいしくないので。

オールドファッションド ストロベリーショートケーキ

4月19日

ガーデンデザインの原稿依頼がありました。

今年は実際に「ムーンライトガーデン（月光の下で楽しむ庭）」、「ホワイトガーデン（白色の花、草木だけの庭）」、「チルドレンズガーデン（子どもの庭）」を作るつもりでしたから、これを書くことにしました。

子どもの庭は、十二平方メートルほどの広さです。荒れ地の牧草をごそっと抜いて、裏返して積み上げると小山ができます。その上に土を盛ってイチゴを植えます。

「ワイルドストロベリー」という、小さくって四季になる、甘酸っぱい、つるの伸びないイチゴです。このイチゴの葉はハーブティーにも使います。上にも、まわりにもイチゴの苗を植えると、小さなイチゴの山ができます。

「ウーリータイム」という羊毛の感触のタイムを羊さんの形に植え込みます。「ラムズイヤー」の葉は、羊の耳の形をしていて、指で触るとすべすべしていて気持ちがいい。小さな段々畑を作って、二十日大根や丸いニンジンを植えます。子どもたちのサラダ畑です。

英国で「フローラルローン」と書いた種を買ってきました。種袋ではなくて、大きな箱に入っていて、芝と花の種が一緒になっています。小鳥の好きな実の付く花やチョウチョの好きな花の種もまくつもりです。

小学校の椅子くらいのベンチに、タイムやカモミールを植え込みます。座るときっといい香りです。日本のオシロイバナや色水遊びのできるアサガオ、ホオズキも植えたい植物です。

カレーの匂いのするカレープラント、葉がリンゴの匂いのするバラやゼラニウム、レモンの香りのレモンタイムやレモンユーカリ、鼻をひくひくさせて、自然の作り出した香りのマジックを楽しみましょう。

この計画に、一番若いスタッフたちが歓声をあげました。まだたっぷりと子どもの心を持っているからでしょうか。保育園や小学校でこんな庭ができたら楽しいでしょうね。

製菓学校出身のりえちゃんが、イチゴのショートケーキを作ってくれました。このごろのショートケーキは、ふわふわのスポンジに生クリームとイチゴがのっていて、いただいたケーキの箱の中にひとつだけ入っていたら、大人も子どももきっと一番にほしいと思う定番、あこがれのケーキです。

りえちゃんのは、ビスケットの厚いもの、そのあいだに生クリームやイチゴ、カスタードをはさんだ普段着のケーキです。イチゴの赤とクリームの白、「こんがり色」のビスケットが、よく合います。この「イチゴの山」と子どもの庭のイチゴの山、どちらもわくわくする、今年の春の作品です。

〈材料〉(10個分)

- 薄力粉3カップ
- 砂糖⅓カップ
- ベーキングパウダー大さじ½
- 塩小さじ½
- バター110g
- 生クリーム1カップ

〈作り方〉

①粉、ベーキングパウダー、砂糖、塩はふるっておく。
②よく冷やしたバターを1㎝角に切ってボウルにいれ、①を加えて指先で混ぜ合わせる。両手をこすり合わせるようにしてポロポロになるまで混ぜる。
③生クリームを加えてまとめる。
④厚さ1.5㎝くらいにのばし、6㎝と4㎝くらいのふたつの抜き型で大、小のビ

スケットを作る（各10個）。
⑤180℃のオーブンで小さいものは20〜25分、大きいものはもう少し。大小のケーキの間と上にイチゴやクリームをのせて食べます。

※抜き型は空き缶を使ったり、なければ包丁で四角に切ります。

油揚げとキャベツとカブのサラダ

4月26日

白い大きなカブを、リンゴのようにクルクルと皮をむいて、ナイフで切り取って食べているのは、スタッフの映子さんの友人の「クリシュナ」です。

みずみずしいカブは、生でも甘くておいしいから、私もサラダや即席漬けに使いますが、こういう食べ方ははじめてです。

英国人の彼は、今はインドに住んでいて、「クリシュナ」と呼ばれています。ベジタリアンで、お豆腐も梅干しも大丈夫、納豆は「アイ　キャン…」というので、食べられるけれど積極的にではないのでしょう。

インドにもカブがあるのだそうです。バナナの太い幹を切って地面にさしておけば、また三カ月で実がなるという国、春が待ち遠しい信州とは、また違う世界です。

春のキャベツと白いカブと油揚げでサラダを作りました。油揚げが油を含んでいるので、油はほんの少ししか使いません。さらに、ゴマや刻んだピーナッツ、クルミなどを入れれば、バランスのよいサラダになります。ダイエットメニューとしても、おすすめです。

白樺の木の下でニオイスミレが咲きはじめました。砂糖漬けにするほどはまだないけれど、うれしい「スミレ色」です。ウグイスが上手に鳴くようになりました。ヒヤシンスもサクラソウも鮮やかな色で咲いています。それぞれの花芽がひとまわりずつふくらんできました。

ずっとほしかったクリスタルのモビールが窓辺でお日様を受けて、部屋いっぱいにキラキラと虹を作ってくれます。

「悲しいこと」「忙しいこと」が「楽しいこと」よりも少し多くて、風邪をひいてしまいました。かすれた声が魅力的といわれましたが、やっと元に戻りつつあります。元に戻れる幸せを大切と思って、大きくふくらんでくるぽかぽか暖かい春をたっぷりと浴びたいと思いました。

〈材料〉

・カブ2個
・キャベツ¼個
・油揚げ2枚
・しょうゆ、ごま油、塩、酢、砂糖
・かつお節½カップ

〈作り方〉

①カブは皮をむいて、細い千切りにする。

②キャベツは千切り。

③油揚げは湯通しして水気を切り千切り。

④ドレッシングを作る（しょうゆ大さじ4、ごま油小さじ1、塩小さじ½〜⅓、砂糖小さじ1）。

⑤ボウルに野菜をいれ、ドレッシングとかつお節をいれ、よくあえる。

※次の日の朝食にも、味がしみこんでいておいしい。

タケノコ1本

5月3日

この欄の献立は、私にとってとても大切な記録になりました。

体のリズムは毎年同じように、四季の移り変わりに反応するようです。今日は、お豆腐と春の出はじめの野草とタケノコを使って何か作りたくなりました。

重ならないようにと確かめてみると、この季節はいつも、はじめての野草、スミレ、桜、タンポポ、タケノコ、お豆腐などを使っています。

以前に書いた「たけのこナゲット」は、ほんとうにおいしい一品です。これに今日はお豆腐を組みあわせました。やわらかいのでちびちゃんにもお年寄りにもおすすめです。

手軽なゆでたけのこや缶詰もあるけれ

ど、丸ごとゆでて、あれこれ調理していると、土の中から顔を出した「たけのこさん」となんだか仲良しになったような気がします。料理そのものが楽しくて、腕まくりしてはりきっているのです。

甘皮は細かく切って、油で炒めて、みりんとしょうゆで味を付けます。一番おいしいところは、かつお節と昆布のだしで炊いておきます。かなり固い根元が、ナゲットや豆腐ハンバーグに使う部分です。

となりの広場では植木市が開かれています。これから自分と四季を共にする樹木を探すのは幸せな買い物です。頭の中で、花木は花をつけ、一本の棒のような果樹は、もう心の中でたわわに桃やアンズを実らせています。

私も、友人のくれたパンジーを植えました。レディスマントル、ローマンカモミール、チャイブなど、寒さに強い植物たちが明るい緑色を見せはじめました。二年草のアンジェリカの葉は透き通るような輝く緑です。庭のあちこちで緑の点々が増えました。

野草をかごに集めました。カキドオシ、ヨモギ、白いスミレ、タンポポ、ウコギ、ミツバ。ウコギは「ウコギ飯」を作るほどには、大きくなっていません。小さなイヤリングほどの大きさです。山ウドも頭を出しました。しばらくは春の再会の時、野原や庭に出る回数が多くなりそうです。

―タケノコの揚げバーグ

〈材料〉

・タケノコの根元を挽いて1と½カップ
・豆腐1丁、野草½カップ、卵1〜2個
・シイタケ3個、ニンジン⅕本
・小麦粉大さじ2、片栗粉大さじ1
・サラダ油、しょうゆ、砂糖、みりん

〈作り方〉

①タケノコの土を落とし、頭の先を切って、皮に十字の切れ込みを入れる。
②米のとぎ汁（またはひとつかみの糠）にトウガラシをいれ、丸ごとゆでる。ゆであがったら、そのまま一晩おく。
③豆腐は水気を切っておく。
④皮をはずし、甘皮、やわらかいところ、固いところに分ける。
⑤みじん切りにしたシイタケ、ニンジンを油で炒め、豆腐を入れ炒める。みりん、しょうゆ、砂糖で下味をつける。
⑥⑤の水分を切って、荒く刻んだタケノコ、卵と一緒にフードプロセッサーにかける。
⑦ボウルに取り、刻んだ野草、小麦粉、片栗粉、少量の塩を入れ、小さなハンバーグ状にする。
⑧160〜180℃の油で揚げる。軽く塩を振るか、しょうゆをつけて食べる。
※豆腐を炒めないでそのまま使うときは小麦粉、卵で調節して下さい。

ピクニックのサンドイッチ

5月10日

友人がレタスやエンダイブと一緒に、梨の花を持ってきてくれました。「長十郎」の花は、枝いっぱいに白い花をつけています。

スタッフのかつみさんは、まだ二年目の自宅の桜の枝を、お父上の目を感じつつ、手折ってきてくれました。車で下って行くと、花の数が増えていきます。桜はやっと、近くの竜神池のところまで咲きました。

朝は小鳥の声で目が覚めます。これからはピクニック日和。ただのおにぎりだって、コンビニのお弁当だって、おいしく思える麗しき五月です。

でも、時にはサンドイッチはいかがですか。うちでは細長いパンを焼いて、いろいろ具を詰めます。全体に具を重ねるのではなく、「長い道中」、味を変えるのです。ここまではレタスとハム、ここからは卵とツナ、ポテトサラダなど…。

食パンのサンドイッチは、少し手間がかかります。これなら簡単。水気の多い具はさけて、最初にバターをしっかり塗って防水加工しておきます。お昼になったら切り分けて食べます。市販の細くて長いフランスパンがぴったりです。

このごろは特に、作る人も楽しくて、食べる人も「わっ」とうれしくなるような、お皿が陽気なダンスをしているような料理が作りたくなっています。

ゴールデンウィークはお客様も多くて、レストランの後片づけの時間がかかりました。食器の洗浄機はせっけん水を使っていますから、毎日機械を分解して掃除します。スプーンやフォークは手洗いします。野菜の料理が多いので調理も手間がかかります。それでもお客様とスタッフの健康のため、少しは地球のため、このスタイルを守っていけたらと思っています。

生ごみを庭の隅に埋めに行き、土のついた野菜を仕分けして、たくさんの洗い物を嫌な顔もせず、いつも笑顔で仕事をしてくれるスタッフに、感謝の一週間。

お皿のダンス、きっと上手になりそうです。

〈材料〉
—具Ⓐ
・ツナの缶詰1、アボカド1、タマネギ¼個、マヨネーズ、塩、こしょう（みじん切りにして水にさらし、ツナ、つぶしたアボカド、調味料を混ぜる）
—具Ⓑ
・ハム、バナナの薄切り、レタス
—具Ⓒ
・チーズ、トマト、炒り卵

〈作り方〉
①なるべく長いパンに横に切れ目を入れて、バターや辛子を塗っておく。
②好きな具をそれぞれ区切ってはさむ。

バリバリ食べるレタス包み

5月17日

まだ東京にいたころ、焼き肉屋さんで、「サンチュー」という白菜とサラダ菜を混ぜたような葉に、肉みそを包んで食べたことがありました。みずみずしい葉とつやつやのご飯と甘辛いみそがよく合いました。

その「サンチュー」の苗に、園芸屋さんで出会いました。霜の心配がまだあるのに、つい五株ほど買ってしまいました。包むほどに大きくなる前に、一枚また一枚と食べてしまうので、なかなか大きくなりません。

友人の届けてくれた新鮮なレタスとサラダの山の前で、このメニューを作ることに決めました。丁寧に葉をはずして、よく洗って水気を切ったら大きなざるに山盛りにします。大きな鉢に炊きたての白いご飯、今日は「白」です。木の鉢などにたっぷりの肉みそを入れます。手のひらに葉っぱをのせて、ご飯をのせて、肉みそをのせて、包んでバリバリ食べます。ご自分の口のサイズよりちょっと大きめがおいしそう。

大豆は電子レンジで加熱しておくと、早く煮えます。ふっくらと言うより、皮がはがれて、ちょっと固めの感じですが、これがいいのです。野菜も細かく刻んで炒めて入れます。肉みそはその場でも作れるし、作っておけば、働くお母さんの大忙しの夕食の強い味方です。

手で食べるのは楽しい。お行儀の悪い食べ方は子どもも大好き。もりもり食べてさっと片づきます。お年寄りには葉も具も細かくすれば大丈夫。

以前のスタッフの万里ちゃんが、仕事仲間と寄ってくれました。お互いに休日、何となくゆっくりした気分です。簡単な昼食を用意しました。

ミツバは、かつお節でおひたし。コーレはゆでて、ゴマとマヨネーズであえました。赤米とモチキビを入れたあつあつのご飯に、梅干しを入れておにぎりにしました。冷蔵庫にあったゴボウの卵とじも、温めなおして出動。杜仲茶をやかんいっぱい作りました。友人の手作りのフルーツケーキがデザートです。どれも大きなお皿にたっぷり盛ったら「ごちそう」になりました。外は、新しい緑の芽ぶきがパステル画のようです。窓を開ければおいしい空気、これも「ごちそう」。

パン屋さんで、そのパンを食べさせるカ

フェもやっている人たちは、とても喜んでくれました。お皿が空になるのがうれしい。そのカフェの料理人の茂木さん、優しくてなかなかハンサム、素敵な人です。素材を大切に愛情を持って料理を作っているのが伝わります。都会にも、自分の「ごちそう」を出せる人がたくさんいます。自分の「ごちそう」を見つけることは、大切なことかもしれませんね。

〈材料〉
・レタスやサラダ菜たっぷり
・大豆、みそ、砂糖、酒、合い挽き肉
・ニンニク、ワケギ、シイタケ、ニンジンなど
・炊きたてのご飯、サラダ油

〈作り方〉（肉みそ）
①大豆を平皿に並べて、電子レンジで加熱する。中心がこげるので、様子を見ながら混ぜて、豆がふくらむまで加熱する。
②大豆を煮る。煮えたら水分を切って、フードプロセッサーにかけるか細かく刻む。
③みじん切りの野菜、肉を炒めて、火を止め、みそ、砂糖、酒を入れ、よく混ぜる。大豆を入れて、弱火で練り上げながら、味を調節する。
※甘め、辛め、トウガラシを入れてさら

にピリ辛など、肉、野菜、大豆、多い少ないも好みで。ときどきなめながら作ります。

アンチョビーとクリームチーズのペースト

5月31日

このごろはペーストに凝っています。パンに塗ったり、クラッカーにのせたりします。

アンチョビー（カタクチイワシを塩と油に漬けたもの）とかツナとか缶詰は、突然のお客様の時に便利です。

私がフードプロッセッサーに材料を放り込んでいると、どのくらいの割合ですかと、スタッフに聞かれます。

スイスの農家で研修を終えて帰ってきたアイちゃんに、ジャムのお砂糖の分量を聞かれました。ルバーブのジャムを煮ているときのことです。「えーと、目分量でお砂糖をまぶしておいて、水気が出たら煮ながらなめてみて調節するの」。頼りない返事ではあります。この欄のお料理も分量が書いてないものが多いので、戸惑う方もあるでしょう。

野菜や果物は、同じ種類でも水分やこくも違います。魚や肉やチーズも、そのときによって味が異なります。マークのついた工業製品ではない農産物のはずです。その日の自分の舌で確かめつつ作るのが一番。いわゆる「塩梅《あんばい》」というものです。

ハーブ教室の皆さんと一緒に、お昼を食べました。十時半集合で、まわりの野でホップの新芽を摘みました。そのあいだに私は冷たい飲み物を用意して、ルバーブを摘みました。ごちそうは「ご馳走」、文字通り駆けまわります。

まだ小さなミントとジュースでパンチを作ります。スイートウッドラフ（クルマバソウ）、サラダバーネットの葉、ニオイスミレの花を浮かべます。ソーセージを挽いてトマトと煮込みます。オレガノとタラゴンを入れました。

摘んでくれたホップはかごいっぱい。ウコギのおまけもついていました。ホップの新芽はザクザク切ってバターで炒めて、友人のところの産みたて卵を割り入れてオムレツです。大きなフライパンのまま、テーブルに置きます。

チーズとトマトのザク切りをのせて焼いたシンプルなピタパン、ウコギのお浸し、ルバーブのジャムと焼きたてのパン、差し入れの焼きおむすびも、ベランダの布をかけておしゃれをしたテーブルに並びます。

気持ちの良い風の吹く五月晴れ。芝生に

は、たくさんのフデリンドウが青い星の花を咲かせています。だれも、このお料理の細かな分量は聞きませんでした。テーブルの上には、「大満足！」がのっていたみたいです。

〈材料〉

・アンチョビーの缶詰½
・クリームチーズ1箱（250g）
・タマネギ½〜1個
・チャイブ、ワケギ、サラダネギなど
・他にハーブ、レモンタイム、フェンネル、ディルなど
・レモン汁小さじ1
・こしょう少々

〈作り方〉

―フードプロセッサーを使う場合
①タマネギをみじん切りにして水にさらし、水気をよく切っておく。
②材料全部をフードプロセッサーに入れてよく練る。

―フードプロセッサーを使わない場合
①タマネギは同様。
②ハーブはみじん切り。アンチョビーもみじん切りにして、すり鉢でペースト状にする。クリームチーズを少しずつ入れて混ぜ合わせ、残りの材料、タマネギ、ハーブを入れる。

※アンチョビーは塩辛いので加減して下さい。

ノビルのマリネとバナナのペースト

6月7日

このタイトルを見ると、いったい何と思いますね。いっしょに食べるものではないのですが、先週と今週に思いついたものです。どちらもあまりにも簡単で、極めておいしいのです。

友人が野草と野菜をどっさり運んでくれました。刈りとったばかりのみずみずしいコーレ、ミツバ、タラの芽、山ウド、ミョウガ、大小のフキ、ノビル、イタリアンパセリ、ロケットが調理台を占領します。

ボウルいっぱいの丸いノビルを酢と油に漬けこみました。ゆでたノビルは甘くて、白く透き通ったまま、「ドレッシング」の名の通り、酢と油がきれいな衣を着せてもらって真珠のように輝きました。

今日の採りたての草を調理して、大きな

平たいざるに大きなフキの葉を敷いてのせました。タラの芽のクルミ和えも、コーレのみそマヨネーズ和えも、緑の中で生き生きしています。指や爪の先は「あく」で黒くなりましたが、野草との楽しい一日でした。

このごろは、生協で中国のバナナ、八百屋さんで台湾のバナナが手に入ります。無農薬や農薬の少ないこのバナナを料理によく使います。

アメリカ人のシャロンさんが、小学校のお弁当にピーナツバターをたっぷり塗って、バナナの薄切りをはさんだパンを持っていったこと、そのおいしかったことを夢見るような目をして話してくれます。子どものころの「おいしい!」は、絶対にずっとおいしい思い出です。

私はピーナツバターとバナナをいっしょに混ぜてみました。本当においしかった。パンにも塗ったし、カレーの上にものせてみました。もうひとつ、バターとバナナと、よく炒ったカシューナッツの組み合わせもよかったのです。ピーナッツやクルミもきっと合うと思います。

ジャムのように朝食に添えたり、ただのトーストにも三時のおやつやお茶の時間のお菓子になります。お試し下さい。

午後から雨になりました。はじめはうれしい雨でしたが、強い風が吹いて少し心配になりました。クローブピンクとラベンダーを四角い花壇に交互に植えて、子どもの庭の「だんだん畑」には、ミニニンジンと二十日大根の種を蒔いて、レタスと豆の苗を昨日植えたばかりです。クローブピンクはカーネーションの古い品種です。香りのある花もかわいいのですが、葉も銀色がかっているので、ラベンダーの葉とのコンビネーションが美しいのです。

時間を作っては庭に出ます。つい夢中になって働いていると、夜は食卓の前でよだれを垂らして居眠りをする結果となります。翌朝、朝露をたっぷりともらった植物を見ると、筋肉の痛みも、日焼けもなんのそのと思うのです。

―ノビルのマリネ

〈材料〉

・ノビル適量

・ドレッシング1カップ分（酢¼〜⅓カップ、サラダ油¾〜⅔カップ、砂糖または蜂蜜小さじ1〜2）

・塩少々

〈作り方〉

①ノビルをよく洗い、根元から5㎝くらいに切る。根のひげを切り取る。

②熱湯でさっとゆでる。ざるにあけて冷ます。

③水気を切って容器に移したノビルに、ドレッシングをかける。冷蔵庫に入れ

て冷やす。
④やわらかい茎はゆでて刻んで同じようにする。

―バナナのペースト

〈材料〉
Ⓐ
・バナナ2本
・ピーナッツバター大さじ2
Ⓑ
・バナナ2本
・バター大さじ4
・刻んだナッツ½カップ
・好みで砂糖

〈作り方〉

バナナを輪切りにして混ぜるだけです。レモン汁をバナナにかけておくと変色しにくい。

父の日にミント

6月14日

ハーブは植えてあるけれど、使い方がわからないとおっしゃる方がけっこういらっしゃいます。

特にミント類は、ちょっと植えたら増えちゃって、いったい何に使ったらよいでしょうと聞かれます。ミントは種類も多くて、姿や香りも少しずつ違います。隣接して植えると交配種ができたりもします。

どんどん増えるミントですが、この六月には、爽やかで頼もしいハーブなのです。もうすぐ父の日、お父さんにミントはぴったりです。

さらしやガーゼ、日本手ぬぐいを折りたたんで、ザクザク縫った大きな袋に刈り取ったミントを詰めて、ぽんと湯船に入れます。ハッカの香りのお風呂は、皮膚を清潔にさっぱりとしてくれるデオドラント・バスです。朝風呂、日中のお風呂にどうぞ。若い女性に嫌われる「中年のオジサンの整髪料の匂い」とは格段の違いです。寝る前に入るには、スースー体を冷やしすぎたり、逆にほてらせたりすることもあり、少し強いように思いますが。

二日酔いや胃腸の調子の良くないお父さんにはミントティーを入れてあげます。ひとつまみのミントの葉をポットに入れて熱湯を注いで蒸らすだけです。カップに蜂蜜と枝ごとのミントの葉を入れて、お湯を注いだだけのニュージーランドスタイルも簡単でおいしい。ミントの葉をよけながら飲むワイルドなお茶です。

おしゃれでお酒の好きなお父さんには、細長いグラスに氷をいっぱい入れてバーボンウイスキーを注ぎます。ミントの長い枝をさしてマドラーをそえます。マドラーでミントの葉をつぶしながらバーボンを味わうのです。

これはジェームス・ボンドの好きなカクテルです。「ゴールド・フィンガー」という映画の中、太陽の降りそそぐベランダでショーン・コネリーが飲んでいました。

焼き鳥や冷やっこ、サトイモの煮物の好きなお父さんには、愛のこもった不思議な料理のプレゼントです。夏ミカンとミントの葉とセロリを牛肉でクルクルと巻いてバターで焼いた一品です。包丁で切ると巻き寿司のように、白とオレンジと緑が中心にあらわれます。

でも、ミントのフルコースはちょっと疲れます。この中からひとつかふたつプレゼントして下さい。

じゃまになりはじめたミント、今日から使えそうですね。庭に走っていけば、おいしい飲み物も浴剤もすぐ手に入ります。庭の一角に緑の風が吹いて輝きはじめた気分でしょう。

―ミントを使った牛肉巻き

〈材料〉（4人分）

・牛肉の薄切り12枚
・セロリ1本
・甘夏ミカン1個
・オレンジジュース½カップ
・バター大さじ2
・ミントの葉40枚
・塩、こしょう
・マーマレード
・サラダオイル、小麦粉

〈作り方〉

①夏ミカンの果肉を取り出しておく。
②セロリの筋をとって、長さ5㎝の細い棒状に切る。
③サラダ油少々でセロリを炒める。しんなりしてきたらバターを小さじ1入れて炒め、オレンジジュースをさらに入れて弱火で煮つめる。
④牛肉を広げ（薄いものは2枚を半分重

なるようにする）、バターを塗り、③のセロリ数本、ミカンの果肉、ミントの葉4、5枚を芯に入れ、塩、こしょうしてきっちりと巻く。小麦粉を表面に軽くまぶす。

⑤サラダ油とバターで焼き、最後にマーマレードを薄く塗り、軽く焼く。食べやすい大きさに切る。

焼き野菜のサラダ

6月21日

今日は一日、庭仕事をしました。

梅雨の晴れ間は大切、ついオーバーワークになります。家族の帰宅が遅いので、夕食のしたくの前にお風呂に入りました。袋入りのドライカモミールとラベンダーの精油を落とした少しぜいたくなお風呂です。

お湯につかっていたら、やっと夕食のメニューが浮かびました。その中のひとつ、野菜をぜんぶ輪切りにして、小麦粉をつけて油で焼いて酢じょうゆをかけたサラダが、とてもおいしかったのです。冷えても同じようにおいしい。

温野菜のマリネサラダは、料理の本によく出てきます。洋風ドレッシングをかければプロヴァンス風ですが、これは和風がおいしい。甘みをつけた三杯酢も合います。

食欲のない時にも、野菜がいっぱい食べられる健康メニューです。

「チルドレンズガーデン（子供の庭）」のイチゴの山のイチゴが赤く色づきはじめました。三種類のタイムで作った「羊クッション」も根付いたようです。「ネズミの耳」と呼ばれる草は、黄色い花をお日様といっしょに開き、夕方になると閉じます。

いただいたホオズキ、トウモロコシ、ミニトマトも植えました。段々畑のレタスのわきからミニニンジンや二十日大根も芽を出しました。子供たちに覚えてほしいハーブ、セージやラベンダーも植えました。ラムズイヤー、カレープラント、レモンタイム、ローズゼラニウムなど、不思議な感触や香りももうすぐ味わえます。

入り口は大人だったら小さくなって入らなければならないようなアーチを、スイカズラをからめて作ろうかと思っています。

子供の庭の花壇を作っていると卵のかけらが出てきます。ここは二年前にキッチンの生ごみを埋めていたところです。今は一番若いスタッフが両手にバケツをさげて、さらに遠くの草むらに行きますから、少しずつ確実に庭は広がっています。

まだ少ないけれど、ミミズを見つけました。チョウもテントウムシもやってきます。「きれいですね。よい庭になりましたね」と声をかけられるとうれしくなります。

庭の草を燃やして灰にしたり、林の落葉やわらで腐葉土を作ったり、生ごみを運び続けています。庭も「この毎日」を「ごちそう」と思ってくれたのでしょう。混植した植物はそれぞれいきいき咲いてくれます。

夕方、となりのテニスコートで「バラのいい匂いがする」といっているのが聞こえました。咲きはじめた、日本のオールドローズ、ハマナスの香りが流れているのです。もくもくと庭仕事をしていた私の耳はピンと立って、うれしくて鼻はピクピク動いたのでした。

〈材料〉(4人分)

・ナス2本、ダイコン½本、トマト1個
・サツマイモ½本、ピーマン2個
・小麦粉1カップ
・サラダ油
・しょうゆ、酢

〈作り方〉

①野菜は全部5㎜くらいの厚さに輪切りにして小麦粉をまぶす。
②厚手のフライパンかなべに、野菜の厚さほどの油を入れる。
③野菜を中火で火が通るまで焼く。野菜は、ダイコン、ピーマン、サツマイモ、ナス、トマトの順がよい。ナスは油を使いきり、トマトは熱していると崩れるので最後に。他にニンジン、ジャガイモ、カボチャなどなんでも。
④大皿に盛りつけて、熱いうちに酢じょうゆをかける。

妖精の飲み物

6月28日

バラの花五つとイチゴの実三つと角砂糖二つのお茶です。

フレンチローズ（ローザ・ガリカ）、薬屋さんのバラとも呼ばれる薬用バラを使いました。このバラのそばに立つだけで、もう甘い香りに包まれます。

露を含んだバラと、摘みたての少し酸っぱいイチゴの美しいピンク色のお茶は、妖精のお茶会に出てきそうです。バラがなくても、カモミールとイチゴも優しい味で、これも妖精が喜びそうです。

朝早く、野生のタイムの丘に小さな輪を見つけたら、それは「妖精の輪」。夜の間に妖精たちがダンスを踊ったあとだからというい伝えがあります。ピーターパンのお話には、ケンジントン公園の妖精の中に、鼻がつぶれた妖精がいて、それは夜に明かりのついた家をのぞくためにガラス窓に鼻を押しつけるからと書いてあります。

庭の入り口に、小さな看板をつけました。「フェアリーズ・ガーデン」。妖精を見つけていただく庭です。

庭仕事をしていたら、「植物はいいですね。手をかけるとそれだけ答えてくれる。子供はそうはいかないもの」と、その日は二人の方に同じことをいわれました。「そうですね。でも…」といいかけた言葉を飲み込みました。環境を整えるだけで、植物の自分たちで育つ力を応援しているのが私たちの庭仕事だからです。

結果を期待して求めると思ったとおりいかなかったとがっかりしますけれど、植物は花がなかなか咲かないものも、時間をかけて木になるものも、草原を緑に染める草もあり、本当にいろいろです。

こんなふうに咲いてくれたらと少しは思いますが、小さな芽を見つけたとき、ひんやりとした朝露を感じたとき、庭を渡る風の心地よさに、毎日の喜びもちゃんともらっています。

息子たちが一、二歳のころ、柔らかくて、にこにこしていて、プリプリと全身が躍動していて「希望」そのものでした。もちろん今もかわいいのですが。あの頃の彼らが私にプレゼントしてくれた喜びはまた大きなものでした。年金やボーナスではなくて、期待してはいなかった「日給」なのです。

夜中にダンスを踊りたくなるかもしれな

いし、好奇心で鼻をペチャンコにするかもしれない。子供たちの中に住んでいる妖精はいろんなことをする。それもいいなと思います。私たち大人の中にもまだ妖精が住んでいたら、見つけたいもの、いなかったらもう一度、住まわせてみたいものと思います。

―バラとイチゴ

〈材料〉

・赤いバラの花(できればガリカ種)5個

・摘みたてのイチゴ3個

・角砂糖2

〈作り方〉

①ポットにバラとイチゴを入れる。フォークでイチゴをつぶす。角砂糖を入れる。

②熱湯を注ぎ、5分ほど蒸らす。

③温かいお茶はそのままカップに注ぎ、冷たいお茶は氷を入れたグラスに注ぐ。

―カモミールとイチゴ

〈材料〉

・カモミールの花ひとつかみ

・イチゴ3個

・角砂糖2

〈作り方〉

①ポットにカモミールとイチゴを入れる。フォークでイチゴをつぶし、角砂糖を入れる。

②熱湯を注ぎ、あとはバラのお茶と同じ。

※ガラスのポットに入れるととてもきれい。茶漉しがなくても、花やイチゴをフォークでおさえながら注ぐと簡単です。

ブロッコリーのから揚げ

7月5日

ブロッコリーがどっさり届きました。そのまま一日置いておくと、すぐ黄色くなります。なるべくたくさん使って、あとはさっとゆでて冷凍します。明日のメニューは、ブロッコリーのグリーンカレーです。

切り口も新しいブロッコリーには、青虫がいっぱいついています。スタッフのりえちゃん、ゆでてはかわいそうと、ていねいに取っていたのですが、運の悪い何匹かは、プカリとお湯に浮いてしまいました。

カリフラワーのから揚げがとてもおいしいので、ブロッコリーでもやってみました。衣をつけて揚げるだけ。熱いうちに塩、こしょうをぱらぱらとふれば、外はカリカリ、中はサクサク、甘みがあってひと株丸ごと食べられそうです。

注文する野菜ではなく、友人の運んでくれた、畑直送の野菜を調理するので、仕分けや処理に時間をとられます。若いスタッフたちは、丁寧に洗って、新聞紙に包んだり、漬けたり、煮たり、炒めたりと大切に使います。

イチゴ畑でイチゴを分けてもらえると聞いて、早朝出かけました。いつも通っているのに気がつかなかったイチゴ畑でした。大きく育った葉でひざを濡らしながら、イチゴを摘みました。その日のうちにジャムになります。

目はたくさんの野菜の緑と、真っ赤なイチゴと広い畑や森を見ました。手は野菜を洗ってイチゴを摘み取りました。鼻は朝の草の香りとイチゴの香り、ジャムを煮る匂いを嗅ぎました。耳は小鳥の声を聞き、肌は渡る風を感じました。舌は収穫のあと、戸外で食べた朝食と摘みたてのイチゴを味わいました。五感が喜んでいます。

夜は、ギターと笙《しょう》、しちりきのコンサートを開きました。笙の音は、大気や光を表し、しちりきは生き物の声なのだそうです。その夜にはなかった笛は竜の声。太鼓からの地球の音が聞こえてくるようでした。

二部では、その伴奏で「風舞」という踊りを見せてもらいました。戸外で流れる和楽器とギター。「よたか」を題材にした踊りの終わりに、本物のよたかが遠くで鳴きました。

新鮮なバラの花びらのお茶とバラのクッ

キーと、テーブルに載せたたくさんのラベンダーも、この日のお客様が心に残してくだされぱと用意しました。
見ること、さわること、嗅ぐこと、聞くこと、味わうこと、意識することもなく過ぎていくときの方が多いけれど、ときどきは気をつけて、目や鼻や指先から、身近な心と体の栄養をとって下さい。

〈材料〉
・ブロッコリー1株
・小麦粉1カップ
・サラダ油
・塩、こしょう

〈作り方〉
①ブロッコリーを洗って、食べやすい大きさに手で裂く。
②小麦粉を水で溶いてブロッコリーにからめる。
③中火でゆっくりと揚げる。揚げたてに塩、こしょうする。

バタースコッチと野原のお茶

7月12日

庭で摘んだオレガノの葉をたっぷり入れて焼いてもらったパンと、前日作ったコリアンダーを入れたバタースコッチを氷の袋にのせ、お茶の葉もざるに入れました。かごいっぱいのラベンダーも車に積み込みました。

そこにお客様、大切な用事だったので十五分ほどお話をして、「ごめんなさい。ほんの少し遅れそうです」と電話を入れました。「ちょっと待って下さい。お教室は来週です」。

えっ。手帳をよく見ると、本当に来週でした。月に一度、出掛けているカルチャースクールの日を間違えたのでした。パンもバタースコッチも、とてもおいしくできたのに。

落ち込む私に、みんなは優しい。なぐさめてくれました。もちろん、すぐに元気にはなったけれど、年のせいではない、この性格のせい、もう少し慎重に行動をと、反省しました。

この日にブレンドしたお茶は、庭の野生のスイカズラの花と、乾燥しておいたオオバコの葉、摘みたてのレモンバームでした。バタースコッチは初めて作ったのですが、バターとお砂糖と少々のハーブだけという簡単さが気に入っています。

オレガノは株が大きくなって使いきれなくなって、あとはどうしたらいいでしょうと聞かれるハーブのひとつです。乾燥したほうが香りが増すので、束ねて干しておきます。

乾いたら小さくちぎって瓶に入れておいて、パラパラと料理に入れます。サラダ、スープ、揚げ物、特にイタリア料理によく合います。あら塩をよく炒って、冷ましてからこのオレガノを加えれば、香りの塩、これも瓶に入れて使います。

今日も雨。レタスの株の一部が溶けているし、草花の芽も傷んでいます。届いたキャベツにも虫の穴。梅雨時の庭には、小さなコガネムシがいっぱいいて、バラやバジルの葉をレースのようにしてしまいます。

晴れ間に、ペパーミントやタイムのオイルを薄めてスプレーしてみました。少しは効果があるのですが、この虫の数はいったいどのくらいなのでしょう。雨で洗われた葉の上ではまた宴会が始まっています。

さんさんと降り注ぐ日の光が少し恋しくなりました。

―バタースコッチ

〈材料〉
・バター225g
・三温糖450g
・好みのハーブ大さじ2
・サラダ油少々

〈作り方〉
①バターを弱火にかけて溶かす。
②砂糖を入れ煮つめる。
③冷水の中に②を一滴落として固さをみる。アメ状になればよい。
④柔らかいようなら煮つめて、もう一度、冷水で確かめて火を止める。刻んだハーブを入れ、よくかき混ぜ、油を薄くひいた容器に流し込む。
⑤冷めたら深い切れ込みを入れておく。
⑥固まってから切れ込みにそって切る。
※ゴマやクルミを入れてもおいしい。何も入れなくてもおいしい。

揚げダイコン

7月19日

活きのいいダイコンをもらいました。

次の日にも、泥付きのダイコンが届きました。ダイコンサラダもぬか漬けもおいしい。お味噌汁もいいものです。ことこと炊いたダイコンも、冷たいビールによく合います。

もうひとつ、これもお試し下さい。サイコロ大に切って、たっぷりの油でゆっくり、こんがり揚げたダイコンです。この揚げダイコンと大豆のカレー、とろりとしていい味でした。

レタスやトマトのサラダにも合います。冷えてもおいしいから、ちょっと多めに作ります。揚げたてにじゃこやごまを入れて、ジュッとおしょうゆをかければ、これも一品です。ダイコンをさっぱりとお料理できて、身も心もさわやか、すっきりしました。

諏訪の日赤病院の屋上にハーブが育っているのをご存じですか。

はじめてここのハーブに出会ったのは、昨年の秋のことです。風のヒューヒューと吹く屋上の発泡スチロールの箱の中で、ラベンダーもタイムもローズマリーもボリジもオレガノも、ちゃんと咲いています。

ハーブだけではなくて、ペチュニアもアリッサムも、夏になるとアサガオだって咲きます。小さなトマトやクワイだってあるのです。

古いタイヤを切って作った植木鉢など、不用品が工夫でよみがえります。プランターが発泡スチロールでもタイヤでも、「愛」がいっぱい植えてある庭に、私はいつも感動してしまいます。

コンクリートの上に置かれたプランターは夏の水やりもひと仕事です。まいた種は、どれもいっぱいに発芽し、ローズマリーも越冬しました。患者さんと看護の方たちの温かい気持ちが、屋上のプランターガーデンを生み、育てています。私はこのガーデンが大好きです。

作業療法のひとつとして、その屋上に「ハーブが香る店、タイム」がオープンします。

タイムはハーブの「THYME」のことですが、「TIME」の意味を含めて名付けられました。

患者さんには、つかの間を緑や土の香りと感触、一杯のお茶の味わい、お日様や風を感じて、病気と一時休戦、ひと休みをしてほしい。タイムの花言葉は「勇気」です。通院の人も看護の人も、ドキドキしたり、こわかったりしたら、屋上に上がって、小さな緑の「勇気」を吸って、この小さな店でご自分の小さな勇気を思い出したり見つけて下さい。

「回復」という花を咲かせるために、今、種がまかれたばかりです。しばらくは週に一度十一時から三時まで開きます。オープンは七月十九日（水）です。北のエレベーターで屋上に行けば、緑の植物と看板が見えます。品物もまだ少ないけれど、きっと素敵な場所に育っていくことと思うのです。

〈材料〉

・ダイコン1本

・サラダ油1カップ

〈作り方〉

①ダイコンの皮をむいてサイコロ大に切る。

②油を熱してダイコンを入れる。

③ときどき、ころがしながら中火で表面がキツネ色になるまで揚げる。

④油を切って、熱いうちに塩、こしょう、しょうゆなどをかける。

ピーチポンチ

7月26日

桃のおいしい季節です。

桃の花が一面に咲く春は、本当に桃源郷、シャングリラの世界です。桃の実は神秘的で傷つきやすい果物です。

小さい頃に見た動画の孫悟空が盗む天上の桃にも、舞台のライトに照らされた作りものの、たわわに実のついた桃の木の姿にさえ、私は心ひかれました。

桃の季節は短い。そのまま食べたいし、貴重なジャムも作りたい。ピーチパイもよだれが出そう。

子供の頃の楽しみの一つは、デパートに買い物にいって、食堂に連れていってもらうことでした。デザートに銀色の足のついた器に、ウエハースが一枚ついた丸いアイスクリームか、家では焼けないぼどきれいにむらのない焼き色のホットケーキか、赤い皮を形よく残したリンゴやメロンや缶詰の果物の入った「フルーツポンチ」のどれかを注文しました。

フルーツポンチがフルーツパンチであることに気がついたのは、ずっとあとのことでした。おもてなしの飲み物のフルーチパンチはよく作るのですが、あの懐かしいポンチを作りたくなりました。

今は安いバナナやその頃はなかったキウイを入れます。リンゴは季節はずれだし、定番の赤い缶詰のサクランボもやめておきます。庭にブルーベリーやラズベリー、アカフサスグリ、クワの実があれば最高。グリーン、ピンク、白、紫、赤と自然の色のオンパレードです。

今は、どこでも手のこんだ見栄えもするし、おいしいデザートが食べられますし、売ってもいます。でも、あの頃の小さなアイスクリームとウエハースは何よりもおいしかった。小さな満足がありました。

季節の果物は、きれいにむかれてよそゆきの顔をしているより、家でたっぷり食べられる普段着のものがおいしい。地球の恵みを食べている気がします。

大地の恵みをポンチにしました。桃が入りましたから天上の恵みもいただいた気分です。大きなスプーンですくって口の中にいれると、天上の音楽も聞こえてきそうですよ。

〈材料〉
・桃2個
・キウイフルーツ2個
・バナナ2本、ほかにスモモ、アンズ、ブルーベリーなど
・シロップ（水1カップ、砂糖½カップ）、またはオレンジジュース、アップルジュースなど½カップ

〈作り方〉
①水に砂糖を入れて煮立ててから冷ます。
②果物を食べやすい大きさに切る。
③バナナはレモン汁をふりかけておくと色が変わりにくい。オレンジジュースをふりかけてもよい。
④シロップやジュースをかけて、冷やしておく。
⑤食べる時に、昔はなかった緑のミントの葉を飾る。

うなむす

8月2日

毎日暑いですね。

標高一、一〇〇メートルのここでも、日中はふーふーいっています。食欲はあるのですが、家に帰ってから、火を使って食事を作りたくない！と思うときもあります。

次男と二人だけの夕食に、ウナギの蒲焼きを入れたおむすびを作りました。電子レンジで温めたウナギと庭で摘んだ青ジソ、あつあつの炊飯器のご飯と焼きのり。想像してもおいしそうでしょう。

この夏、一番のおすすめメニューです。「天むす」という、エビのてんぷらを入れたおむすびは有名ですけれど、うなむすも負けません。一人あたりの蒲焼きの量も少なくてすむのに、けっこう満足します。

温かい方がおいしいけれど、青ジソをご

飯に混ぜて、さらに青ジソの葉で包んでのりを巻いたら、行楽のお供に、スポーツのあとに、ハラペコさんたちに喜んでもらえそうです。

麦わら帽子をしっかりかぶって、朝から日差しと熱気のゆらゆらする庭で、飲物に浮かべるボリジやタンジェリンマリーゴールドの花、料理用のマジョラムやバジル、ナスタチュームの花を摘みました。新鮮な植物がすぐ手にはいるのは、ほんとうに幸せです。

暑い夏がめぐるたびに、戦争の辛い思い出がよみがえる方も多いでしょう。年上の友人は、広島で被爆しました。いつも明るい人が、今ごろになると、少年で亡くなった弟さんのことを思って眠れなくなるのです。五十年たっても、人の心の悲しみは風化するものではないのです。

英国のキューガーデンを訪れたとき、ガーデンショップで、やわらかな表情の老夫婦がよく熟れたトマトを持っている写真に目が止まりました。ご主人はワイシャツ、ネクタイにエプロン姿、奥さんは帽子をかぶってスーツ姿、いかにも英国と思ったら、まわりのイラストは、爆弾を落とす戦闘機だったのです。「THE WARTIME KITCHEN AND GARDEN」という戦時中の家庭菜園や子供たちの野菜作り、工夫の料理、保存食などのレシピが載った本でした。野の果実や木の実、ハーブも大活躍したようです。

日本でも、庭が畑に変わって、米ぬかや

イモのつるを食べたり、自家製パンを作ったりと工夫の日々だったようですが、この本の写真からは、明るさが伝わってきます。ほんの少し、植物の育つ日々に喜びを味わったのでしょうか。

人の心から生まれるのも「戦争」なら、かぐわしい植物も、生命を愛する気持ちが生まれるのも、人の心からです。憎しみや悲しみを生むよりも、喜びを生み出す方が、ずーっといいと単純に思います。

〈材料〉

・ウナギの蒲焼き1枚
・青ジソたくさん
・焼きのり2枚
・温かいご飯、塩

〈作り方〉

①蒲焼きをたれと一緒に温めておく。
②青ジソを刻んで、ご飯に混ぜる。
③蒲焼きを¼に切って、小さく重ねて中に入れ、おむすびを作る。
④パリパリののりをたっぷりと巻く。

ご飯のケーキ

8月9日

家族がそれぞれの都合で、朝食は私だけでした。

常備菜もなく、夕食もひとりで簡単に済ませたので、冷蔵庫に入っているのは素材ばかりです。

朝のうちに書いておきたいものと、読んでおきたい本もあるので、とにかく簡単な一品で野菜もいろいろ摂れるものを考えました。子供たちの朝食に、よくパンケーキを作りました。残りご飯に野菜と卵を入れて、フライパンで焼きました。パンケーキの大きさのお好み焼きとは違う、けっこうおいしいものができました。炒めないから炒飯より楽。ご飯党にもうけます。

採りたてのインゲンやゴボウも入れましたから、ちょっとした美容食です。夏休みのブランチメニューにもおすすめします。
香りのコンサートをしました。樹木や花や果物の香りを演奏に合わせて香らせます。インドのビャクダンやトルコのバラの香りは、不思議な異国の空間を作りだします。

その夜は半月、オレンジ色のお月様です。アコースティックギターで「月の組曲」の演奏がはじまると、そっとベランダに出てみました。うっすらと天の川も頭上にあります。満月や三日月より半月は不思議な存在です。

友人に地名と地形がユニークだから探して見てきてといわれて、英国の分厚い本を手渡され、「シープウォッシュ」というデヴォン州の田舎に出かけたことがあります。地形が洗濯板のようになっていて、羊が洗われているような感じだろうと想像するというのです。

地形は緑におおわれてよくわからなかったけれど、教会と郵便局と雑貨屋さんとパブが中心に一軒という静かな村でした。たった一軒のパブは「ハーフムーン」といいました。パブの看板の絵は半月と魚。釣り人たちの情報交換の場所のようです。

プラウマンズランチ（農夫の昼食）とほどよく冷えたビールを味わっていると、大きな茶トラの猫が歓迎してくれました。お月様が半分のときは魚が釣れるのでしょうか。あの猫に聞いてみればよかったと今は思います。

半月の夜に月の光を浴びたら、ピチピチ

の魚のように元気になれるかもしれない。その夜にも出ていったうちの黒猫にも聞いてみなくては。

〈材料〉

・ご飯1カップ
・ゴボウ¼本
・ニンジン¼本
・キャベツひとつかみ
・青ネギ1本
・卵3個
・塩、こしょう、しょうゆ、ソース、ケチャップなど

〈作り方〉

①野菜は洗って皮をむき、荒く切ってフードプロセッサーにかける。ご飯と卵と塩、こしょうも入れて、もう一度フードプロセッサーにかける（フードプロセッサーを使わない時は細かく刻む）。
②フライパンに油をひいて、パンケーキ大の厚さと大きさに焼く。
③好みで、しょうゆ、ソース、ケチャップ、マヨネーズ、バターなどを塗って食べる。

農園のランチ

8月16日

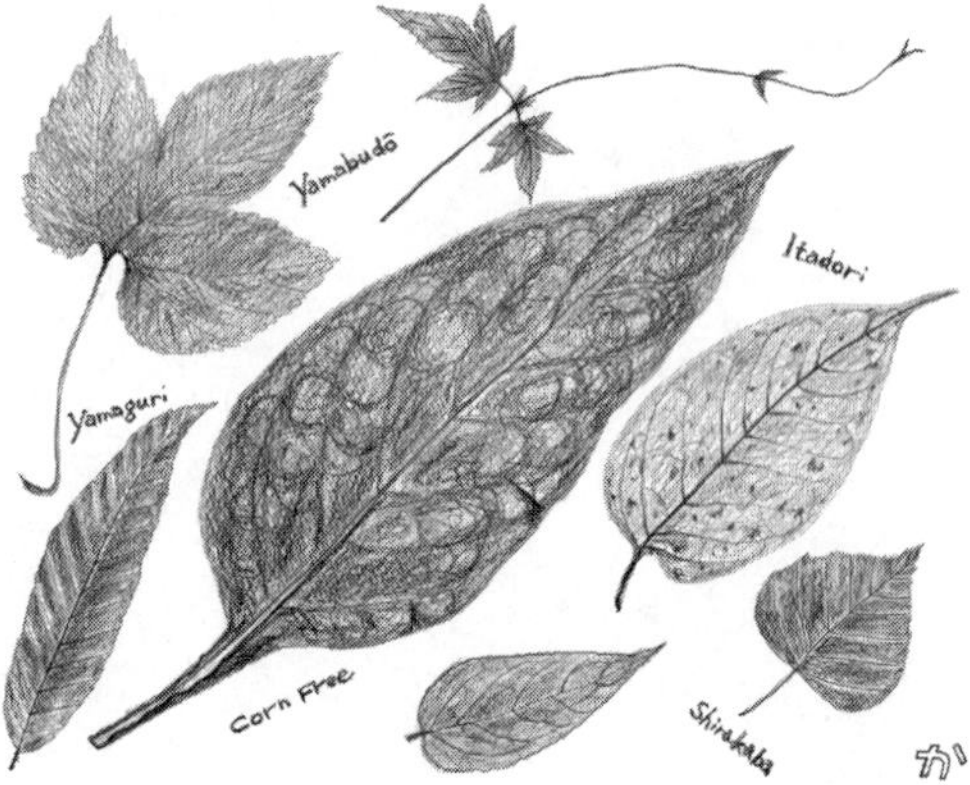

朝一番の仕事は、大きな緑の葉を摘むことです。

イタドリ、山ウド、コンフリー、山ブドウの葉をさっと洗って水にさしておきます。楕円形の籐のお皿に、木の葉を敷きつめて「農園のランチ」を作るのです。小さな栗の葉や白樺の葉には、バターやジャムをのせます。

その日によって、パスタのサラダ、ソーセージ入りのパン、チーズ、小さなケーキに寒天のデザートやフルーツサラダ、ベリーのパイが並べられます。

素材は摘みたてのズッキーニやトウモロコシ、トマト、インゲン、バジル、青ジソ、キュウリなど、畑や庭から総出演ですから、このランチは魅力的です。飲みものは冷たいハーブパンチ。ここにもブルーベリーやブラックベリーと庭の花を浮かべます。

このランチの中で、私の一番のお気に入りは、ネクタリンパンケーキです。ネクタリンの薄切りを並べて焼いたパンケーキに、バターとメープルシロップをたっぷり塗ってほおばると、生きていることがうれしくなります。

こんなふうに書くと作ってみたくなるでしょう。桃やブルーベリーもおいしいけれど、甘酸っぱいネクタリンとの組み合わせは、この夏の発見です。

緑の葉を敷くと、お料理が引き立ちます。一枚や二枚じゃなくて、一面に敷くのがいいのです。すくすくと育った、いろいろの葉っぱを敷くと、その上にのせたおにぎりもお漬けものも、生きているのがうれしくなる味に変わります。

今週は見事な満月でした。お日様をたっぷりあびた健康野菜とよくいいますけれど、月の光、星の光をいっぱい浴びた花や野菜を想像してみて下さい。

何もないお皿の上に、ファンタジーの世界が広がって、月光の味がほんの少しするかもしれません。

〈材料〉(2人分)

・ネクタリン2個
・薄力粉1カップ
・卵2個
・牛乳⅔カップ

・ベーキングパウダー小さじ1
・メープルシロップまたは蜂蜜
・バター、サラダ油

〈作り方〉
①ネクタリンを皮ごと薄くくし形に切る。
②卵を溶いて牛乳を入れ、粉とベーキングパウダーをふるって、さっくり混ぜあわせる。
③フライパンを熱して、2を入れ、ネクタリンを上に並べる。弱火で焼く。
④表面がぷつぷつふくらんできたら、裏返して、ネクタリンに火を通す。
⑤熱いうちにバター、メープルシロップ（蜂蜜やお砂糖）を塗る。

牛肉と野菜のビール煮

8月23日

お盆が過ぎても暑い！。冷たいビールのおいしい日はまだまだ続きそうです。

うちのレストランの夏のメニューは、毎日三種類ですが、作るとすぐ売り切れるのが「ビール煮」です。

ビールはグイッと飲むのが一番なんていわないで、時にはお料理にも少しだけ使って下さい。この煮込み料理は超簡単だから、暑い日に台所に立つ時間も短いし、夏バテの体も元気にしてくれるし、なかなかよい料理です。

日中は暑いけれど、朝晩は涼しい風が通り抜けていきます。帰省した息子が、水道の水が冷たいと感激していました。暑いけれど不快ではない気持ちのいい、おまけの夏をもう少し楽しみましょうか。

コンサートで演奏者に贈る花束を頼まれました。前日の夕方に水を入れたバケツを持って、庭と畑で花を摘みました。次の朝も花を摘みました。

缶や瓶やたらいに入れた花は、アトリエいっぱいです。しっかり水があがってから、花束にまとめます。となりの部屋までいい香りが広がります。

最後のバラから、種から育てたクイーンアンズレースまで約五十種類。野の花とハーブは特に花束には欠かせません。パステルカラーの花束、紫の濃淡の花束、黄色、ピンク、ブルー、組み合わせの楽しみは作る人の喜び。十三個の花束は、どれも大好きな花束です。

雨もぜんぜん降らないし、灌水もしていませんから、歩くと土ぼこりが立つくらい乾いているのに、この庭は今日も私にたくさんのみずみずしい花をくれました。

一緒に庭で育った花たちはどれも仲良し。どう組み合わせても、楽しげで幸せそうです。ただ素直にまとめると美しい花束ができあがります。こんな庭と一緒にいられる、今年の夏もとても幸せです。

〈材料〉
- 薄切りの牛肉300g
- ジャガイモ4個
- ニンジン2本
- タマネギ2個
- インゲンひとつかみ

・ビール中瓶½本
・固形スープの素1個
・塩、こしょう、サラダオイル

〈作り方〉

①ジャガイモ、ニンジンの皮をむいて、ジャガイモは四つ切り、ニンジンはくし形に切る。

②タマネギは薄切りに、牛肉は2〜3㎝の幅に切る。

③タマネギをサラダオイルで火が通るまで炒めてから、牛肉を入れ、炒める。

④ジャガイモ、ニンジン、ビール、ビールと同量の水、固形スープを入れて、野菜が柔らかくなるまで煮る。塩、こしょうで味を整える。

シンプル!夏野菜のカレー

8月30日

冷凍庫の中にはケーキやアイスクリーム、冷蔵庫の中に肉、魚、果物、たっぷりと入っています。英国に一年の予定で旅立っていった次男のための食料品です。
出発前の一週間は、コンサートに行ったり、友人の家に泊まったり呼んだりと忙しく、家での食事の回数がとても少なかったのです。
手の込んだカレーより普通のカレーの好きな次男のために、中辛カレールーがいくつもストックしてあるのです。冷蔵庫の野菜の整理もかねて、カレーを作りました。夫婦二人の食事の用意の簡単なこと。
インゲン、レタスの緑の葉、プチトマト、ナスなど、夏の野菜をたっぷり入れました。ニンジン、ジャガイモ、豚肉、タマネギの定番カレーが好みの息子に、野菜をたくさん食べさせようと、具いっぱいのカレーをよく作りました。

鶏のもも肉もひと固まり丸ごと入れて、プチトマトも丸ごとです。インゲンの緑もきれいで、なんだかとてもおいしいカレーができあがりました。カレーって、どんな野菜もけっこうおいしく食べられます。

次男は高校受験に落ちて、「大検」を取る道を選びました。学割も利かない小さな予備校で、社会人でもない彼は、高校生という資格がいかに便利なものかを知り、説明が必要な今の自分をきちんと認識して、ずいぶんと成長しました。

現在の高校をやめて、来年もう一度受験し直す人、中学の時に病気をしてから登校しにくくなって通信教育を受けている人、アルバイト先でも、英語学校でも、幅広く友人ができました。

次男の行った英国の学校は、いわゆるハイスクールでも語学学校でもありません。教える側、教えられる側と分かれるのではなく、自分自身の中にある「英知」を掘り起こして、先生も生徒も学んで行くといったフリースクールです。

学生ですから、なるべくお金のかからない香港で乗り換える飛行機を選びました。

はじめての海外旅行、乗り換えて入国学生ビザの申請をしてと、初めてづくしのひとり旅です。でも着いてからの電話の第一声は元気で、「スッゲー田舎だよ」でした。

でも君、そのスッゲー田舎だよから一時

間半でロンドンだぞ。いいなあと母は思いました。

残された戸棚のポテトチップス、チョコレートにカップめん、その処遇に悩むのですが、英国の学校の食事はベジタリアンメニュー、肉の大好きな息子の食生活、どう変わるか楽しみな母なのです。

〈材料〉

・インゲン、プチトマト、タマネギ、ニンジン、ナス、レタスの固い緑の葉
・市販のカレールー
・鶏のもも肉1枚
・サラダ油、塩、こしょう

〈作り方〉

①プチトマトを除いた野菜を、好みの大きさに切る。
②深い鍋に油をひいて野菜を炒める。
③鶏肉をそのまま入れて炒める。
④水を入れて野菜に火が通るまで煮る。
⑤プチトマトを入れて煮る。火が通る程度、割れるほど煮ない。
⑥カレールーを入れる。
⑦味を整える。鶏肉は鍋の中で食べやすい大きさにほぐす。

ワカメをのせた目玉焼き

9月6日

　息子たちがいなくなって、朝食は夫婦それぞれの都合のいい時間に食べます。
　まず、犬とネコにおはようといってから、自宅の庭に出ます。半日陰の庭は、ひんやりとしていて、木や草の香りと鳥の声がいっぱいです。
　ギボウシ、ウド、ツユクサ、キンミズヒキの花が咲いています。球根植物が大好きで、やたらに埋めて、どこに何があるのやらわからなくなるのですが、今は白いヒガンバナとたぶんチューベローズと思われる葉が出ています。
　この数日、気に入って作っているのが、この目玉焼きです。朝食は、たっぷりのカップに入れたミルクティーとパンとこれ。朝食の卵料理の新しい一品に加えてみて下さい。和食にもよく合います。

生ワカメの塩を抜いてザクザク切って、水気をふいて小麦粉をまぶして、油でカリッと両面焼いた上に、卵を落としてひっくり返して、あつあつにおしょうゆをかけます。

刻んだシソやしょうがをのせるともっとおいしい。おみそ汁や酢のものもおいしいけれど、歯ごたえのある焼きワカメ、なかなかいけます。

一枚のキッチンペーパーを使って、ワカメの水気を取って、そのままそこに小麦粉を入れてまぶして、終わったら四ツ折りにしてフライパンの油をふき取ります。小麦粉のついたキッチンペーパーを少しぬらせば、スポンジのかわりになって、一回分の食器が洗えます。家族が減ってお皿の数も減ったのに、つい工夫をしてしまいます。

子供のころに事情があって別々に暮らすことになった父が亡くなりました。自分の弱さゆえに、ひとつの家族として暮らせなかったことを、ずっと心の隅で悔やみ、街のおもちゃ屋のウィンドウにあった女の子の人形を三十数年もかわいがって言葉をかけ、ひざにのせて暮らした父。憎しみも愛情も、とめどなく流れる涙が流していきました。

心も体もきっと疲れていたのでしょう。とにかくぐっすり眠りました。やっと仕事場に立ち、庭をめぐり、かご一杯のトマトの赤、ピーマンやパセリの緑、ズッキーニやトウモロコシの黄色、涼風に吹かれる秋の花やハーブが私をどんどん元気にしてくれました。
スタッフの笑顔や私の家族の優しさがうれしいものでした。たくさんの月日をかけてつきあってきた私の場所がありました。あと一週間もすれば、いつもの元気が戻ってくることでしょう。

〈材料〉(2人分)

・生ワカメ2カップ
・卵2個
・サラダ油
・小麦粉
・しょうゆ
・シソ、しょうがなど

〈作り方〉

①生ワカメの塩を抜いて、食べやすい大きさに刻む。
②ワカメの水気をふいて、小麦粉をまぶす。
③フライパンを熱し、油を少し多めに入れて、ワカメを平らにのせる。まわりがカリカリしてきたら、裏返して上に卵を割り入れる。そのまま好みの固さに焼くか、もう一度裏返す。
④シソかしょうがの刻んだものをのせて、しょうゆをかける。

ミョウガのおむすびとピーナッツみそ

9月13日

コンサートの夜、ご近所のAさんが、塗りのお重にきれいに並べたおむすびを差し入れてくれました。

薄緑色と薄い桃色のミョウガと、つやつやの白いご飯のおむすびは、赤い塗りの器によく映えて食欲をそそります。いただいたときはスタッフと歓声をあげました。

ミョウガの香りと程よい塩味のお米のおいしさは、読んでいるだけでも伝わってきませんか。これは大人の味。少し小さめに握ってお弁当やお酒のあとなどにもおいしいものです。

でも、子供たちにも少し味あわせてあげて下さい。きっとこういうものはきらいと先入観を持たずに、「季節の自然の味」はたくさん経験した方が大人になったとき、幸せです。「ミョウガのおむすび」といわれて、おいしそうと香りとともに想像できるのって素敵です。

無人販売所で新鮮なミョウガを売っていたので、このおむすびを作ってみました。スーパーで大きな網袋いっぱいの生の殻付きピーナッツも見つけたので、塩ゆでで堪能したあと、ピーナッツみそを作りました。

いつものように、ざるの上に緑の大きな葉を敷いて、ミョウガのおむすびとピーナッツみそをのせました。満足の一皿です。

塩ゆでのピーナッツの食感て、どこかで味わったことがあると思ったら、梅干しの種の中の「天神様」でした。ゆでたピーナッツは、ほくほくしたり、しゃきしゃきしたりで、とてもおいしい。こちらに住んでから教えてもらった食べ方でした。

栗の青いいがが大きくなってきました。畑の田んぼの稲穂が色づいてきました。ジャガイモ掘りが始まりました。美しい地球の秋です。こんなに美しい地球で、核の実験をする「ひと」という動物はとんでもない生き物です。

〈材料〉

―ミョウガのおむすび
・ミョウガ1カップ
・塩、炊きたてのご飯
―ピーナッツみそ
・ピーナッツ1カップ
・みそ大さじ2

・砂糖大さじ1
・酒大さじ1
・サラダ油

〈作り方〉

①きれいに切ったミョウガを縦に細切りにする。

②塩をまぶして重石をして1時間ほど置く。

③好みの量のミョウガをさっと洗い、よく絞ってご飯と混ぜ、おむすびを握る。細切りにしたミョウガがご飯の間に見えるときれいです。

④鍋に油を敷いて、ピーナッツ、みそ、酒、砂糖を入れて炒る。

洋梨のあつあつ

9月20日

大型の台風が日本を通るという朝、いつものように犬たちと散歩に出かけました。

早く行こうよと催促する彼らも、今日は静かに寝込んでいるようです。お昼にはもっと激しく雨が降るようなので、とにかく出ました。息子たちがいなくなって、散歩は私の日課になりました。

ほおに冷たい雨がここちよく、ほんの少し色づいた草の葉、木の葉の中に、まだ緑はいっぱいです。夏の一番忙しいときに応援に来てくれた「ルヴァン」の茂木さんと電話で「空気が澄んでいて、木の葉の間に光が入って緑がきれい。この緑は、夏、とっても忙しく働いた人への、ごほうびの緑なのよ」と話しました。

茂木さんの心はもう蓼科でしたが、あい

にくの台風。ごほうびはおあずけのようですが、この秋の贈りものはまだまだたくさんありますから大丈夫。

十五年前に拾った犬が何度も子供を生んで、ご近所や友人にもらってもらって、親犬と一匹の子供が残りました。その犬たちも、老犬と熟年犬となりました。

歩いているとクッキーの焼く匂いがしてきました。夕方こねていたクッキー種を、スタッフが朝早くから焼いているようです。二匹と一人、クンクンと「幸せ」をかぎました。

四季おりおりに、私たちやレストランを思って、季節の恵みを届けてくれる人がいます。秋になると洋ナシや紅玉を、今年はどれくらいと声をかけて下さいます。伊那のみすずさんがいつも心をかけてくださる洋ナシが届きました。まだ青い洋ナシを大きな木のボウルに山盛りのせると、それだけで美しい。

青いうちはサラダやお菓子に、熟してきたらジャムやまたお菓子に。若くても熟してきても、どのときだっておいしく食べられます。この「あつあつ」は、若くて形も不揃いのものを使いました。

土鍋に薄切りの梨を敷いて焼いて、クリームをかけてもう一度焼く、その間にバターと砂糖をパラパラと振りかけた、いたって簡単なもの。でも、ちょっと涼しくなったときに、ふーふー食べるフルーツのお菓子は、とてもおいしい!。

老犬と熟年犬の歩く速度のバランスを取

りながら、若くても、年をとっていても、途中でも、それぞれの時、一番うれしいって思いたいねと二匹と一人、話しながら散歩を続けました。

〈材料〉(18cmの土鍋分)
・洋ナシ5個
・バター
・砂糖適量
・サラダ油少々
・クリーム(卵2個、砂糖大さじ1～2、コーンスターチ大さじ2、牛乳120cc)

〈作り方〉
①耐熱の器にサラダ油を塗り、薄切りした洋ナシを円形に並べてゆく。1段目を敷いたら180℃に温めたオーブンで20分ほど焼く。
②もう一度、薄切りの洋ナシを並べて20分焼く。バターとお砂糖を好みの量、振りかけて5分焼く。
③卵と砂糖をボウルでよく混ぜ、コーンスターチと牛乳を入れ、クリームを作る。
④洋ナシの上にクリームを流し入れて、表面が色づくまで約30分焼く。熱いうちにスプーンですくってお皿にのせる。
※コーンスターチがないときは半量の小麦粉で。

サフォークイーストラスク

9月27日

東京の洋書売場で、バーゲンセールをしていました。

とても安いので何冊か買ったうちの一冊に出ていたものです。英国のサフォーク地方の、イーストで作ったラスクです。ラスクというと、小さな山形のカリカリのパンにお砂糖が白くかかったものを思いうかべますが、写真のラスクは、ギザギザの切り口をした丸いものでした。

おもしろそう。単純な料理だから簡単そう。単純な材料の組み合わせは絶対においしいと、作ってみました。

かりっと焼いたのにバターやジャムをのせました。ベーコンや卵でもいい。パン作りより簡単で、朝食やおやつにいい。英国の地方の料理の本でしたから、サフォーク地方でよく作られる焼き菓子なのでしょう。

ハーブ研究家のレスリーを訪れた折に寄ったサフォーク地方のバリーセントトエドモンズという町に「ベイカーズオーブン」というパン屋さんがありました。とても古い、よく見ると傾いているような建物でした。

地元の人でいっぱいの店内の奥は、セルフサービススタイルの手軽なレストランになっています。山盛りのジャガイモ料理とケーキ、なかなかおいしかったのですが、パンや焼き菓子の中に、このサフォークイーストラスクはあったのかもしれません。

エドモンドさんという聖人を埋めたところだから、バリーセントトエドモンズという名が付いたという、びっくりの場所でしたが、英国の田舎は楽しい。特に町のパン屋さんには、その地方の伝統のお菓子やパンが置かれています。サフォーク地方を旅してから何年もたって、そこの焼き菓子に出会えるのはうれしいものです。

スタッフのアイちゃんが、スイスの小麦粉で三つ編みパンを焼いてくれました。ファームステイをしていたところのお母さんが送ってくれた粉です。白いパンなのに、しっかり歯ごたえのある素朴なパンでした。

秋はオーブンを使いたくなる季節です。焼き芋も焼きジャガイモも焼き栗もおいしい。暖かな火が「おいしい」をふっくらとふくらませてくれるのです。

〈材料〉（24枚分）

・薄力粉350g、強力粉350g
・塩小さじ1、砂糖小さじ½
・人肌に温めた牛乳、または牛乳とぬるま湯400mℓ
・ドライイースト小さじ2
・バター100g

〈作り方〉

①塩と粉をふるう、牛乳を温める。
②イーストと砂糖を牛乳の中に入れ、混ぜる。
③5分ほど置く。
④バターを細かく切って粉に入れ、両手でよくこする。
⑤②を④に入れ、よくこねる。
⑥ボウルに生地を入れ、ぬれ布巾をかぶせて、2倍になるまで暖かなところに置く。
⑦よくこねて空気を抜く。
⑧平らにのばして、厚さ1cm、直径5cmの円に抜く。
⑨230℃のオーブンで10～12分、キツネ色になるまで焼く。
⑩ふたつに割って180℃のオーブンでカリッとするまで12分ほど焼く。

※⑨まででもおいしい。⑩まで焼くとラスクになります。

秋のサラダ

10月4日

お料理のクラスで、カボチャと挽き肉のラザニアとこのサラダと洋ナシのケーキを作りました。

ラザニアは、よく熟れたトマトと大きなしっかりしたカボチャとタマネギと、きしめんのようなパスタとチーズ、ホワイトソースを使ってオーブンで焼きます。おいしそうでしょ。

付け合わせには糸ウリをゆでて、赤ピーマンと赤トウガラシのみじん切りを一緒に、スープで煮ました。土なべにバターとカラメルソースをしいて、薄切りの洋ナシをたっぷりと重ねて焼いてから、パイ生地をのせて、もう一度焼いて裏返した「タルト・タタン」は、あつあつのままあるいケーキです。

料理がバターやチーズを使っているので、サラダはさっぱりと、プルーンとレタスに、初ものの柿を使いました。プルーンや柿をサラダになんて思いつかなかったと喜ばれました。出し方ひとつでオードブルにもデザートにもなります。お客様の時にお試し下さい。

テーブルにできたてを並べて、色づきはじめた紅葉を飾ると、「秋」がいっぱいになりました。赤、黄、緑、紫、色あざやかな秋です。

犬たちと散歩をして、ホップやクルミを集めました。ホップ（セイヨウカラハナソウ）は、マジョラムと混ぜて安眠枕を作ります。落ちている青いクルミをどっさりと拾って、すぐ染色をします。新しい実でないといい色がでません。これも一年に一度だけ自然からいただく秋の色です。

庭のハマナスの実はジャムになります。種を取って煮て裏ごしをすると、ほんのわずかですが貴重なジャムです。種をとって干しておくと、酸味と甘味のほどよいコケモモのような味です。干しぶどうやクルミといっしょにケーキやパンに使います。

ジャガイモ、ニンジン、サツマイモ、カボチャ、冬の台所をささえてくれる野菜がつぎつぎと届きます。秋の色は春とは違う、輝くようなきりりとした色です。

木々の間でリスを見ます。彼らも冬の準備に忙しいのでしょう。瑠璃色のサワフタギの実や、オレンジ色のツルウメモドキの実も日の光に輝いています。

身のまわりには「小さな秋」、山のほうへ登っていくと「大きな秋」が見つかります。

〈材料〉（4人分）

・プルーン8個
・柿1個
・レタス½個
・ドレッシング（サラダ油½カップ、リンゴ酢か米酢⅕カップ、蜂蜜小さじ1、塩、こしょう）

〈作り方〉

①プルーンは二つ割りにして、皮と種を取り、縦に薄く切る。
②カキも薄く切る。¼をみじん切りにする。
③ドレッシングを作り、みじん切りのカキを入れる。
④レタスをちぎって皿に盛り、上にプルーンとカキを散らす。食べる直前にドレッシングをかける。

ゴリラビスケット

10月18日

ゴリラのために作るビスケットではなくて、子供たちが自分で作る、大きくて簡単なクッキーです。

ニュージーランドのヘンリエッタさんのレシピで、シマウマの四角いクッキーやミスターラビットのサラダやブタさんのペパーミント菓子やゾウさんのスナックもあります。

スタッフのアイちゃんのお誕生日のプレゼントに焼きました。大きなクッキーには、特大のおせんべいやドラ焼きのようなうれしさがあって、かごからはみ出したクッキーは、贈り物にぴったりです。

ゴリラビスケットのレシピの下には、ゾウもシマウマもゴリラもベジタリアンなので、野菜や果物が大好き。ゴリラさんはこのクッキーを食べるときは、とても静かでお行儀がいいと、オークランド動物園の飼育係のマイクさんのお話がのっていました。つまり、このクッキーはベジタリアンのクッキーということです。

十月は私の誕生日の月です。いつも心のこもった贈りものをいただきます。手作りのもの、手作りのお菓子、摘みたての花、贈る相手の好きなものをよく知っていて選んでくれたものが、心もほのぼのと温めてくれます。

忙しい季節に贈れなかった人への、遅ればせのプレゼントを、私もこの十月に作ります。クッキーやジャム、リース、流行のやせる（?）せっけんなどを作りました。

もっと静かな冬になると、エリコさんの「恐怖のお針仕事」というジャンルがあります。縫いものの得意でない私が作るという努力をかってくれて、一月や二月のお誕生日の人には喜んでもらえます。

今日は、明日がお誕生日の万里ちゃんへ、紅玉のジャムとキャラウェイタイムの小さなリースと、彼女の大好きな白い花束と庭仕事に使う手袋や小さなシャベルをつめて、段ボールの箱がここを出発します。

ささやかなプレゼントや手紙を喜んでくれる人が私のまわりにたくさんいることがうれしくて、散歩の途中に紅葉の一枚やドングリの一粒をポケットに入れる毎日です。

〈材料〉（直径15㎝・4枚分）
・薄力粉2カップ
・オートミール1カップ
・ココナッツミルク½カップ
・バター140g
・砂糖½カップ
・重曹小さじ4
・メープルシロップ小さじ2

〈作り方〉
①室温に溶かしたバターと砂糖、シロップを混ぜる。
②オートミールを細かく刻むか、挽く。
③粉、重曹をふるいにかけ、①と②を混ぜる。
④ボール状に丸めてから、平らにのばし、180℃のオーブンで20分から30分焼く。
※ココナッツミルクを牛乳にかえて、オートミールを押し麦にかえてもいいし、ナッツを入れてもいい。大きいクッキーというのがポイントです。

庭のきのこ汁

10月25日

塩田平に、マツタケを食べに行きました。ここに住んで初めてのことです。

白壁の土蔵や屋根瓦と庭の柿やコスモスが、昔ながらの美しい日本の景色を作り出しています。途中のマルメロの並木で、落ちているマルメロを拾いました。どっしりと大きな、香りの果物です。

山の斜面の仮設のマツタケ小屋で、お昼をいただきました。マツタケはもう終わりの頃で、室に入れて保存しているのもあるし、十月のはじめの週末は人でいっぱいだし、今度は九月の下旬の平日にいらっしゃいと、小屋のご主人は話してくれました。

帰りに信濃デッサン館に寄りました。「夭折の作家」と呼ばれる、若くして亡くなった人たちのデッサンが集められています。

病死、事故死、自殺…、短い命の中で描いたデッサンは、暗く、明るく、さまざまな表情を見せます。

　塩田平を一望に見渡せる庭でコーヒーを飲みました。併設の「槐多庵《かいたあん》」で、地元の作家の鳥の絵のカップひとつと詩集と、道ばたで小さな柿とブドウを買って帰りました。

　父母と夫とでかけた「小さな旅」は、なかなか素敵でした。父が「今日は庭でジコボウを三つ見つけたよ」と言ってくれました。探したら九つありました。

　若いスタッフに食べてもらおうと、きのこ汁を作りました。愛用の縦長の土鍋にいっぱいのきのこ汁は、ちょうどスイスの旅から帰ってきたアイちゃんたちと、日本酒で一杯ということになりました。

　山に入って探したキノコではないから、一種類で量も少ないけれど、とてもおいしかったのです。マツタケもジコボウも私はどちらも好きですが、私の「お財布」は、ぜったいジコボウが好きなようです。

　ともあれ、キノコのおいしい信州の秋です。


〈材料〉
・ジコボウ、マイタケ、シメジなどなんでも
・サトイモ、サツマイモ、ゴボウ
・青菜
・豆腐

・かつおぶし、昆布、みりん、しょうゆ

〈作り方〉

①なべに湯をわかし、ジコボウは、熱湯にくぐらせて、ごみを取り除く。

②だし汁をかつお節と昆布で作る。

③根菜を入れて火が通ったら、キノコを入れひと煮立ちさせ、豆腐や青菜を入れて、みりんとしょうゆで味を整える。

※これも読んでくださる方たちのほうが、キノコの事もよくご存じだし、作り方もないようなものですが。

カボチャとショウガのスープ

11月1日

キッチンの隣のアトリエで、ドスンという音がします。スタッフのアイちゃんが、カボチャをコンクリートの床に落として割っているのです。

農協婦人部のお母さん方に教えてもらった固いかぼちゃの調理法の第一歩です。固いカボチャは、包丁がなかなか入らなくて苦労します。こうして大ざっぱに割れると、あとの調理が簡単です。お試し下さい。

倉庫に運ばれた色とりどりのカボチャは、秋から冬の楽しみの食材です。ズッキーニと書かれた袋の種から、ズッキーニとは似ても似つかない西洋カボチャが育ったりもしました。

黄色やオレンジ色の「ホクホク」から「サクサク」まで、食感と色と味で、煮ものからスープ、パイやケーキとおいしい姿に変わります。

日本人と結婚して日本に暮らすアメリカ人の奥様たちの集まりに、リクエストでこのカボチャとしょうがのスープを作りました。とても簡単なのに、おいしい優秀なスープです。久しぶりのたっぷりの母国語の会話と美しい秋は最大のごちそう。幸せな明るい集まりでした。

わが家の犬が老衰で死にました。目も耳も不自由になって、最後の一週間は大好きだった散歩もできなくなりました。

抱いて小屋の外に出して、落ち葉を踏ませました。見えない目と聞こえない耳と弱った鼻を、木漏れ日とやわらかな風に向けて、せいいっぱい嗅いで聞いて見ていました。

死を迎える朝も落ち葉を踏み、水をたくさん飲んで、日だまりのわらの上で眠って、そのまま逝きました。やってきたときも身ひとつ、去るときも身ひとつ。あたりまえのことだけどなぜか清々しい。主のいなくなった小屋にはふたつの食器とわらが残るのみ。

今年もいくつかの死に出会ったけれど、なんと人間たちの持ち物の多いこと、残ったものの多いこと。考えさせられました。

日だまりで眠るように死んだ老犬の姿と、時折降る落ち葉だけの静謐な場面を、今年の美しい秋とともに胸にしまいした。

〈材料〉（2人分）
・みじん切りのタマネギ1
・オリーブオイル小さじ2
・カボチャ（皮をむいて刻んだもの）1と½カップ
・スープストック（または固形スープと水）2と½カップ
・つぶしたニンニク1片
・塩小さじ½
・すりおろしたしょうが小さじ¾
・刻んだパセリ大さじ3
・塩、こしょう

〈作り方〉
①タマネギをオリーブオイルで柔らかくなるまで炒める。
②カボチャに塩をまぶしておく。
③2カップのスープストックで、カボチャが柔らかくなるまで煮る。
④ニンニクとしょうがを入れ、ひと煮立ちさせる。
⑤④にタマネギと½カップのスープストックを加えて、フードプロセッサーにかける。塩、こしょうで味を整えてパセリを散らす。

キャベツとミートボールのスープ

11月8日

八ケ岳に雪が降りました。

朝の庭にも、はらはらと白いものが舞いました。大好きな月の光は美しいけれど、少し冷たくなりました。

居間の窓から見える林の葉も、残り少なくなりました。地面にはたくさんの落ち葉、踏みしめる音と足の裏の感触は毎年のもうひとつの喜び。春の再生のための大切な蓄えとなります。

庭の一隅にわらの山を積み上げて、これから庭のハーブたちにも、わらの布団をふんわりと掛けてやります。ビニールハウスの中に穴を掘って作った室は二棟になりました。ここで、香りのゼラニウムやローズマリーはこの冬を過ごします。

畑の野菜ももうすぐなくなります。友人

の持ってきてくれた大きなキャベツでスープを作ることにしました。

キャベツはザク切りにして、スープと一緒に圧力釜で煮ます。大きめのミートボールとニンジン、サツマイモ、冷凍しておいたトウモロコシを入れて煮ます。

サワークリームに粒マスタードを入れたものを、盛りつけたスープの上にのせるとごちそうになります。和風がお好きなら、辛子じょうゆをそえます。

洋風鍋にしてもいいですね。いつもハクサイやシュンギクではなくて、ニンジン、サツマイモ、ジャガイモ、キャベツも立派な「鍋」の野菜たちです。

「これ何ですか」「十六ミリの映写機です」「映画やるんですか」「やりたいですね」。

これは、ときどきうちのレストランで交わされる会話です。録音スタジオやプロダクションで使われなくなった、大きなスピーカーと古いしっかりした映写機が店内に置かれているからです。ありがたいことに全部、いただいたものです。

なかなか見に行かれない「地球交響曲(ガイア・シンフォニー)2」や「賢治の学校その1・種山ヶ原」などの映画を、ここでできたらと思います。

日の暮れるのが早くなりました。ガラス窓の外がいつの間にか暗くなって、月が出ると、夢の映画館の開演はいつのことかしらと思うのです。

〈材料〉（4人分）
・合い挽き肉250g
・パン粉またはパン1カップ
・タマネギ½個
・卵1個、牛乳、小麦粉少々
・キャベツ1個
・ニンジン1本
・サツマイモ2本
・トウモロコシ1カップ、
・スープストックまたはスープの素
・塩、こしょう
・ナツメグ

〈作り方〉
①ザク切りにしたキャベツをひたひたのスープストックで、柔らかくなるまでことこと煮る。圧力鍋があれば便利。
②牛乳に浸したパンと挽き肉、みじん切りにしたタマネギ、卵、塩、こしょう、ナツメグをボウルに入れて、よくこねてボールにする。
③鍋にキャベツとスープを入れて、サイコロ大に切ったニンジンやサツマイモを加え煮る。スープを足して、ミートボールをひとつ入れてみて、柔らかさを見る。柔らかすぎる様なら小麦粉を少々入れて練り直す。好みのボールを作って加熱し、塩、こしょうでスープの味を整える。

※野菜の種類、量は適当に。秋の野菜はみんなおいしい。

カリフラワーのカリカリとブロッコリーの和風サラダ

11月15日

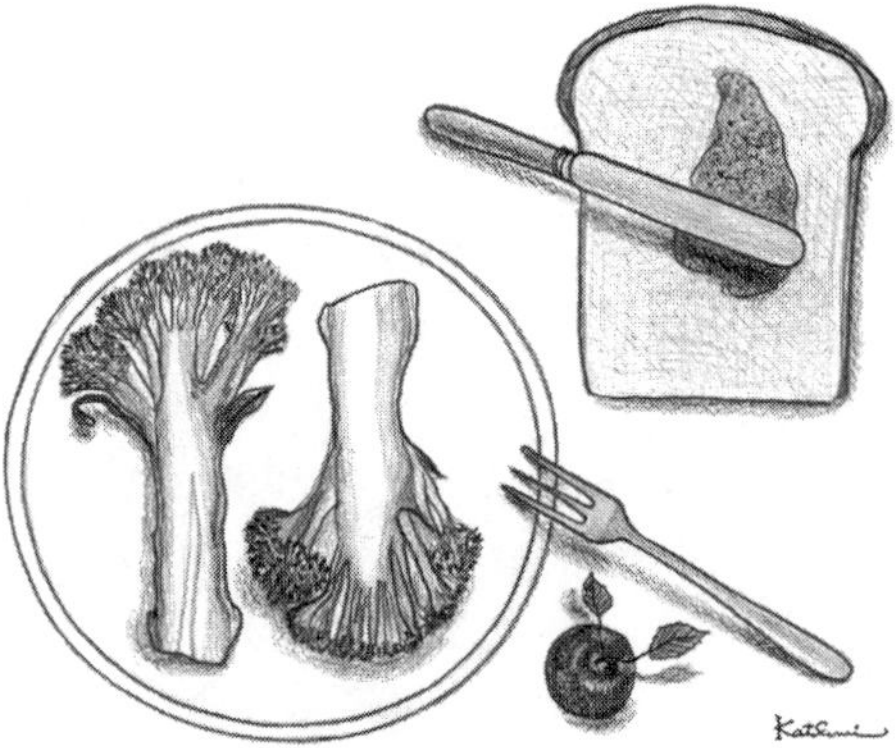

近くの農協のスーパーマーケットに、婦人部の直売コーナーがあります。私の大好きな売場です。

採りたてのみずみずしい野菜が、育てた人の名前を小さく付けて「普段着」で並んでいます。畑が見えるようなコーナーです。カリフラワーの大きな株とビニールの袋いっぱいのブロッコリーを買いました。

カリフラワーを「生」で食べるのは、ご近所のAさんに教えてもらいました。以前は横須賀に住んでいて、お隣の外国の方がよく食べさせてくれたのだそうです。

よく洗ったカリフラワーを小さくちぎって、塩、こしょうをして、手でつまんでポリポリ食べます。これがほんとうにおいしい、自然の甘みと歯ざわりがたまりません。

袋いっぱいのブロッコリーはさっとゆでて下ごしらえをしておくと、サラダ、グラタン、なべ物などにさっと使えて便利です。

次男の学ぶ英国の学校の機関誌が送られてきました。「グリーンノート」というコラムに、庭の桑の実、イチゴやキイチゴ、赤と黒のフサスグリの収穫のこと、今年の夏は暑くて虫が多く、キャベツがレース状になったこと、森のキノコをたくさん取ったことなどが書いてありました。

全寮制の学校の朝食は、各種のシリアルと新鮮な果物、ヨーグルト、トースト、ジャムです。昼食はメーンディッシュと十五種類のサラダから好きなものを選びます。夕食はスープとパンとサラダ。すべてベジタリアンメニューです。他に英国らしくお茶の時間が二度あるようです。

庭や生け垣の果物が朝食の食卓のジャムになり、畑の野菜が献立の一部になる、幸せな食事です。「土からの教育」は大切、ありがたいことと思います。

久しぶりにかかってきた次男の電話で、野菜作りに参加していると聞きました。ここではカラマツが秋のフィナーレの色、次男のいる学校のまわりの森は今、何色でしょう。

昼食の十五種類のサラダの中に、カリフラワーのカリカリが入っているような気がします。指先で体で、土から生まれたみずみずしい野菜や果物とつきあえること、あたりまえだけど素敵です。

―カリフラワーのカリカリ

〈材料〉

カリフラワー、塩

〈作り方〉

①新鮮なカリフラワーをよく洗って、手でひと口大にちぎる。

②塩をまぶして食卓へ。

―ブロッコリーのサラダ

〈材料〉

・ブロッコリー1

・タマネギまたは長ネギ½か1本

・マカロニ1カップ

・ニンニク2片

・しょうゆ、マヨネーズ、サラダ油

〈作り方〉

①ブロッコリーをシャキッとゆでておく。

②マカロニはゆでて、サラダ油をからめておく。

③長ネギはゆでて切っておく。タマネギは薄く切って水にさらす。

④なべにサラダ油をしいて、ニンニクを炒め、こんがりとしたところで火を止めて、しょうゆをジュッとたらす。

⑤野菜とマカロニの水気をよく切って、④のニンニクしょうゆであえる。好みで酢やマヨネーズを加える。

ニンニクのおみそ汁とゆずの香りのリンゴ

11月22日

先日、NHKの教育テレビで、フランスの薬草療法家、モーリス・メッセゲの番組を放送していました。

その中でメッセゲは、神様が下さったハーブの中で、何が一番かと聞かれたら、私はニンニクと答えますと話していました。確かにニンニクは世界中の人に愛されている、一番のハーブかもしれません。

ロンドンのリバティ百貨店のキッチン用品の売場で、素焼きのニンニクを入れる壷をはじめてみました。「ガーリックセラー」と書いてあって、小さな穴が空いた丸い壷のデザインに心ひかれました。

メモ用紙にスケッチしたことを憶えています。素焼きの壷は重い！。買うのはあきらめました。数年後、通信販売のカタログで、台湾製の小さなニンニク壷を見つけました。それからしばらくして、ニンニクの飾りのついた大きな壷をプレゼントでいただきました。大小ふたつの「ガーリックセラー」は台所の大切な一員になりました。

敬愛する作家の住井すゑさんの健康法のひとつに、すりおろしたニンニクを入れた朝食のおみそ汁があります。私もこの二、三日疲れたようです。ニンニクが食べたい！体が野菜をたくさん欲しがっているのもわかります。手持ちの野菜で実だくさんのおみそ汁を作って、こんがり、油で揚げたニンニクを一片入れました。

もう三品、モヤシの炒めたもの、ダイコン葉とジャコを油で炒めて、みりんとおしょうゆをジュッと入れたもの、納豆に青い小ネギをたっぷり入れたものを作りました。

ニンニク入りのおみそ汁とたっぷりの野菜とほかほかご飯、食後にリンゴとかりんとう二、三本、大満足でした。

早めに布団に入って、本を読んでいたら、いつのまにか眠ってしまいました。ストレスをたくさん溜めて、甘いものの過食やファーストフード、外食より、こちらのほうがやっぱり効果があると思いました。

もうひとつ、最近「おいしい」と思うのは、リンゴのむいたものに、ゆずやスダチの絞り汁を少しかけて食べることです。「幸福」としかいいようのない香りとリンゴのジュースいっぱいのシャリシャリはよくあいます。青いスダチやゆずはこの季節だけ。

一年中あるカリフォルニアレモンよりずっとおいしい。レモンティーをやめて、スダチティーやゆずティー、スダチアップルティーなどもおすすめします。
飲んで帰ってきた人や受験生に、ニンニクみそ汁にご飯を入れた、さらりとしたおじや、お試し下さい。二日酔いや食欲のない人に、香りのリンゴ、きっと元気が出ると思います。

―ニンニクのみそ汁

〈材料〉
・ニンジン、ジャガイモ、サツマイモ、青菜、ネギなど冬野菜なんでも
・みそ
・ニンニク（ひとり1片）
・だし汁（かつお節、にぼしなど）
・サラダ油少々

〈作り方〉
①ニンニクを少量の油でゆっくり、こんがり揚げる。
②実だくさんのみそ汁を作る。
③食べるときに、おわんに一片のニンニクを入れて、みそ汁を注ぐ。

―スダチの香りのリンゴ

〈作り方〉

リンゴを食べやすい大きさに切って、塩水にさらしてから水気を切って、上からゆずやスダチの汁をしぼるだけです。

豆と柿のマフィン

11月29日

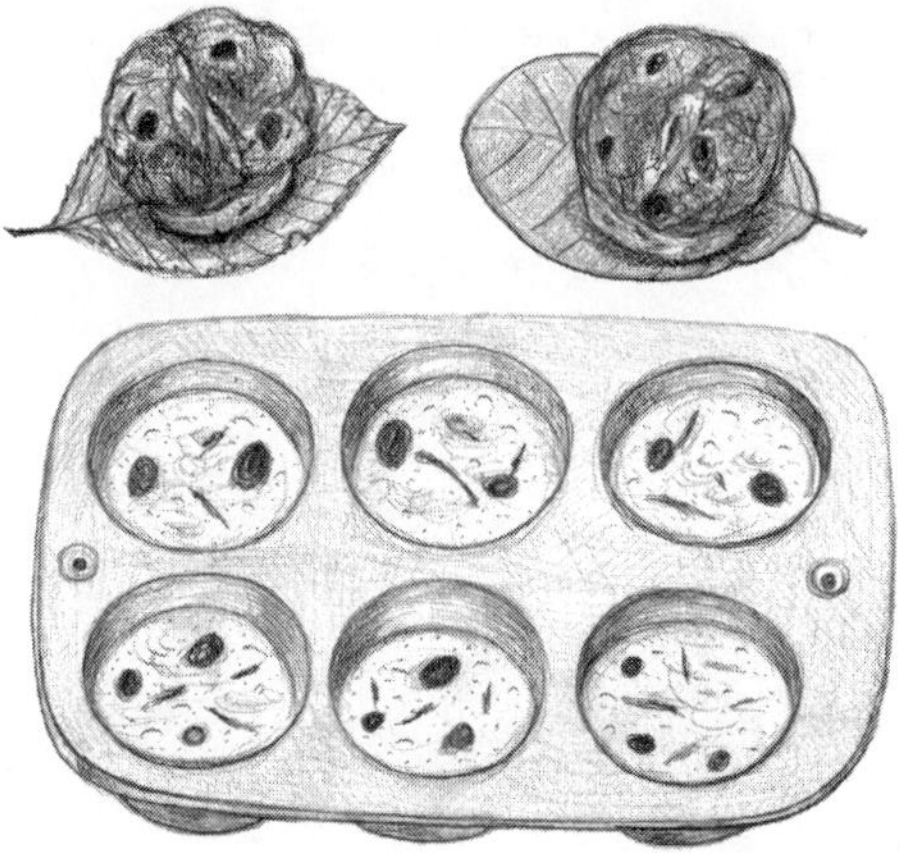

マフィンは、お菓子の中でも簡単でうれしいお菓子のひとつです。

「マフィン」という響きも優しいし、卵やミルクや粉を混ぜて、型に入れて焼くだけなのが好き。以前、「超簡単マフィン」を書きましたが、その応用編です。

ティータイムのお菓子に、よくマフィンを焼きます。生のリンゴや冷凍しておいたブルーベリーを入れますが、この豆と柿の組み合わせもなかなか合います。

ゆず、キンカン、小豆、サツマイモ、干し柿など、日本のおいしい果物や豆や野菜、お菓子にももっと使いましょう。和風のお菓子は心なごみます。

十一月も下旬になると、夏の間のアルバイトをしてくれた人たちも、みんな帰りました。前後して、以前のスタッフが遊びに来てくれたり、はがきや手紙が届きはじめます。なつかしい声の電話がかかったりもします。晩秋、初冬は、ここを思い出す季節なのでしょうか。

最後のアルバイトのチエちゃんと一緒に散歩しました。ひっそりとした別荘地の中は、カラマツのじゅうたんを敷いた道に、カラマツの葉の雨が静かに降っています。

林を抜けて、小さな川のそばを通って、緑色の草地に抜けます。こんな場所、知らなかったとチエちゃんは喜びました。両手にいっぱいの枝やつる、木の実。日なたの草の道には、季節はずれのタンポポの花。生け垣には、小さなバラが二輪。これだから散歩は楽しい。背の高い雑草の茂みで、小鳥が鳴いています。

アルバイトの純ちゃんが旅立つ前の日は、みんなで月夜の散歩をしました。星がいっぱいで池には満月。こんな場所、知らなかったと感激してくれました。うちでアルバイトをした人たち、こういう「散歩のプレゼント」が大好きでした。

季節ごとに見つける美しいひとこま。新しい気持ちでまたひとつ増やすことができました。身近な場所での散歩は、時として遠くへ旅したときと同じように、心がドキドキすることがあってうれしいものです。

〈材料〉
・薄力粉250g
・ベーキングパウダー大さじ1と⅓
・卵2個
・牛乳170g
・サラダ油60g
・蜂蜜50g

〈作り方〉
①オーブンを200℃に温めておく。型に油を塗る。
②粉とベーキングパウダーをふるう。
③卵、牛乳、油、蜂蜜をよく混ぜる。
④粉を③に入れて混ぜる。
⑤型に八分目入れる。
⑥オーブンで約20分、180℃〜200℃で焼く。

干しリンゴと大根の重ね漬け

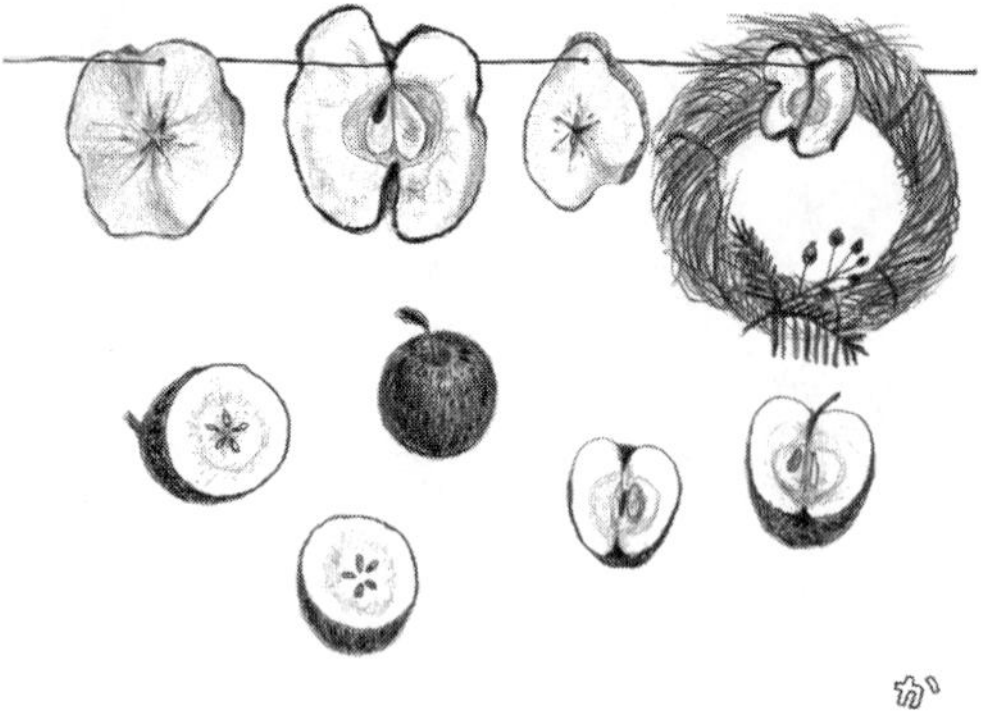

12月6日

リンゴの薄切りが干しあがりました。

大きなリンゴも小さなリンゴも、薄切りにして干しました。皮の色そのままに、アルプス乙女のふちは赤く、王林は緑色です。切り干し大根、干葉、ゆかり、野菜たちはざるの上で、私たちの「冬」を暖めてくれるのです。

干しリンゴはおいしくて便利です。そのまま、つまみ食いは最高。びっくりするほど甘い。植物繊維いっぱいの、自然の甘みです。

小さくちぎって紅茶と混ぜておけば、手作りのアップルティーです。アルプスおとめのひと切れを、空のカップに入れてお客様に出します。それからゆっくりと自家製アップルティーを注ぎます。お茶の中で踊るリンゴの一片のダンスとほのかな甘い香りとが、「ごちそうティー」を作ります。

　このリンゴと大根の重ね漬けはさっぱりしていて、リンゴの甘みが生きます。さっとゆがいたハスの薄切りやニンジンを重ねたら、お正月の一品になります。重ねてから細切りにすれば、変わりなますにもなれるでしょう。キャベツを重ねてもきっとおいしい。

　干しリンゴはリース作りにも使います。縦薄切りも、横薄切りも、それぞれの切り口がなんとも愛らしいのです。リースの台は、わらや野原の草、スイカズラのつるが一番好きです。犬と散歩しながら、あの野原のあの草、あの林のあの実と、頭の中にメモしておきます。球根を植えた鉢を家の中に入れました。急に暖かくなったから、きっともうすぐ芽を出すでしょう。長い冬を過ごす間、緑色の芽は、日一日と伸びて、ひと足先の春を見せてくれるのがうれしいのです。

　庭が霜に覆われてしまうと、家の中の植物たちの小さな変化にも目が届きます。ローズマリーやジャスミンがたくさんの花芽をつけていることや、種から育てたミカンやビワ、アボガドや野生の桃の小さな木に、光があたって、さまざまの緑が輝くのを幸せと思います。

　昨日のとびきりうれしかったことは、レストランの月桂樹の大きな鉢に、アイちゃんが埋めた「スイスのマロニエ」の種が芽を出したことです。こういう「うれしいこと」は、今、評判の「脳内モルヒネ・エンドルフィン」がきっとたくさん出ていると私は思うのです。

〈材料〉

・大根½本
・干しリンゴ7～8枚
・ゆずの皮少々
・塩、酢

〈作り方〉

①大根を薄切りにして容器に平らに並べ、塩を軽くふる。
②干しリンゴを大根の上に並べる。
③そのうえに大根を並べて塩をふる。
④交互に重ねて、重石をして半日置くと水が上がる。
⑤酢とゆずを好みで少し入れ、半日おく。

※干しリンゴの作り方
リンゴを縦か横に3㎝くらいの薄切りにして、ざるの上に広げ、天日に干す。一週間くらいで乾く。低農薬のものがあればなおよい。

ダイコンとエビとおもちののり巻き揚げ

12月13日

忘年会のテーブルには、海の幸、山の幸の料理が並びます。

さまざまの食材の、お刺身から揚げ物まで、わが家だったら何日分のメニューでしょう。よくばっていろいろいただいても、そう一度に入るものではありません。

主婦にとっては、あと片づけのない外食はうれしいし楽しいのですけれど、働き盛りの人、おつきあいの多い人は、これが続けばおなかも疲れることでしょう。

どこにでもある材料で、おいしい！というのが「家庭の味」です。最近、気に入って作っている「うちの食卓」の一品です。

大根が入っているので、もたれません。エビの香りがほんのりしていい感じです。あつあつをホーホーといいながらほおばれば、甘くない、しっかりとした冬のおやつです。

パリパリののりで巻いたら、ごはん粒で止めます。これがいいのです。ただ欠点は、おいしいからつい食べすぎること。これで晩酌のあとは、さらりと野菜がゆとお漬けものなどにしておきます。

近くの大きなズミ（コナシ）の木に、美しいヤドリギがついています。たったひとつだったのが何年もたって、今は五つもあります。

薬効もあり、木に寄生してたくましく生きるヤドリギは、神秘的なたくさんのいい伝えを持ち、モミの木やヒイラギと同じように、クリスマスの木として知られています。

フランスのノルマンディー地方のリンゴ園では、装飾用の大きなヤドリギを栽培しているのだそうです。ズミの木のヤドリギもたくさんに増えました。はしごをわたして、やっとのこと、大きいものをいただきました。

まだ緑色の厚い葉と真珠のような実は、つやつやしています。そばで見るのは初めてですが、装飾デザインとしても美しいものです。たったひとつ、うちにあるクリスマスのティーカップの内側にも、この枝が描かれています。

今年のクリスマスの飾りは、このヤドリギだけで満足です。玄関のそばの枯れてしまったカエデの木につるしました。その下には、チェックのテディベアが置いてあります。

レストランのはりからもつるしました。お日様があたると、この「生命の木」は、まわりにいっぱいのエネルギーを振りまきます。

ヤドリギの下では、だれにでもキスができるという、クリスマスの楽しいいい伝えがあります。で、うちとうちのまわりには、三カ所、「ヤドリギの下」があるんですよ。

〈材料〉（切りもち3つで15個）
・冷凍エビ8尾
・焼きのり4枚
・大根
・サラダ油
・塩少々

〈作り方〉
①切りもちひとつを5つに拍子型に切る。同じ大きさと長さに大根を切る。
②エビの皮をむいて、背わたを取り2枚に分ける。
③エビをはさむように、もちと大根を重ねる。
④焼きのりでぐるりと巻いて、ごはん粒で止める。
⑤なべに油を熱して、もちがふくらむまで揚げて、すぐに塩をふる。

ゴボウとタマネギのカレー
炒り大豆ご飯

12月20日

冬になると、訪ねてくださるお客様は、とても少なくなります。

レストランのメニューの種類も少なくなりますが、冬の道をわざわざ来てくださるお客様をがっかりさせたくはありません。毎日、おいしくて、元気がでる、楽しいメニューを考えます。これもそのひとつです。

冬越し用の野菜が、八百屋さんやスーパーの店頭に並ぶのは、この土地らしい風景のひとつだと思います。どろ付きのどっさりのゴボウの束は、暖かくて健康な冬を約束してくれるような気がします。

お母さんのカレーやキャンプで作るカレーは、ジャガイモ、ニンジン、タマネギ、豚肉が、おいしい「定番」ですが、時にはこんな簡単なカレーもお試し下さい。

市販のカレールウではなくて、市販のカレー粉のほうが合っています。さらさらとしたカレーに仕上がります。

香ばしい大豆ご飯を丸いお茶碗でぽこんと抜いて、針しょうがをのせて、わきにこのゴボウカレーを盛ると、珍しくておいしいひと皿です。

朝、起きると、まわりは真っ白な雪に覆われていました。日が射すと、木や地面の雪がキラキラと輝きはじめて、私の大好きなプリズムのように光が散ります。

花がなくなった分だけ、林や野原は、こういう「花」をたくさん見せてくれるのが、ここの冬です。木々はすっかり葉を落として、自分の根のまわりに布団を掛けています。冬芽は春の新芽となる準備ができています。新年の準備の何と簡単なこと。

人間の暮らしも大掃除の時ですが、心の奥の「偏見」や「嫉妬」「劣等感」などといったものは、すっかり処分して、柔らかい愛情と素直な心をふっくらとたたんで、一番出しやすいところにおけたらと思います。

「FREE AS A BIRD」は、ビートルズのひとり、ジョン・レノンの残したテープに、他の三人のメンバーが音を加えて完成させた曲です。鳥のように自由に、かつては覚えていた、感じていた、あの大切な感覚を、もう一度思い出して、鳥のように自由に飛ぼうという内容です。

生まれる前は翼をもっていたのに、生まれてしまったら翼の記憶をなくしてしまった私たち、来年は鳥のように自由に！

〈材料〉(約4人分)
・ゴボウ2本
・タマネギ4個
・カレー粉大さじ2～4
・バター大さじ1
・クミンシード大さじ1
・塩、こしょう
・スープストックまたは固形スープの素
・大豆½カップ
・サラダ油少々
・しょうが少々

〈作り方〉
①タマネギは薄切り、ゴボウは小さなささがきにして水にさらす。
②鍋にサラダ油を入れ、クミンがシューッと泡立つようになったら、タマネギを入れてよく炒める。水を切ったゴボウをいれ、さらに炒める。
③カレー粉とバターを入れ炒める。
④スープストックをひたひたになるくらい入れ煮る。野菜が柔らかくなって、自然のとろみがでたら、塩、こしょうをする。

―大豆ご飯
⑤大豆は電子レンジで、豆が楕円にふくらむまで加熱すると便利。こんがりと香りがつくまで、フライパンで炒る。
⑥荒めに刻んでご飯に炊きこむ。

※クミンシードがなくても大丈夫です。

ユリ根マヨネーズと
ジャガイモマヨネーズ

12月27日

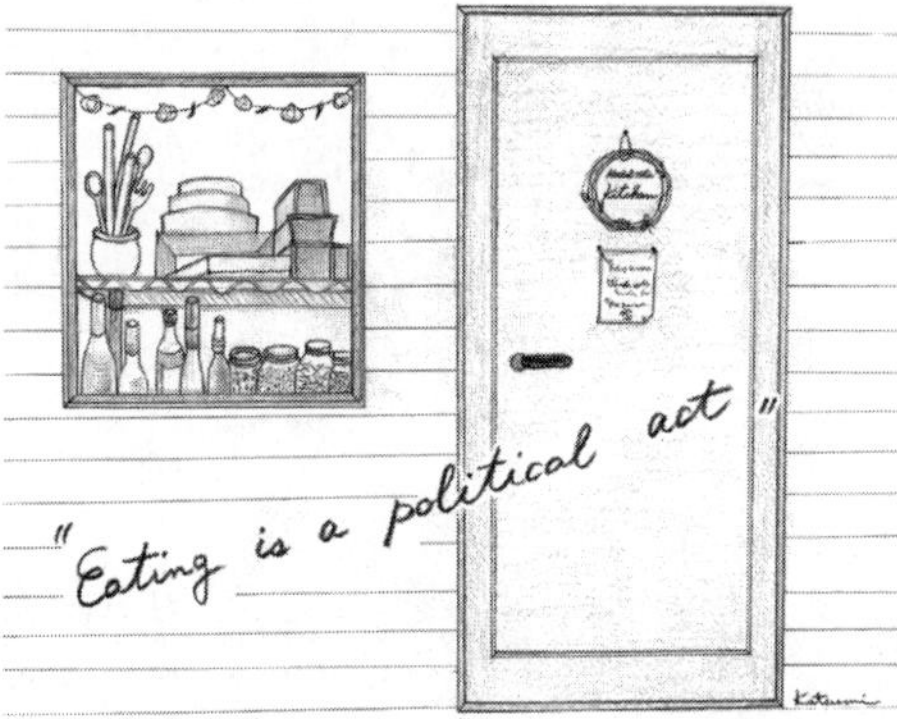
"Eating is a political act"

とてもおいしいサラダをいただきました。

大皿のごちそうがたくさん並んだテーブルの中のひとつです。いろいろいただきながら、またそのサラダを食べたくなるのです。

ある地方自治体の保養所の調理をしている人たちの研修を頼まれました。うちのキッチンで何回か実習をして、来年は保養所のキッチンで実習をします。

一度は外でということで、近くの民宿「長養館」さんに昼食をお願いしました。野菜もお米もみそも全部、自前、手作りです。もと看護婦さんの奥さんが調理をします。

栄養のバランスも素材の生かし方も、よく研究していらっしゃいます。工夫され、ひとつひとつの料理に心がこもっていました。

いただいた私たちも全員女性。アイデアやコツは、仕事だけではなく、家庭の食事にも応用できそうです。

そのサラダは、大根の千切りの中に、シャリシャリのリンゴの千切りと軽くゆでた刺し身用の小エビが入っていて、マヨネーズであえてあります。サラダに果物が入ったのが嫌いな二人がおいしいおいしいと食べました。

何でもないサラダの秘密はマヨネーズです。ゆでたユリ根やジャガイモをつぶし、マヨネーズにまぜてあったのです。

大根は、たくさん取れた時に輪切りにして、甘酢につけておくのだそうです。マスのマリネ、おそばとヤマイモの蒸しもの、フナの煮付け、ワカサギのカレー味風味の唐揚げ、ブロッコリーと柿の、とうもろこし粉の入ったクリームソースに、豚の角煮をおもちで包んで汁をはったものなど、この日の研修用に作ってくれたメニューは盛りだくさんでした。

信州に保養に来る都会の人は、こういうメニューが大好きです。たっぷりのお漬物やおいしい野菜の献立がすごくうれしいのです。

長養館の奥さんには、長男が保育園の時に出合いました。これから入学する小学校の給食が、センター方式になってしまうという時に、立ち上がった人たちの一人でした。おかげで息子たちは、おいしい温かな給食をいただいて大きくなりました。

「食」は人を癒し、育てます。私もいつのまにか「食」を仕事のひとつに選んでいました。うちのキッチンのドアには、この欄の初代のイラストを描いてくれた万里ちゃんの絵と文字で、私の大好きな言葉、「食べることは生き方(EATING IS A POLITICAL ACT)」と書いたメモがピンで止めてあります。新しいスタッフは毎日、この文字を目にするのです。

私が思っていたよりも、はるかに多くの方が、この欄を楽しみにして下さることを、この三年間に知りました。応援して下さって、ありがとうございます。

新年の光が、すべての私たちの上に暖かく輝きますように、地球が平和で気持ちのいい緑の星でいられますように。ありがとうございました。


〈材料〉
・ユリ根かジャガイモ1個
・マヨネーズ1カップ

〈作り方〉
①ユリ根かジャガイモをゆで汁が残らないようにほっくりとゆでる。
②熱いうちにつぶす。
③マヨネーズとよく混ぜる。

風の匂い

1996年

1996年（平成8年）

英・皇太子夫妻の離婚が成立
ペルーの日本大使公邸がゲリラに占拠される
病原性大腸菌O−157による集団食中毒
アトランタオリンピック

スープの中の幸せなジャガイモ

1月10日

今年のレストランの最初のメニューです。

食品庫に眠る、箱の中のジャガイモが芽を出しはじめました。ジャガイモが「春」を一番先に感じたのでしょうか。

温かなスープの中にポコンとのった大きなジャガイモが、とてもおいしそうです。作り方を書くと長くなって難しそうですけれど、ふかしたジャガイモの上をくり抜いて、ハンバーグ種とチーズを入れて、スープの真ん中に座らせた、簡単なお料理です。

肉は、冷蔵庫の中にある鶏肉やハムでもいいし、ジャガイモやニンジンはストックのあるものですから、わざわざ買い物に行かなくてもできます。

冬の台所では、貯蔵してある長ネギや

ジャガイモが、上手にお皿の主役を務めると、野菜も喜んでいるようで、とてもうれしいのです。

新しい年がやってきました。年を重ねるごとに、一年一年がさらにいとおしく感じられます。凛と輝く白い山に囲まれて、澄みきった空気をたっぷりと吸い込みました。つぎには、本物の春がやってきます。

窓辺のジャスミンの花がひとつ咲きました。次男が再び、英国に旅立つ明け方のことです。「いい匂いだね」の言葉を残して出ていきました。

季節に出会うことも、季節と別れることも、人と出会うことも、人と別れることも、ひとつひとつが大切なこと、いとおしいことと思うのです。

〈材料〉(4人分)

・ジャガイモ4個
・牛挽き肉100g
・タマネギ½個
・パン粉またはパン½カップ
・パセリ
・牛乳
・パルメザンチーズまたは溶けるチーズ
・卵1個

—スープ

・ニンジン1本
・押し麦⅓カップ
・タマネギ½個
・スープストックまたは固形スープの素
・干しシイタケ2個、昆布1枚
・塩、こしょう

〈作り方〉

①ジャガイモを丸ごと、皮つきのまま、ふかすかゆでる。

②スープを作る。干しシイタケ、昆布を水に戻しておく。ニンジンはサイコロ大、タマネギはみじん切りにして、スープで煮る。押し麦を入れてさらに煮る。固形スープを入れ、塩、こしょうで味を整える。

③ハンバーグ種を作る。タマネギはみじん切り、牛乳に浸したパン粉、卵、挽き肉をよく混ぜ、あればナツメグを入れ、塩、こしょうする。

④火の通ったジャガイモの皮をむいて、スプーンでゴルフボール大に、上からくり抜いて、チーズとハンバーグ種を詰め込む。

⑤容器にスープの半分を入れて、ジャガイモを並べる。オーブン180℃で、肉に火が通るまで焼く。

⑥食べるときに残りのスープをかける。大皿盛りでも、銘々皿でも。

※オーブンを使わなくても、平たい鍋にジャガイモを並べてスープを入れて、ふたをして煮るといい。家庭の台所の事情に合わせて作って下さい。和風のおしょうゆ味も、おいしいと思います。スープの分量は適当に。

セージの葉のお茶

1月17日

「風邪ひきさん」が、まわりにたくさんいます。

年末年始は、東京から来た義姉も、息子たちも、程度の差はありましたが、風邪をひいていました。おのおのの体力で回復していきましたが、活躍したのが、セージの葉のお茶でした。

お正月が終わって、平常の暮らしに戻った私も、少し風邪ぎみです。くしゃみが出て、鼻水も出てきます。喉も少し痛い。たっぷりのセージ茶でうがいをします。喉の痛みがとれます。

ユーカリやパイン（松）の精油を、お湯に落として吸い込んだり、香りを部屋中にたてたりもします。

体のバランスが崩れると風邪にかかりや

すい。風邪は、そんなに走らないで、ゆっくり歩きましょうのサインです。

タイム（ジャコウソウ）の葉やローズマリー（マンネンロウ）の葉を加えてお茶にすることもあります。「おばあさんの知恵袋」にはジャーマンカモミールの花のお茶が出てきます。

番茶に塩を入れてうがいをしたり、大根に蜂蜜、ネギとみそ、ハスとしょうがなど、自然の「薬」はたくさんあります。どれも草を楽しむ療法です。

風邪の一番の治療法は、あわててお医者様にかけ込むことより、暖かくして、栄養補給をして、よく眠ることかもしれません。自分の体の調子をよく覚えて、満員の病院の待合い室は、急いでお医者様が必要な人にあけておいてあげましょう。

昨年も地域のハーブ教室で、たくさんの方と勉強をさせていただきました。セージやタイムを憶えていますか。とても役立つ草です。今年はぜひ、使って下さいね。

「竜の鳴き声」を聞きに、近くの竜神池に犬と出かけました。寒い日の次の日が暖かな午前中、水の底から大きな不思議な音が響きわたると新年の集まりで教えていただきました。

曇りの日で鳴き声は聞こえませんでしたが、久しぶりに風の音を聞きました。林をわたるゴーゴーと風の音、でも小鳥の声もするのです。ビルの谷間を吹く寒い風と違って、木立や空をわたる風は冷たいけれど気持ちがいい。

息子たちがしていた犬の散歩は、今、私の役目です。おかげで、いろいろな時と場所の風景や香りを楽しませてもらっています。「竜の鳴き声」を探しに入ったことで、またひとつ、素敵な世界があることを改めて教えてもらいました。

—セージのお茶の淹れ方

〈用意するもの〉
・大きなカップ（大きいほどよい）
・セージの葉を山盛りひとつまみ
・わかしたての熱湯
・カップのためのふた（小皿でいい）

〈淹れ方〉
①セージの葉をあまり細かくしないで、カップにたっぷり入れる。
②熱湯を注いで、ふたをして10分蒸らす。
③飲んだり、うがいに使う。ふたについた水滴は大切にカップに戻すこと。もう一度、熱湯をそそいで、同じように使える。

※セージは香りが強いので、ポットを使うと香りが移るので、専用のポット以外は、カップを直接利用すると便利です。妊娠中の人は、このお茶は飲まない方がいいようです。

ハスのサラダとトウヒの香り

1月24日

子供たちがいない食卓は簡素そのものです。

昨日は、赤米と麦、キビを入れたご飯を炊きました。ハスとニンジンのサラダを作りました。冬の献立には、よくハスが登場します。

帰省した息子たちの好きなのは、大きなハスの輪切りのてんぷらと、薄切りのハスのきんぴらです。てんぷらは小麦粉を冷たい水で溶いたものをからりと揚げて、塩やおしょうゆをかけるだけ、きんぴらもサラダ油で炒めて、最後におしょうゆと少々のごま油を入れて炒りつけるだけです。

ハスは自然の甘みがとてもおいしい。大好きなのがよくわかります。すり下ろしてお豆腐のハンバーグに入れたり、以前にこの欄に書いた「ハスのおかゆ」は私の「大好き」です。

漂白されてない、自然のままのハスがおいしい。この世のものとは思われない美しいハスの花の根っこが、とてもおいしいのは、神様が人間に下さった素敵なプレゼントのひとつと思います。

サラダのハスは蒸してみました。冬の暮らしの台所には、蒸し器もよく登場します。固くなったロールパンも蒸してから焼くと、ホカホカフワフワです。

ハスとニンジンは、辛子とマヨネーズとおしょうゆでからめます。少し多めに作っておくと、朝食のパンにも合います。

冬の針葉樹で糸を染めました。「トウヒ」と「イチイ」です。トウヒは煮るととてもいい匂いです。湯気が出始めると、スタッフが次々にやってきます。染色室は森の香りでいっぱいです。

世界中に、それぞれの木にいろいろない伝えがあります。この木もヤドリギのように生命の木、精霊の木であり、白樺のように、春や夏を招いてくれる木であるようです。

染液をとった、湯気のもくもくあがる、かごいっぱいの枝をスタッフルームにもっていきました。天然の加湿器は、すばらしいリラックス効果もあります。

これなら、寝たきりの人にも、簡単に森の散歩を味あわせてあげられます。大きな鍋にたっぷりのトウヒと水を入れて煮ます。少し冷めたら枝を取り除いて、手を浸します。香りと温かさが体中に伝わるでしょう。
　冬の森から、ふたつの色をもらいました。イチイからは、薄茶にオリーブ色のかったもの、トウヒからは、とても優しいクリーム色です。どちらも、絵の具やクレヨンの名前にはない、美しい色でした。

〈材料〉
・ハス1本
・ニンジン½本
・しょうゆ
・マヨネーズ
・ねりからし

〈作り方〉
①ニンジン、ハスは、食べやすい大きさの薄切りにする。
②火が通るまで蒸して、マヨネーズ、ねりからし、少々のしょうゆであえる。炒りごまを入れるとさらにおいしい。

かぶら袋

か　1月31日

「日本昔話」のような名前をつけましたけれど、ただの油揚げにカブを入れてたいたものです。

「煮た」というより「炊いた」というほうが京風でおいしそうです。青菜と油揚げの「煮浸し」もよく作りますけれど、青菜を袋に入れると食べやすい。

家族の少なくなった今では、油揚げも冷凍しておいて、必要なだけ取り出して使います。一束のカブも、即席漬け、サラダ、おみそ汁の具と、もうひとつこのメニューと、楽しみが増えました。

油揚げの袋の中には、カブの実も茎も葉も刻んで入れます。とろりと甘くておいしい。おはしを持って両手を合わせて、いただきますといいたくなる素朴な精進料理です。

新しいカレンダーがパラパラと風に吹かれて、春の季節を開いてしまったような暖かい日がありました。遅い種まきで、秋までに花を咲かせることのできなかった鉢植えを室内に入れておいたら、ガラス越しの光に育てられて、小さな花を咲かせました。

ムーンライトガーデンミックスという、月夜の庭のための種でした。ひょろひょろと長い茎の先のひとつひとつにつぼみがついています。ガラス越しだけれど、お月様の光にも助けられて、どうぞ、本当の春まで咲いていてねと声をかけたのですが。

「もの食う人びと」(辺見庸・共同通信社)を読みました。中年の記者が、歯の治療と胃の検査をすませて旅に出ます。グルメの旅ではないのです。バングラデシュ、ベトナム、ドイツ、ロシア、ソマリア、チェルノブイリ…。

「食べる」という直接の行為の向こうに政治や人間の業が見えます。行く先々にもの食う人びとがいて、今それを食う十二分な理由と、食うことと食えないことにかかわる知られざるドラマを持っていたこと、見えざる食い物を食った。記憶である。記憶を、その主からすそ分けてもらい、食ってみた。これは著者のあとがきに書いてありました。

記憶の「食」も、毎日の生命をつむぐその日の「食」も、日本に住む私たちの多くが知らなかったことだと思います。

キャットフードを食べている太ったわが

家の猫と、はからずもでしたが、観賞用の花を育てている私には、ずしんと胃の腑にこたえる一冊でした。ぜひ、ご一読を。

〈材料〉（袋8つ）

・油揚げ4枚
・カブ2個
・だし汁（昆布、シイタケ、かつお節、しょうゆ、みりん）
・楊子8本

〈作り方〉

①油揚げを湯通しして、水気をしぼり、ふたつに切り、袋にする。
②カブの実と葉、茎を刻む。実はサイコロ大。
③袋にいっぱいにカブをつめ、楊子でとめる。
④だし汁でことことと煮含める。
※だし汁のかつお節をのぞけば、精進料理です。

ヨーグルトとゴマのパンケーキ

2月7日

とても寒い朝でした。

洗面所のお湯も水も出ません。二階のトイレの水も凍ったようです。ストーブの火を大きくしたら、小さく丸まっていた猫たちが、溶けてゆくように伸びはじめました。ヨーグルトを食べたいのだけれど、冷たくて寒そうです。ちょうどパンをきらしているので、ヨーグルトを入れたパンケーキを焼きましょう。

お鍋のかたちをした小さな深めのホットプレートは便利です。固くなったロールパンや焼きおにぎり、卵焼きも焼きいもも、みんなおいしくできあがります。

この小さなホットプレートに、粉とヨーグルトとミルクと蜂蜜とゴマと少々のベーキングパウダーを混ぜ合わせ、トロリとのばします。

もんじゃ焼きみたいです。壊れてしまいそうな、白い透きとおったパンケーキ、卵を入れていないから、ふわふわではなくて、トロリとしています。

バターと蜂蜜をかけて、ふーふーと食べます。熱いのがいいのです。身体の内側から暖かくなりました。

庭は雪をうっすらとかぶって、まだ眠っています。外国の草花やハーブの種の注文を始めました。今年は何を新しく植えよう。カタログの中に咲く、色鮮やかな花が、私たちの庭にも想像の花を咲かせます。

二月のカレンダーに、こんな言葉が書いてあります。「あなたが一時間だけ幸せでいたいのなら、豚を焼きなさい。一年間、幸せでいたいのなら、結婚しなさい。一生、ずっと幸せな時を過ごしたかったら、植物を育てなさい」。

私の一生は、幸せを約束されているようです。

小さなひと株の苗が、二、三年もすると大株になります。薬用バラも、季節になると毎朝、何週間ものあいだ、香りとともに花を摘ませてくれます。

リンデンバームやシュガーメープルなどの樹木の育ちはゆっくりです。にぎやかに咲く一年草や多年草の草花の間で、彼らの時間で育っていきます。

ここに来た時には、まだ小さかった白樺や小梨も、八ケ岳の眺望を隠してしまうほど大きくなりました。「私の一生」という小さな時間に、植物たちはどんな風につきあってくれるのでしょう。とても楽しみです。

〈材料〉
（15㎝の丸いパンケーキ6枚分くらい）
・薄力粉1カップ
・ヨーグルト½カップ、ミルク½カップ
・蜂蜜大さじ1
・炒りゴマ大さじ1
・ベーキングパウダー小さじ½
・サラダ油少々

〈作り方〉
①ボウルに、ミルク、蜂蜜、ゴマ、ヨーグルトを入れてよく混ぜる。
②粉とベーキングパウダーをふるってボウルに入れ、よく混ぜる。
③フライパンに油をしいて、スプーンでパンケーキ種を入れ、スプーンの背で平らに広げる。クレープより厚め、ホットケーキより薄めに。
④表面に細かい穴があいてきたら、丁寧に裏返す。柔らかいので気をつけて下さい。熱いうちにバターと蜂蜜をのせる。
※フライパンによっては、取り扱いにくい時もあります。2枚目を焼く時に粉を足してみて下さい。

クマザサのティーバッグ

2月14日

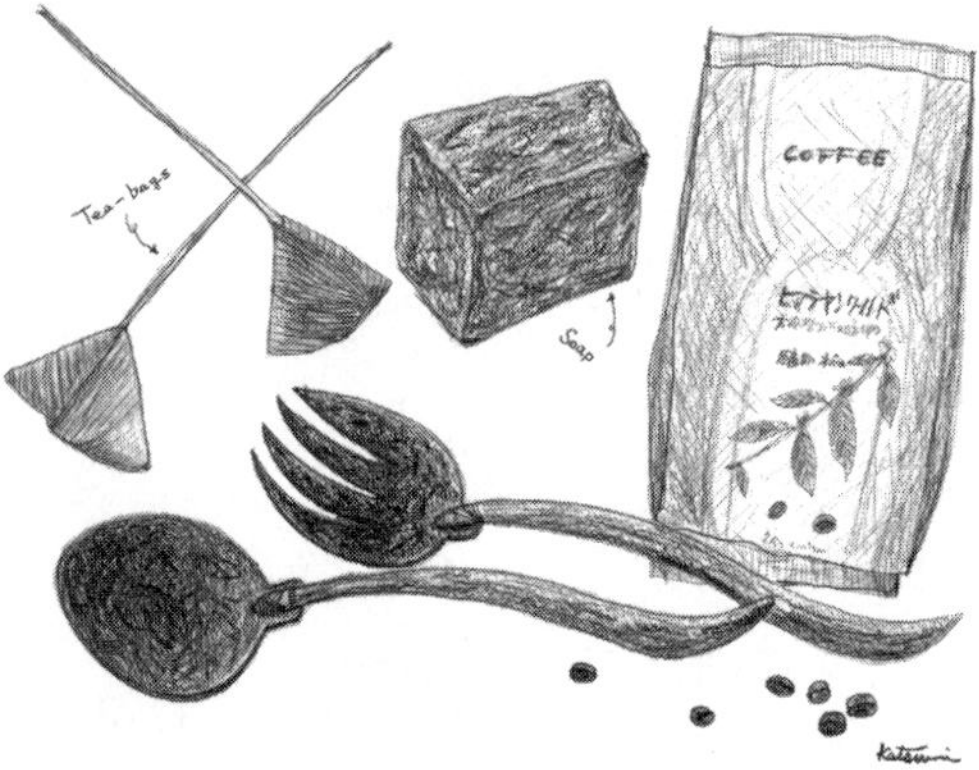

クマザサの葉で、ティーバッグを作りました。

葉の上にお茶の葉をのせて、三角に包んでいきます。茎が糸の部分、葉は袋になります。なるべく内側の白い器に入れて、熱湯を注ぎます。

熱いお湯の中で、笹の緑が濃くなりました。長く摘んだ茎の部分を持って、ゆらゆらとゆすります。さわやかな笹の香りがします。

便利だけど味気ないティーバッグと違って、一杯のお茶がおいしくて美しい。緑茶、ほうじ茶、玄米の炒ったもの、梅干し、昆布、好きな組み合わせを作りましょう。

冬の野の「緑」は、針葉樹と笹と木の下の苔たちです。笹も葉には、葉緑素が含まれているそうですから、身体の中にも、冬の「緑」をほんの少し、戴けるかもしれませんね。

野草の本に、クマザサの笹舟の器の写真がのっていました。笹は器にも包みにもなります。クマザサで糸を染めたこともあります。透明な輝くような薄い黄色でした。寒い二月にも草を楽しむことができるのがうれしい。

タイかベトナムのものだったでしょうか。木の葉を重ねたお皿やボウルがありました。ココナッツの長い柄のスプーンには、大きなお鍋をかきまぜるのに、とても重宝です。アジアの国々の天然の材料の素朴な雑貨は、優しくて暖かいから大好きです。

第三世界の農民、女性たちの経済的自立を、公正な貿易で生み出そうと考える人たちがいます。世界のさまざまな場所から、日本から、若者と心がいつまでも若い大人が、フェアトレード（公正貿易）、オルタナティヴ（もうひとつの貿易）にかかわっています。

年間一〇〇〇万トンの食料を残飯として捨てている、水や電気、地球から供給される資源をぜいたくに使っているのが日本です。

草の根ネットワークのアンテナショップで、にこにこと働く、素顔と笑顔の美しい若者たちに出会いました。大きな社会機構に向かって自分の手足と頭を使って、地に足をつけて、このほうがいいと行動する若者たちを頼もしいと思います。

コーヒー、紅茶、工芸品など、どれも自然との共生が基本にあります。ひとつひとつを丁寧に味わうことを、もう一度、教えてくれる品々です。

ざくざくと雪を踏んで、クマザサを摘みながら考えました。もうひとつの選択、オルタナティヴなものを、いつも見つけられる心を持っていたいものと。

〈材料〉

・大きなクマザサの葉（茎を長くつけたもの）
・緑茶
・炒った玄米

〈作り方〉

①笹の葉の大きさに合わせて、軽くスプーン1杯の緑茶と玄米を笹の葉にのせ、先の方から三角に包んでいく。
②茎を包みの外側の裏を通して、しっかり包む。

※笹の葉を摘んで、すぐ作らない時は、日本酒を入れた水に差しておくと丸まらない。しっかりと包まないと、お湯の中で、ほどけてしまいます。

シーチキンときなこのナゲット

2月21日

テレビの番組で、ココアが健康にいいといわれると、全国の食品売場からココアが消えてしまう、変ですね。

アーモンドとチョコレートが体にいいからと言って、甘いアーモンドチョコレートを毎日食べるのも変です。

ココアはおいしいけれど、日本にも「きなこ」があるじゃないかと思います。全然関係ない、見当はずれの対抗意識ですけれど。

これも関係ないけれど、うちの亡くなった犬は「もなか」という名前でしたけど、当時は「もなか」か「きなこ」か迷ったのでした。

小さい頃も今も、うっすらと甘いきなこをほかほかのご飯に混ぜて食べるのが大好きです。「ナゲット」もどきは、いろいろ作りますが、きなこ、シーチキン、ニンニクの芽はなかなかいい組み合わせです。

お弁当の一品。おやつにも合います。きなこの香ばしい匂いが台所に広がって、おいしい時間です。何と言っても簡単が一番。ボウルに材料を入れて、スプーンで油の中に落とします。

「くすり食い」という食べ方が雑誌によく出ますが、伝統の食物をまんべんなく食べることが大切と思います。

急に暖かくなって、つかの間の春の気分でした。春の風の匂いってこんな感じと、頭ではなくて、体の奥のほうから記憶がよみがえってきました。

秋に庭のあちこちに植えた球根は、落ち葉をたっぷりとかぶっています。今日はきっと、土の下でストレッチ体操をはじめているに違いありません。

長い冬の間に、自分で埋めた場所を忘れてしまうことがありますが、律儀に「ここだよ！」と花を見せてくれる、手間いらずの球根が私は大好きです。

天気が良ければ、ガラス戸を通す光はとても暖かです。植木鉢のスイセンやチューリップの芽は何センチも伸びました。シラー、ムスカリ、ローズマリー、ファイブスポット、小さな青い花を集めて花束を作りました。一番小さな、緑色のチューリップの芽を丸いガラス瓶に移しました。

小さな花束と、外で咲くよりはきっと小さな花だと思うガラス瓶のチューリップは、プレゼントになりました。お誕生日の当日にプレゼントができなかったスタッフに、小さな「春」という利子を付けて、贈りものができました。

〈材料〉（カキフライ大のもの6～7個分）
・シーチキンの缶詰（小1缶80ｇ）
・卵1個
・薄力粉¼カップ
・きなこ¼カップ
・ニンニクの芽3～4本
・塩、こしょう
・サラダ油

〈作り方〉
①ニンニクの芽を薄い輪切りにする。
②ボウルに卵、水分をとったシーチキン、ニンニクの芽を入れてよく混ぜる。
③薄力粉ときなこをいれ、さっくりと混ぜ、塩、こしょうする。
④油を約160℃に熱し、スプーン（大さじ）で「種」を落とす。途中で裏返して、ゆっくりと火を通す。仲間で火が通るとふくらんでくる。キツネ色になったら、竹串で刺してみる。種がつかなければよい。

手作り野草茶

2月28日

とてもおいしいお茶をいただきました。茶筒にいっぱいのお茶です。本当においしかったと伝えたら、もう一缶、いただきました。違うブレンドです。

柿の葉は、ご近所に摘みに出かけて分けてもらったもの、農薬のかかっていない夏ミカンの皮は、丁寧に小さく切ってためたもの、スギナやヨモギ、クマザサは野原で摘みました。ドクダミは嫁いだ娘さんが贈ってくれました。

いただきものの緑茶も、去年の夏の残りの麦茶も、玄米もハトムギもゆっくりゆっくり煎って混ぜました。

スタッフのお母さま手作りのお茶は、裂き織りやパッチワークの手仕事のような趣です。効能だけのお茶なら、こういう味は出せません。ものを大切に思う心が、自然の恵みをまろやかなお茶に変えるのでしょう。

「これを作っているとき、母は楽しそう」の言葉に、さらにおいしいのだと思いました。

私の子供の頃は、湯沸かしポットはないけれど、火鉢に土びんがかかってましたから、祖父母とは、よくお茶を飲みました。いつも緑茶でしたから、緑茶の大好きな子供でした。

私の息子たちも、お茶が大好きです。緑茶、ほうじ茶、中国茶、紅茶、野草茶、いろいろな味を知っています。でも、ハーブティーだけは特別です。

子供たちにとっては今も、風邪をひいたときのとっておきで、その症状の時は、とてもおいしいもの、元気なときはいらないと言う、ティータイムのお茶ではないらしいのです。残念！

お茶の時間はいいものです。ほっとしたり、元気が出たり。この野草茶は、気がむいたら、作りたくなったら、ちょっともったいないと思ったら作るお茶です。

お隣の柿の木にも注目。ドクダミもチェックしておきましょう。毒草には気をつけて、お茶に合う草を探しましょう。薬草茶は焙煎をかけると効能を減らすものもあるようですが、効能よりおいしいが第一。これが楽しみながら作る、手作り野草茶の基本です。

〈材料〉
・ヨモギ、柿の葉、スギナ、ドクダミ、
クマザサなど
・夏ミカン、冬ミカンの皮
・麦茶、緑茶、ほうじ茶
・ハトムギ、玄米

〈作り方〉
①ミカンの皮は刻んで陰干し。
②野草、柿の葉も陰干し。
③ハトムギ、玄米はゆっくりと煎る。
④緑茶なども煎っておく。
⑤干した野草を刻んで、ゆっくりと丁寧に軽く煎る。
⑥ブレンドをして、缶や瓶に乾燥剤を入れて保存する。

三月の和菓子

3月6日
か

「深土鍋、壊れずにいますか」

作陶展の案内のはがきに添えられた言葉です。

昨年の春に、この欄に書いた縦長の土鍋のことです。よく見ると、そのお鍋は縁のところにひびが入っていたのです。ギャラリーの女主人は洗うときに手を切るといけないからと売りたがらないのを、私はその縦長の「豆を煮る鍋」をとても気に入って、無理を言って買いました。

一年たって、お鍋の安否を気遣ってくださったのがうれしかったのです。

「土鍋、とても元気で、ストーブの上で冬の間にたくさんの豆を煮てくれました」と、私も返信のはがきを出しました。

ちょっと傷があったこと、彼女が心配し

てくれたことが、よけいに大事に扱ったのかもしれません。手にけがをすることもなく、無事、春を迎えます。一病息災とよく言います。このお鍋も長生きさせたいと思います。

ふっくらと小豆が煮えました。あまり甘くない「あん」を作ります。これは朝食のパンの上にバターと一緒にのせると、とてもおいしいのです。

このごろはパンも作ります。玄関においたバナナが一房凍ってしまったときは、バナナブレッドを作りました。ヒエと麦を煮て、ヒエ、麦入りパンも作りました。今日は、あんを生地に混ぜて、ただいま冷蔵庫でゆっくり発酵中です。どれもきちんと計らない、いい加減に作る、私の得意分野のパンなのです（大丈夫です。レストランでは売っていません）。

ヒエと麦の煮たものを少しとっておいて、うすやきを作ります。大きなうすやきには、あんをまんべんなくのせて、くるくる巻きます。切るとうず巻きがきれいです。小さなうす焼きは、あんを入れてふたつに折ります。

野菜かごや植木鉢から、緑の葉を見つけてお皿に敷きます。お菓子をのせて、まだ固いつぼみの梅や桜をひと枝。三月の和菓子です。

今日は春かと思ったら、もう一度冬に戻る。雪が降ったり、溶けたり、凍ったり。車に乗れば、おいしい和菓子は手にはいるでしょう。でも、ここは「八ケ岳の食卓」

です。エンジンをかけて、ガソリンという
エネルギーを使うより、私自身にエンジン
をかけたほうが三月は似合います。
畑や野原をすっぽりと隠してしまう三月
の雪の日は、私のキッチンを「工房」に変
える日でもあるのです。

〈材料〉(うすやき8枚分くらい)
・麦、ヒエの煮たもの½カップ
・小麦粉½カップ
・牛乳30cc、水30cc
・蜂蜜大さじ½
・塩ひとつまみ
・サラダ油少々
・あずきあん適量

〈作り方〉
①種を作る。あん、サラダ油以外はボウルに入れてよく混ぜる。
②フライパンかホットプレートに薄く油をしいて種を流す。
③両面を焼いて、あんをくるむ。
※キビ、アワ、もち米などもおいしい。

ハスとおからのはさみ揚げ

3月13日

この冬は、ハスをたくさん食べました。生協の注文表に、必ず載っていたからです。ハスの根をたっぷり食べたのだから、ひとつやふたつ、私の手のひらからハスの花が咲き出してもおかしくないくらいです。

ハスを薄切りにして、卵とおからを混ぜてはさんで揚げる、これがシーズン最後のハス料理となりそうです。

おいしそうなおからを見つけて、半分は炒り煮、半分は冷凍しておきました。ひな祭りの日に、あずきの入ったイーストドーナッツを作りました。「三月の和菓子」を作った残りです。

ドーナッツを揚げた油がたっぷりとお鍋にあります。あずき、おから、ハス、油、うちの台所の「食物連鎖」は、限りなく続きます。

半分残った、味のついていないおからも、ニンジンやゴボウやネギの入った味つきのおからも、どちらもはさみ揚げに使えます。揚げたてを塩やレモン、辛子しょうゆ、ソース、ケチャップ、好みの味を加えると違った味になります。濃いめに煮ておけば、翌朝のお弁当の一品になります。

ハスがなかったら、ジャガイモやサツマイモを使って下さい。ハスのように穴をあけても楽しいものです。ハスの場合は、そのまま揚げたものと、軽くゆでてから揚げたものを作ってみました。ゆでたもののほうが、揚げやすく、食べやすいようでした。

積もった雪が溶けはじめました。日が輝くと、道に小さな流れができて、次の日には土が顔を出します。つららもなくなりました。せぎでは雪解け水が音を立てて流れています。

それでも庭はまだ雪の下。でも、種をまきたいという思いは、芽を出しはじめました。市販の草花用の土を使って、鉢にまくことにしました。

雪解け水は、植物を健康に成長させるのだそうです。雪解け水や泉の生きた水は、高速度撮影すると、ガラスのレンズの上に落としたとき、曼陀羅に似た美しいバラの模様を作り、死んだ水は平らな模様を作るとか。

庭のきれいな雪をバケツに入れて溶けるのを待ちました。雪解け水に種を浸して、次の日にまきました。一番小さな鉢は、半分に割ったクルミの殻です。小さな種を三つ入れました。

雪解け水をスプレーで、朝と晩にかけます。種たちが、朝露、夜露と思ってくれたらうれしいと思いながら。

そうしたら今日、クルミに小さな芽が出ているのを見つけました。まわりの鉢からも芽が出ました。雪解け水を作るのが、さらに楽しいことになりました。

〈材料〉（1枚分）

・ハスの薄切り2枚
・おから大さじ1
・溶き卵少々
・塩、青のり、小麦粉、サラダ油

〈作り方〉

①必要な枚数のハスを薄切りにして、軽くゆでる。
②ざるにあげて、水気を切ったハスの両面に小麦粉をまぶす。
③ボウルにおから、溶き卵、青のり、塩をいれ、よく混ぜる。手でまとまるくらいの柔らかさです。
④ハスの内側に③をペタリとつけてのばす。もう一枚ではさんで、ギュッと押すと、ハスの穴からおからが顔を出す。
⑤ゆっくりと油で揚げる。

赤ちゃんのふっくらカモミールビスケット

3月20日

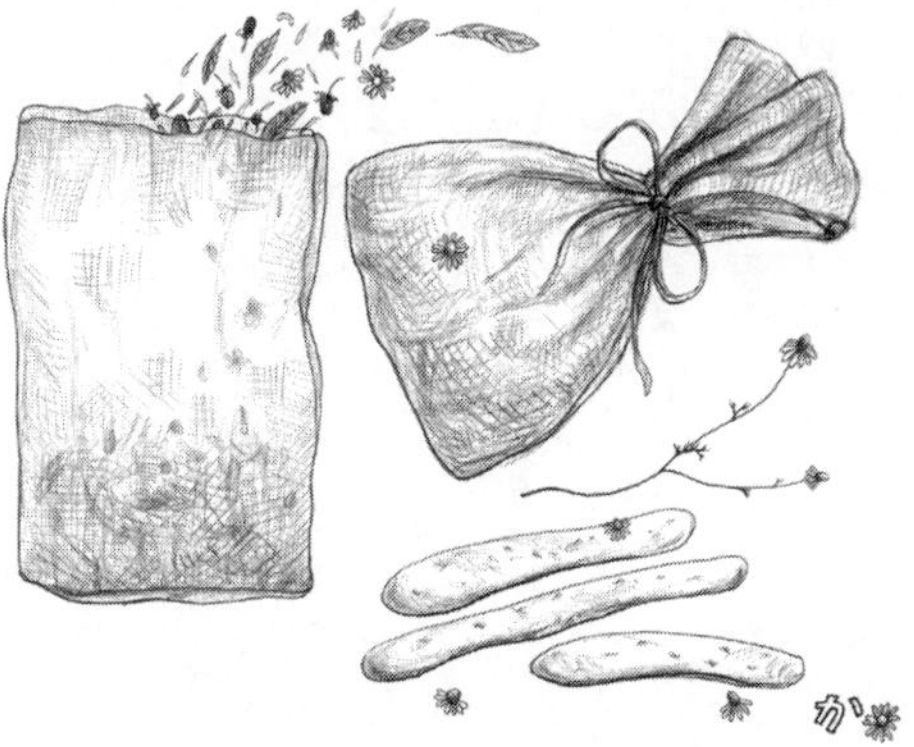

春の雨が降っています。

わが家はトタン屋根。雨音が聞こえます。雨水、雪の水が屋根から落ちるところにバケツを置きました。植物たちにかける自然の水があふれます。春の水です。

「赤ちゃんの匂い」がするビスケットを作りました。「うちの赤ちゃん」、すっかり大きくなったので、忘れかけていた甘い匂いです。

カモミールの花とミルクを使った、乳幼児が握って食べられる細長いビスケットです。焼きあがって温かいときは、特にいい匂いです。

若いお母さんが、ぼろぼろこぼれなくていいと言ってくれました。そして優しい味です。色も優しいクリーム色です。

カモミールの花で、柔らかいガーゼを染めました。赤ちゃん用のおふろのハーブを入れる袋を作ります。中に入れるのは、リンデンバーム、カモミール、オレンジの花。ある国では、リンデンバームで新生児を沐浴させるそうです。この春、産まれる赤ちゃんたちへの贈りものです。

植木鉢にまいたキンセンカが芽を出しました。ロケットやホワイトマスタードのふたばが青々といっぱい出ています。

小さなふた葉でも、ちゃんとピリリと一人前の味がします。ほんのひと口が、とてもぜいたくに思えます。

ローズマリーの鉢植えのまわりから、小さなローズマリーの赤ちゃんが出てきました。二月の寒さで凍らせて、悲しい思いをしたのも忘れてしまうくらい、うれしい小さな緑の芽でした。

梅のつぼみが膨らんで、もうすぐフキの赤ちゃんも出てきます。春は「赤ちゃん」がいっぱい。このビスケットはカモミールがなかったら、ミルクだけでもおっぱいの匂いのするビスケットができます。ちょっと大きめに作れば朝食にもなります。

ビスケットでお茶の時間を楽しみながら、「春」がすくすくと育っていくのを眺めましょう。

〈材料〉（15㎝の棒、約30本）
・薄力粉200g
・ベーキングパウダー小さじ1弱

・バター10g
・砂糖大さじ2
・卵1個
・牛乳100cc（実際に使うのは大さじ2、約30ccだけ）
・乾燥カモミール大さじ1（牛乳100ccに対して）

〈作り方〉

①粉とベーキングパウダーをあわせてふるっておく。
②なべに牛乳、カモミールをいれ、煮立てないようにゆっくり温める。ふたをして冷ます。
③卵白を少量の砂糖を入れて泡立てる。
④残りの砂糖、卵黄、バターをよく混ぜる。
⑤④にカモミールをこした牛乳を入れ、卵白を加え、粉をふるいながら混ぜる。
⑥棒状に形を作り、200℃のオーブンで8～10分焼く。

※カモミールの牛乳は、ふたをして冷まして下さい。香りがとけ込みます。

プチトマトとニンニクの芽のスパゲティー

3月27日

庭で初めての球根の芽が顔を出しました。春一番のふきのとうを見つけました。顔も心もほくほくとほほえんでしまいます。コトコト煮込み料理はお休み。「さらりと」「プチッと」「つるりと」、そんなものが作りたくなりました。

マーケットの野菜売場の、小さな赤いトマトを初めて買いました。春がうれしいから、季節はずれのプチトマト、たまにはいいでしょう。

ニンニクの芽を電子レンジで火を通して、バターをからめて、プチトマトを小さく切って、ゆでたてのスパゲティーにあえます。昨年の夏に作った、香草入りのオリーブオイルの出番です。塩、こしょうをしてできあがり。

簡単だけれど、つるり、ぷちり、さらり、食欲が出ます。ハーブオイルがなくても心配しないで下さい。ニンニクの芽とバターでいい香りです。鉢植えのローズマリーやタイムがあったら、ほんの少し刻んで入れます。必ず、ほんの少しですよ。お年寄りや子供たちは強い香りが苦手です。

庭の植物にかけたわらを一部取り外しました。ラムズイヤーもラベンダーも日の光を欲しがっていました。今年も緑色の元気な顔に出会えました。

室の中では、寒さに弱い種類のラベンダーがしっかり育って、たくさんの花芽をつけていました。そっと咲かせておくのはもったいない。みんなに見てもらいましょう。

三月十日にまいたラベンダーが芽を出しました。雪解け水で育てた種です。いろいろな品種のラベンダーが入った、お楽しみ袋でした。どんなラベンダーに育つのでしょう。

暮れにいただいたユリ根が小さな芽を出していましたので、食べずに鉢に植えた二本が、室内で二十センチになりました。花は咲くのでしょうか。

学生時代の友人の長男が信大にはいりました。アパートを探しに行ったついでに、わが家に一泊しました。神戸に住んでいるので、震災の恐ろしさを改めて教えてくれました。

晴れた気持ちのいい朝で、庭に小鳥たちがやってきました。木の枝にさしたリンゴやパンくずをついばんでいます。窓際につるしたプリズムが、部屋中に虹を作ります。久しぶりの友人に、心からの、ごちそうの朝食が出せたような気がしました。

〈材料〉（4人分）

・プチトマト1パック
・ニンニクの芽1束
・スパゲティ400g
・バター大さじ1、
・ハーブオイル大さじ2
・塩、こしょう

〈作り方〉

①プチトマトは、ひとつを四つか八つに切る。
②ニンニクの芽を小口切りにして、ふたをしてレンジにかける。
③熱いうちにバターを入れて混ぜる。
④スパゲティをゆでる。ゆであがったら、ハーブオイルをからめ、トマトとニンニクの芽をいれ、塩こしょうしてよく混ぜる。熱いうちに食べます。

※ハーブオイルのかわりにオリーブオイルを使います。ローズマリー、タイムを細かく刻んで入れてもいい。

イチゴとカマンベールチーズのサラダ

4月3日

庭で、スノードロップの花を見つけました。

うちの庭の、落ち葉の中から最初に見つける「春」です。仕事場の庭の「春」は、クロッカスとヒナギクです。どちらも、ひとつふたつ咲きはじめました。

どの家庭にも、最初に見つける「春のサイン」が、きっとあることでしょう。それは、福寿草だったり、梅のつぼみのふくらみかもしれません。

私のうちではスノードロップ。この季節になると、必ず、見つけた日をノートに書いているのです。

イチゴの「赤」が、目においしい。灰色と白と茶色の世界を見てきた目には、早春の赤は新鮮です。立派な大きなイチゴではなくて、安い「不揃いのイチゴたち」を使います。

カマンベールチーズの白とよく似合います。イチゴの春の香りや甘酸っぱさは、このチーズとよく合います。白いワインと薄切りのフランスパンとこのサラダ、おもてなしのオードブルにも、休日のブランチにもなりませんか。

サラダの具にも、ドレッシングにもイチゴを使います。赤、ピンク、白、それにさまざまの緑が加われば、目の食欲も増すというものです。

クレソンやサラダホウレンソウは濃い緑、春キャベツやレタスは淡い緑、カイワレダイコンやアルファルファは白と緑、緑を変えればサラダの雰囲気も変わります。

以前のスタッフの千春ちゃんが、花束を作ってきてくれました。デイジーとレンギョウとユキヤナギの小さな花束です。庭で摘んだ「東京の春」も、甘いいい匂いです。

彼女は五月に結婚します。持病のぜんそくで何度か、ここの病院のお世話になりました。家族にも不幸がありました。

東京に帰ってからも、よく遊びに来てくれて、ここの空気の匂いや広い空や木や花が大好きと言っていました。お世話になった方にも、まわりの木や花にも、ありがとうの気持ちでいっぱいです。

彼女のためのお祝いのお茶を作りました。リンデンバーム、オレンジの花と皮、ペパーミント、ピンクと赤のバラ、レモングラスを混ぜました。薄いクリーム色の柔らかい香りのお茶に仕上がりました。

最愛の家族を一昨年送った、実家の近くの小さな教会で、式もパーティーもするそうです。参列してくださるお客様に、彼女の手作りのケーキとこのお茶が手渡されるはずです。

その日は、穏やかで気持ちのいい空気が流れるよう、こちらからもまだ小さなハーブの花束を贈ることにしましょう。


〈材料〉

―ドレッシング
・イチゴ½カップ
・リンゴ酢⅓カップ
・サラダ油1カップ
・蜂蜜少々
・塩、こしょう
―サラダの材料
・レタス、春キャベツ、イチゴ、緑の野菜
・カマンベールチーズ1箱

〈作り方〉
①野菜を洗って、よく水気を切る。
②イチゴはひとつを4つくらいに切る。
③カマンベールも小さく切る。
④ドレッシングを作る。イチゴはみじん切りにして、他の材料をボウルで混ぜる。または、フードプロセッサーですべて混ぜる。
⑤盛りつけてから、さらに上にイチゴを散らす。

※酢や油、蜂蜜の量は、イチゴの甘酸っぱさで調節して下さい。蜂蜜のかわりに、メープルシロップ、砂糖でもよい。

ナチュラルプリント、ナチュラルカラーのイースターの卵

4月10日

これは、ほんもののスミレの花やカモミールの葉の模様がついて、タマネギの汁で全体を染めた、チャーミングなゆで卵です。

復活祭（イースター）の贈り物に、イースターエッグがあります。色とりどりに彩色した卵とウサギ、プリムローズの花やスイセンの花は、春の喜びを表すかわいらしい絵柄です。

復活祭はキリスト教の祭事になっていますが、再びやってくる春や生命の喜びを祝う、素朴な人間の自然信仰のひとつであったとも言われています。卵を染めるタマネギも、むいてもむいても皮が出てくることから、永遠を表すのだそうです。

私の作るイースターの卵は、英国の田舎

で買った小冊子に出ていたものです。古い布を裂いて、植物を卵にのせてグルグル巻きます。透明人間のように布を巻かれた卵を、染め上がってからグルグル解くのも楽しみなのですが、なかなか面倒です。

スイスで家政実習をしてきたアイちゃんのイースターの卵は、不用のストッキングに包んで染めます。農家で働いている人たちの分まで染めるから、大きなかごにいっぱいです。

ストッキングは思いつかなかった。見事な工夫です。今年からはコツを教えてもらってストッキングにしましょう。

イースターの頃に、まだ春浅く、プリントする草が少なくて苦労しますが、黄色いプリムラやスミレ、カモミールの花、小さな葉の美しいものが、きれいな模様を作ります。

一度作ってみるとよくわかります。楽しいから、つぎつぎ作って、ゆで卵を食べ続けることにならないように、ご注意を。

アイちゃんが、卵立てのコレクションを貸してくれました。のみの市で買ったものや、お世話になったスイスのママ、フレイニーさんがプレゼントしてくれた思い出のひとつひとつです。染めあがった卵を、卵立てに入れて、写真を撮りました。お日様の光の中で、卵も卵立ても輝きました。アイちゃんはスイスのママに送ってあげると喜んでくれました。

〈材料〉
・タマネギの皮ひとつまみ
・卵数個
・ハコベ、カタバミ、イタリアンパセリ、セリなどの葉
・スミレ、カモミール、プリムラの花など
・不用のストッキング、木綿糸

〈作り方〉
①タマネギの皮を鍋に入れて、卵がゆっくりゆでられるほどの水を入れ、20分ほど煮だして漉す。
②ストッキング、卵が包めるくらい、たっぷりと切る。
③卵に植物を張り付け、ストッキングをピンとのばして、ひっぱるようにして、絞って糸でしばる。
④タマネギの煮汁の鍋に、卵をそっと入れる。
⑤ゆっくりとゆで卵を作る。
⑥さめたら、ストッキングをはずして植物をはがすと、きれいに染めあがった卵が現れる。

※染液は他に、ブラックマロー（紫色のアオイの花）、ジャーマンカモミールでも、きれいに染まります。

ヨモギとハコベの青菜ごはん

4月17日

せっかく春になったのに、冷たい風が吹いて寒い日です。

まだ二、三センチの小さなヨモギ、寒さに震えていました。葉に触ると冷たい。熱心にとっても、やっと片手にいっぱいです。植木鉢にいっぱい繁ったハコベも加えます。さっとゆでて、炊きたてのご飯に混ぜるのですが、ここでちょっとひと工夫。

ごまあえの素をほんのひとさじ加えました。私は生協のものを使いましたが、なかなか便利なときがあります。それからパラリと塩を振ってできあがり。

つやつやの白いご飯に鮮やかな緑の香りほんのりと甘いゴマの味と塩気。春らしいご飯です。次の日は、おにぎりにしました。ネギみそを入れたら、春のおにぎりです。

出はじめたスイセンやチューリップの芽もストップしたように、朝晩が寒い。三年前の花まつりの頃に、義母は亡くなりました。東京の満開の桜が、この頃になると目に浮かびます。「花冷え」、美しい言葉ですが、私には少し悲しく響きます。

体の不自由な人のための小さな庭を造っています。穴を掘って出た大きな石を積み上げたもの、木の枠を組んで高さを変えたものを作っています。

立ち上がった花壇（ベッド）は、車いすに座ったままで香りの草に触ることができます。立って歩いても、腰を曲げないで、花に触ったり見ることができます。目の不自由な方も不安なく触れられる高さでもあります。

ずっと思い続けていたものを、とにかく今年は作ろうと思いました。小さなモデルガーデンですが、霜が降らなくなって、暖かくなったら植え込みをはじめます。私の思いをいつも悩みながらも、目の前に実現して下さる成嶋さんに感謝です。

不備なこと、不都合なことは、ここに訪れていただいて、ひとつひとつ改良していこうと思います。

私の叔母が手術のために入院しました。もう八十歳の高齢です。生命の保証はないという手術を自分で決断しました。長男の尊敬する先生も病と闘うために、学校をしばらく去りました。

僕はどんな手紙を先生に送ったらいいだろうと息子は悩んでいます。その人は詩人です。先生が病気とどう闘うか、どうつきあうか、僕は見ています。見せてもらいます。そんなことがエールかもしれないと私は思いました。

「花冷え」があるから、季節がいっそう愛しい。私たちの花壇ができあがる頃、どうぞひとりでも多く、光の中に元気に出てきてほしいと思います。

〈材料〉

・米2合
・ヨモギ片手いっぱい
・ハコベ両手いっぱい
・ごまあえの素小さじ2（好みで加減）
・塩少々

〈作り方〉

①白米を普通に炊く。
②ヨモギ、ハコベは熱湯に塩を入れて、さっとゆでる。
③冷水にとってよくしぼり、細かく刻む。
④炊きあがったご飯に、刻んだ青菜、ごまあえの素、塩を入れてよく混ぜる。

自由なサラダ

5月1日

英国に行ってきました。

次男の学校の「ペアレンツ・ウィークエンド」というのに参加するのが、口実と目的の十日間の旅です。暇もお金もなんとか作って、好奇心が最大の動機、格安チケットを買っての旅です。

彼の入った学校は全寮制で、ベジタリアン料理が出ます。これほどのぜいたくはないと思うほどの広い敷地に、菜園も果樹園も温室もあります。まわりをレンガで囲って、土を少し高く盛り、南向きにななめにガラス戸をかぶせた中には、ホウレンソウやウィンターパースレイン、チャイブが青々と茂っています。

ウィンターパースレインはスベリヒユの仲間で、まあるい葉の中心に白い花の咲く、サラダ用のおいしいハーブです。息子の定植したサラダ菜もありました。菜園担当のアグネスさんと昼食用のチャイブを摘みました。彼女は「ほら！」とシュンギクも見せてくれました。

ロンドンから南へ列車とバスで約二時間のハンプシャー州は暖かく、花木と球根植物が満開です。スイセン、カウスリップ、プリムローズが愛らしく群生しています。冬も緑色の芝生は、さらに輝きを増し、牧草の緑は、みずみずしい春の色で丘を染めています。

ここの水も空気もおいしくて、だから、春のサラダもおいしい。まわりのすべての環境とともに、すばらしいごちそうでした。十数個のガラスのボウルに盛られたサラダは、どれも試してみたい。私のお皿は山盛りで、いつも気分はウサギでした。

英国から帰った次の日の、うちのレストランのメニューは、丸いパンにたっぷりの具をはさんだサンドイッチです。入れる具がなくなったので、さっそくサラダを作りました。これは息子の学校のサラダのレシピではありませんが、考え方や雰囲気はとても似ています。

今までもいろいろな素材をサラダにしてきましたが、この旅のおかげで、もっと気持ちが自由になりました。自然の緑や、黄色や、白や、赤や、若草色に触れる指が喜んでいます。

わずかの期間でしたが、調理スタッフのヘルガさんとは、とても仲良しになりました。ひとつひとつのレシピは聞いていないけれど彼女の料理がわかる。再会を約束しました。

ここのスタッフは、英語も、教学も、アートも、園芸も、料理も、どの担当でも、お給料は同じです。生徒たちも、調理、皿洗い、掃除など暮らしていくことに必要なことは、平等に手伝います。

二年ぶりに美しい花をたっぷりと咲かせたという白いマグノリアの大木が、芝生の上にも花を散らします。生徒たちは、スタッフや親たちのために、大きな木のベンチを、マグノリアの花とヒツジの遊ぶ丘の見わたせる特等席に運んでくれました。のどかで美しい英国のひとときでした。

〈材料〉
・信州シメジ1袋
・カイワレダイコン1パック
・春キャベツ5〜6枚
・生のパイナップル¼個
・カシューナッツ200g
・リンゴ½個
・細いチャイブ1束
・しょうゆ、塩
・ハーブオイル（バジル、ローズマリー、タイム、ニンニクをオリーブ油に漬けたもの）

〈作り方〉
①シメジを洗って、根の先を切る。
②熱湯でさっとシメジをゆでて水気を

切って、ハーブオイルであえて、軽く塩こしょうする。
③キャベツは千切り、カイワレも洗って水気を切る。
④リンゴは、小さく切って塩水につけてから水気を切る。
⑤チャイブはみじん切り、パイナップルは小さく切る。
⑥カシューナッツをこんがりと炒り、火を止めてバターを入れ、しょうゆをジュッとたらす。
⑦すべてを混ぜ合わせて塩、こしょうする。好みで酢を加える。
※ナッツはクルミでもいい。

ヨモギのお焼きパン

5月8日

昨年よりも、ずっと春が遅いようです。

仕事柄、忙しい連休の頃は特に記憶していますから、昨年のスミレはどうだったか、桜は、タンポポはと、春を告げる花々や草の育ち方は、レストランのお皿の上にも表われます。

寒さに震える、最初のヨモギを摘んだ時から、しばらく経つのに、未だ草丈五センチほどです。この季節のヨモギの色は、「春のパン」の色ですから、この三日間、毎日摘みました。

「ヨモギのナン」を憶えていて下さるでしょうか。今日は、あの生地の中に「あん」を入れて、お焼きのように丸めて焼きました。「あんこ」と「ヨモギ」、春の定番です。懐かしいお母さんやおばあさんの味ですね。

　うちのレストランでは、「あんこ」は早く煮えるのと、さっぱりした味であること、珍しいの三つで、レンズ豆を煮ます。最後にバターを入れて練り上げます。

「あん」は、青豆、小豆、缶詰、なんでもあるものを使って下さい。パン生地といっても、これは気軽に作れます。そばを打つのを楽しみにしているお父さんたちがいます。そばの道具はパン作りにも応用できます。休日に家族で摘み草をして、作ったら、きっとおいしい休日になります。

　久しぶりのお客様か多いのが連休の頃です。秋に煮ておいた洋梨や紅玉のジャムを喜んで下さいます。まだ小さなルバーブの茎も一度出しました。大きなパン、平たいパン、細長いパン、いろいろな具を入れてサンドイッチを作りました。

　フキを炒め煮して、クルミみそを混ぜました。ソーセージを細く切って、トマトソースとチーズで煮ました。これもお焼きに入れます。レンズ豆のあんはヨモギ、赤いトマトソースとソーセージは白い生地、茶色のフキみそはゴマ入りの生地で包みました。

　白いお皿のわきに小さなスミレやニリン草を添えました。安曇野は花がいっぱいで、とてもきれいだったよと、お客様がおっしゃいました。ここの春は、友人が田んぼの仕事の間に届けてくれた、ロケット、山ウド、フキ、アサツキ、ギョウジャニンニク、ワサビの花、ニリン草に菜花。

きれいな空気とたくさんの鳥の声、まだ小さな芽ぶきと咲きはじめたばかりの小さな花が、私たちの出せる今日のごちそうです。春が遅い。それはそれ。これもまたいいものでした。

〈材料〉（お焼き約12個分）

- 強力粉500g
- ドライイースト大さじ1
- 塩小さじ1
- 蜂蜜大さじ1
- 牛乳60cc、サラダ油60cc
- 卵1個
- 水かぬるま湯200〜250cc
- ヨモギ（ゆでてひとつかみ）

〈作り方〉

①ヨモギをゆでて、水にさらし、よく絞って細かく刻んでおく。
②牛乳に火を通して、さましておく。
③材料をすべて入れ、よくこねる。
④ひとまとめにして、ラップとぬれ布巾をかけて、2倍になるまで発酵させる。室内に放置しておけばよい。
⑤12個にわけ、ボール状に丸めて10分、ぬれ布巾をかけて休ませる。
⑥打ち粉をしながら、めん棒で平らにし、あんを入れ包む。やぶれないように注意して少し平らにする。
⑦ホットプレートかフライパンを高めの温度にして、両面をこんがりと焼く。油はひかない。

スプリングロール

5月15日

「春」を巻きました。

春の野に、食べたい野草が出はじめました。春巻の具は、シイタケや春雨、サヤエンドウなどが定番ですが、これはちょっと大人の味です。

中身はフキ、ホップ、ミツバです。春の香りと苦味が決め手です。細い野のフキは、春巻きの皮の長さにぴったりです。ホップ（セイヨウカラハナソウ）の新芽も、皮の長さに合わせて採ります。ミツバはまだ小さいから、フキと一緒にのせていきます。

素朴な春巻です。夕食のメイン料理なら、下味を付け、ニンジンやタケノコを加えれば、ごちそうです。この春巻の楽しさは、ホップやフキの長さと味にあるのです。

暖かかったり、寒かったりで、体調を崩

す人の多い今年の五月です。うちでも、お腹をこわしたり、風邪をひいたりしている人が必ずいます。

季節の変りめは、心も変りめです。「五月病」という言葉が、ずーっと前にありましたが、季節が美しく移りかわっていくのに、心が晴れない、何もしたくない、元気がでない、こんな人が多いような気がします。

そういう私をだめと思わないで、季節に心をゆだねてみるのもよいでしょう。緑色の空気のお風呂に、とっぷりとつかったら、必ず元気になります。

林や野原や畑、幸いなことに緑は近くにあります。このグリーンメディスン、緑の薬は大自然の処法、飲みすぎることはありません。

この春巻を作るには、緑のそばに行かなければなりません。フキやホップの小さな緑にだって、「元気」の小さな魔法をかける力があるんですよ。

〈材料〉(10本分)

・市販の春巻の皮10枚
・野のフキ
・ホップの新芽
・野のミツバ
・出し汁
・みりん
・しょうゆ

〈作り方〉

①野ブキの細い茎をさっと塩水でゆでる。
②しばらく冷水にとる。
③煮て薄味をつける。
④ホップの新芽を熱湯でさっとゆでる。
⑤春巻の皮に、フキ、ミツバ、ホップをのせて、春巻の要領で巻く。
⑥油で揚げる。
⑦熱いうちに塩か辛子じょうゆでいただきます。

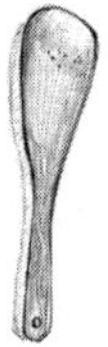

緑のスープ

5月22日

このスープの主役は、カキドオシです。薬草の世界では知られたカキドオシも、スープで食べることは少ないでしょう。私も初めて飲みました。さっぱりとしていて美味でした。

カキドオシの他に、ヤロウ、クレソン、ヒナギク、オオバコ、スイバ、アカザ、ハゴロモソウなどを入れるという「大地の薬」という本のレシピをヒントに作りました。

野性のパセリと呼ばれたこともあり、独特の香りはさわやかです。緑のスープは緑の刺激、元気がでること受け合いです。身体と心が、新しい緑を求める季節ですから、おいしいと思うのも納得なのです。

今日の新聞のコラムに、こんな事が載っていました。学校や教育についての特集でした。「一番大事だと思っていることは、学校では教えないし、試験にもでない。……。教室を作って、子供たちと歩きながら生き物の名前を覚える。名は詰め込み式で覚えさせる。そうでないと生き物と親しくなれない。学校が詰め込み式をやるなら、植物や魚の名を覚えさせてほしい」。

この方は、たくさんの素晴らしいことを実践していらっしゃるのだと思います。だから、言葉尻をとらえたくはないけれど、この事に関しては、私は違う考え方を持っています。

動植物は、最初に名前を覚えるのではなく、五感でつきあって覚えるものだと思います。私はハーブ教室で、名前を覚えようと頑張らないで下さいと話します。しばらくつきあって、好きになったら覚えるようになる。

以前にこの欄に書いた、レイチェル・カーソンは、近くの森、野原、海辺を、朝、昼、夜、晴れた日、雨の日、さまざまの時と場所を、小さな甥と歩くのです。大きくなった甥のロジャーは、レイチェルおばさんは、一度も動物や植物の名を教えることはなかったけれど、ぼくは、いつの間にか名前を覚え、その時の香りや情景や感情を鮮やかに思い出す、と語るのです。

レイチェルさんは「センス・オブ・ワンダー（神秘さや不思議に目をみはる感性）」を大切にしました。私はこちら側が好きです。子供たちに、だれかが大事と思うことを学校で伝えるのはよいけれど、それを試験したり判定したりしてほしくはないのです。
子供たちに名前を詰め込んでからではなく、途中で詰め込むのでもなく、たっぷりとその時間に浸らせてあげたい。そうやって自然と付き合いはじめ、自然を愛するという大それたことではなく、大きな自然に無条件で愛されるような人になってほしいのです。

〈材料〉（4人分）
・カキドオシの全草1カップ
・タマネギ1個
・冷凍グリーンピース1カップ
・ホップの新芽1束
・スープストック6カップ（または固型スープの素）
・塩、こしょう、サラダ油

〈作り方〉
①タマネギはみじん切り、カキドオシは荒く刻む。グリーンピースはさっとゆでておく。
②ホップをさっとゆでて、4本残して荒く刻む。カキドオシの花も少しとっておく。
③鍋にサラダ油を入れ、タマネギを炒める。
④カキドオシ、豆、ホップも入れ炒める。
⑤スープストックを入れ、ひと煮立ちする。

⑥塩、こしょうで味を整える。
⑦盛りつけてからはホップの新芽、カキドオシの花をスープに浮かす。

野を食べる

5月29日

庭で苗を植えていると、山桜の花びらがそよ風に吹かれて、ひらひらと舞ってきます。

雑木林のそれぞれの若葉のそれぞれの緑、淡く、薄く、山桜とよく似合います。色が匂い立つようです。

夕食に桜の花びらのついたミツバと野ブキを摘みました。「ゆでたフキの葉でご飯を包んで食べるのよ」というAさんの言葉を思い出しました。

ミツバの表面についた桜の花びらが愛しくて、そのままゆでました。市販のミツバしか知らなかった私が、ここに来て大好きになった野のミツバです。ぬるりとして甘い、今日は三杯酢でいただきました。

細いフキはすじも取らず、そのまま炒め

煮します。あつあつのご飯にフキをのせて、葉で包んで食べれば、ほろ苦い野の味です。

屋久島の詩人、山尾三省さんの文章です。

『さあ、ねんねしようね。』と声をかけて外に出ると、海《うみ》ちゃんのもう少し眠たくなっている呼吸に合わせて、ゆっくりと谷川に架かっている橋のほうに歩いていく」

「ひとり身であれば、決してそんなふうにゆっくりと歩くことはできない。海ちゃんをおんぶしていればこそ、お昼寝をさせているのであればこそ、そうやって歩くことが恵まれる」。

手を切るから触ってはいけないと教えられたススキの、穂があまりにも柔らかそうなので触ってみた三歳の女の子が「柔らかい」と言ったと聞いて、三省さんも触れてみるのです。

海ちゃんを背負っているときは、少し幼児になる三省さんは、この「柔らかい」は、きっと夢のような柔らかさだと思うのです。触ってみて、三歳の女の子と自分の感覚の違いを思いながらも、新しいいのちの振動に触れたことを喜ぶのです。

ヤマヨモギ（ネイティヴアメリカンのセージ）からはじまって、まだ名前も知らない植物のぞくぞくするような美しさで咲き出しているのに出会うのです。

「ゆっくりと歩くとゆっくりの世界が見えてくる。ヤマヨモギが生へのひとつの回路であると同様、ゆっくりした親亀の上に子亀の時間も、より自由な生への、より根源的な回路なのだと感じないわけにはいかない」と結んであります。
私に今、「海ちゃん」はいないけれど、別の時間がもらえました。ミツバにも桜の花びらにもこの回路が見つかります。ゆっくり歩いて見えた世界の、もうひとつの回路は、きっと大切なものなのだと思います。

―フキの炒め煮、フキの葉包み

〈材料〉
・野ブキ1束
・かつお節ひとつまみ
・しょうゆ、みりん、サラダ油

〈作り方〉
①フキの葉と茎に分ける。
②フキの葉は、塩を入れた熱湯にさっとくぐらせ冷水にとって、葉を傷つけないように固く絞って広げておく。
③フキの茎をザク切りにして、油で炒める。
④しょうゆとみりんを入れて炒め煮する。
⑤火をとめて、かつお節を混ぜる。

生イカと貝柱のマリネ

6月5日

しっかりと水を切った、少し固めの木綿豆腐をひと口に切って、イタドリの緑の葉にのせました。生じょうゆをたらりとかけます。

生ワカメをさっと湯通しして冷水にとり、よく絞って千切りのしょうがをのせ、三杯酢をかけます。お刺身用のイカとホタテの貝柱のマリネを、ギョウジャニンニクの大きな葉の上にのせました。

この三品を白い大きなお皿に盛りつけて、新婚のお二人だけのディナーのオードブルができました。いつかハーブに囲まれて結婚式をしたいといっていた彼女は、二人だけで式をあげ、披露宴もなしとさらりと結婚してしまいました。

ここで夕食をしたいという希望で、昼食

しか出さないうちのレストランは、文字通り貸し切りです。さっぱりと簡素で幸せなお二人には、素朴な味のお料理がよいと、とびきりおいしいお豆腐は、畑のチーズに見立てました。はし置きは満開のズミの花、おはしが似合います。

とっておきのテーブルクロスをテラス側のテーブルに敷いて、白い花を飾りました。鯛釣り草、スイートシスリー、デイジー、緑の葉はレディースマントルとスイートブライヤーの葉。ほのかにリンゴの香りがします。

最初の飲みものは、林の中に咲く、可憐な花をつけたスイートウッドラフを挿したカクテルを作りました。チェリーブランデーを少し入れた飲みものです。

もともとかわいい人でしたけれど、身体の弱かった彼女が、さらに病を経て、悩んで苦しんでたくましくなりました。今の彼女のほうがもっと素敵です。「病気」が「元気」の輝きを生むのかもしれません。きっと大切なものをたくさん見つけたことでしょう。旦那さまも、と言ったら叱られるでしょうか。

スタッフが心をこめて焼いたハッピーウェディングの文字のクッキーもたいらげて、よく食べて飲んだお二人でした。デザートもお茶も終って、さあと立ちあがったら八重桜の花びらが降りました。これも若いスタッフの心づくし。とても幸せと言ってもらって、私たちも幸せになりました。

お見送りにと外に出れば、まわりは静

かで木と草の匂いでいっぱいです。この時間の匂いは格別。幸せもおすそわけしてもらって、今日もよい一日でした。

〈材料〉

・お刺身用のイカとホタテの貝柱（お刺身の千切りのイカは便利です。スモークサーモンも合います）
・タマネギ、ラディッシュ、葉のついたカブ、キュウリ
・レモン
・オレンジジュース少々
・オリーブ油
・塩、こしょう
・白ワイン

〈作り方〉

①イカは千切り、貝柱は薄切りにして、白ワインを振りかけておく。
②タマネギは薄切りにして冷水にさらす。ラディッシュも薄切り、オレンジジュースに浸す。カブの葉はさっとゆでて、冷水にとり紋って、みじん切り。カブはサイの目切り。オリーブ油をまぶしておく。
③レモン汁、オリーブ油、塩、こしょうで、すべての材料をあえる。材料の水分は切っておく。酸っぱいのが苦手の人には、レモン汁を減らして、少量の砂糖を加える。

※食べる30分前に混ぜて、冷蔵庫で冷や

しておく。下ごしらえのものも、それぞれ冷やしておくとよい。

ムスクランと納豆のサラダ

6月12日

静かな夜が終るのは、小鳥が鳴き始める頃です。

まだ夜が明けきらないうちに、小鳥は鳴き出します。この頃に、文章を書くことがよくあります。やっと書きおえて小鳥の唄を聴きながら、もう一度眠ります。

二時間ほど眠って、さっぱりと目が覚めます。かっこうの声を聴きながら、庭に降りてムスクランを摘みます。ムスクランはプロヴァンスの市場で売っているミックスサラダのことです。

そういう種があって、五月に蒔いたものが青々と今が食べ頃です。エンダイブ、グリーンリーフレタス、チコリ、コーンサラダ、ロケットなど十種類以上の香味野菜と青菜が育ちました。

十年前にニースの朝市で買ったムスクランの味がしました。ザルいっぱい収穫して、朝食の用意をします。今日の私の朝食は、塩をかけたムスクランと酢じょうゆをかけた納豆です。青ネギやピーマンをみじん切りにして、たっぷりとのせました。

納豆には、ほかほかご飯が定番ですが、時には定番やぶり。パリッと温かなロールパンとモーニングカップいっぱいのミルクティーにしました。パンのない時は、全粒粉と牛乳だけの簡単なパンケーキを焼きます。卵もバターも入れません。たっぷりのバターと蜂蜜でいただきます。

朝のムスクランはピリッと辛味や香味が口の中に広がって、目覚ましサラダです。生野菜をバリバリと食べる「元気」ではなくて、やわらかな緑を指先でつまみ上げていくと、本当にゆっくりと、体中が目覚めていきます。

次男の英国の学校の庭に、レンガで作った小さなサラダガーデンがありました。レンガで仕切りをして、上から斜めにガラス戸をのせた簡単なものですが、まわりの庭よりも早く緑の野菜に育っていました。毎日、朝食にみずみずしいサラダか出てきました。

さっそく、家に帰ってブロックとレンガで作りました。やがて一ケ月、私もおいしいサラダを食べることができました。

子供たちの育ちざかりの頃は、冷蔵庫は食料品でいっぱいになりました。「自然派」の私も、けっこう買いものをしてストックしたものです。朝食とお弁当作りで忙しくて、指先の目覚めなど感じる暇もありませんでした。
今の朝食のスタイルは、子供たちが改めてくれた時間が教えてくれました。どちらも味あわせてくれた息子たちに感謝です。

―ムスクランの育て方

①大きなプランターか、たたみ一枚ほどの地面に種を蒔きます。かなり密に蒔いて大丈夫です。
②パラパラと平らに蒔いて、軽く覆土する。毎日一度はかん水をして、湿り気を与えておく。水浸しにならないように。
③4~5週間から食べられます。毎日、間引きながら、いろいろな葉の形や味を憶える楽しみもあります。

ハマナスの花のドレッシング

6月19日

友人がポットあげした苗が、どんどん増えました。月に一度伺う病院の屋上ハーブガーデンからも、小さな苗をたくさんいただきました。

このまま置いておけない、限度です。早朝から、庭に植えはじめました。お天気だった空から、ポツポツと雨が降ってきました。そのうちに柔らかい雨がいっぱいに降りはじめました。そのまま仕事を続けると、いつの間にかまた晴れて、緑も花も洗われて輝いています。庭中が香っていました。

「六月の雨は、花たちを連れてくる」という言い伝えを思い出しました。ひと雨ごとに、ひと晴れ（?）ごとに、植物は元気に大きくなっていきます。

ハマナスが咲きはじめました。ハマナスは日本のオールドローズ、清々しいさわやかな香りです。これをサラダに使いました。ドレッシングはバラ色です。原種のカーネーションの花びらとハマナスの花びらを緑のサラダに散らせば、お皿の上には雨が運んでくれた「六月の庭」が生まれます。

水耕栽培でもガラスハウスでも植物は育つけれど、私はやっぱり土があることと、土と空がなんの仕切りもなく手を繋いでいる場所が好きです。

「地球の秘密」という本を読みました。教えてくださったのは、「地球交響曲（ガイア・シンフォニー）」を上映する会のお母さんたちです。すばらしい映画なのでぜひ見てほしいという純粋な動機だけでスタートしたという人たちには、もうひとつ、ささやかに思っていることがありました。

この本を小中学校の図書室に寄贈したいということでした。私は子供たちに一冊ずつ渡ったらいいのにと思いました。この本の著者、愛華ちゃんはこれを書きあげた後に亡くなってしまいました。十二歳でした。マンガで書かれた本には、土と植物と動物、自然界のバランスのこと、地球の危機と私たちにできることが優しく書いてあります。

雨に濡れながら、輝く光を浴びながら、愛華ちゃんも体でこの地球からの贈りものを知ったのだろうと思いました。彼女が小さなまま逝ってしまったから、彼女のメッセージはさらに人の心を打つのでしょう。

一人でも多くの方がこの映画を見て下さると、同世代の子供たちに、愛華ちゃんのメッセージが届きます。愛華ちゃんの語録のひとつに、「『昨日』は大人のしたこと、『明日』は子供のすること」とありました。

大人になるまで生きることのできた私たちが、「昨日」したことをもう一度考えて、子供たちの「明日」に参加できしたら素晴らしいと思いました。

―ハマナスの花のドレッシング

〈材料〉（カップ1杯分）

・ハマナスの花2輪

・酢¼カップ

・サラダ油¾カップ

・蜂蜜小さじ1

・塩、コショウ

〈作り方〉

ハマナスの花びらを細かく刻む。他の材料を混ぜる。

※フードプロセッサー、すり鉢を使うとさらにきめ細かくなります。油と酢、調味料の量は好みで。

風のデザート

6月26日

今日で二百二十回になりました。
たくさんの方に声援を送っていただきました。それは回を重ねるごとに多くなって、日記も家計簿も続けることのない私に、こんなにも長く、この「食卓」の準備をする喜びを与え続けて下さいました。
感謝の心をこめて、二編の詩を贈ります。

「野兎」

野兎の空間は
秋になると柿が赤くなり
寒くなると雪が降り
暖かくなるとタンポポが咲く

野兎が育った丘は
全部が詩で
人工衛星もその一部です

私の記録は
意味のない贈物ですが
人間の本質もここでは静かに
天体の運行にしたがっていきます

「美しいモザイック」

赤や青や
黄色や緑の屋根は
ここから見ると
地球にはめこまれたモザイックで

二三度半の傾斜を保って
人の考へと一緒に
しづかに廻っているはずです

立体派が
それ等を菱形や
三角形に構成して
ここから見えない
鍋や釜も考慮に入れて
すべてがむづかしい円錐形の
連続になったときも
それはしづかに廻っているはずです

はめこまれたモザイックの一つから
小さな煙が一すじ昇り
私の友達に赤ん坊が一人生れ

どこかの星でも
いたづらをした植物が
学校の先生にしかられたりしながら
ここがそんなに悪くないことを
証明するために
それはしづかに廻っているはずです

一九一八年生まれの画家であり詩人、特に猫を愛した佐伯義郎さんの詩です。

友人が、「きっとあなたが大好きと思う」と、「風曜日」という詩集の一部コピーと、「風の肖像」という画集をくれました。大好きです。

この「大好き」をお別れの食卓に、デザートとしてお出しすることにしました。ですから今日は作り方はわかりません。

ひとつは和紙に包んで、ふっくらと温めて、ひとつは木の葉にくるんで、ひんやりと冷やしましょう。森の食卓は今日も気持ちよく、小さな風も吹いてきたようです。

※佐伯義郎美術館設立のために、遺作集が巡回しています。九月には大泉の絵本の樹美術館で開かれるそうです。

こころをこめて

ご自分の分と、だれかにもう一冊と思っていただける本が、私の作りたい本でした。どこからでも読める、読み返して下さる本であったら、喜びです。

たくさんのご縁をいただいて、この本は完成しました。主人の親友、島田宗彦さん、茂都子さんご夫妻。西海出版の小川雅子さん。優しい言葉をいただいた、鎌田實先生。表紙と前半のイラスト、カットを描いて下さった茂木万里子さん、そのよき伴侶、茂木滋範さん。後半のイラストの市村かつみさん、ピンチヒッターで描いて下さった饗場亜由美さん、ありがとうございました。私も一度だけ描きました。どうぞ探さないで下さい。

英文のタイトルを考えて下さった、長年の友、大野シャロンさん、レシピの最終チェックを助けて下さった村田理恵さん、カバーのデザインをして下さった246さん、エッセイに登場した方々、出てはいないけれど、うしろで応援して下さった全ての方々。「桃陶窯」の時代、そして「蓼科ハーバルノート」をいつも変わらず支えて下さった大家さんの両角たまりさん、ありがとうございました。

いつもみずみずしい野菜を提供して下さった原田恵子さん、福田紫技子さん。今は亡きガーデナーの成嶋富男さん。凛とした生と死を見せて下さった故今井澄先生、「健やかな食」を考え、共に行動させていただいた今井厚子さん、ありがとうございました。

小泉悦夫さん、伴在賢時郎さん、有賀千悟さん、新聞連載の折には大変にお世話になりました。良質の本作りを目指し、拙著「ハーブの図鑑」などの編集、制作に携わり、この本が世に出ることを願い続け、アドバイスを下さった、フィールドライフの三木耕市さん、ありがとうございました。

今も変わらぬ愛を注いでくれる私の母、私の書く言葉を心から愛してくれた主人の母、蓼科に永住することを決断した、私の母の後年の伴侶、森垣英夫さん。常に良き理解者である二人の息子、この本の思いが伝わるようにとＤＴＰデザインの分野で惜しみない努力をしてくれた長男、いつも、私のライフスタイルをいいねと言ってくれる、ロンドンに暮らす次男。そして、三十二年を共に過ごした私の夫、この息子たちに大切に介護され、看取られた幸せな人、萩尾齊さんに深く感謝致します。

二〇〇三年七月

著者

「八ヶ岳の食卓」によせて

カバー・本文イラスト　茂木 万里子

ハーバルノートでお世話になっていたのは、一九八九年から一九九三年の四年間です。春、夏、秋、冬を通じて、自然と共に生きて暮らす豊かさ、厳しさ、優しさを、身体、心で感じました。料理を通して日々の暮らしの中で、食することの大切さ、ありがたさ、旬の素材をつかって料理する楽しさを学びました。

初めての冬を迎える前のある日に、エリ子さんが私に「ここの冬はとてもきれいよ」とおっしゃいました。「冬の朝が好き」と言う言葉に、心うたれました。冬は長くて寒くてつらいもの、と思っていた気持ちが一転してしまいました。

エリ子さんの文や言葉からは、いつも沢山の気持ち良さが伝わって来ます。それは「今」そのままを偽る事なく、季節や旬を通して“食べることは生き方”だと言う事を伝えてくれているからだと感じています。

今回、長野日報に連載されていた「八ヶ岳の食卓」が本になると言う事で、イラストのお話を頂き、ハーバルノートで過ごさせて頂いた四年間をふり返り、手にふれた野菜、ハーブ、山菜、野草、木の実、花々の香りや匂いを思い出しながら楽しく描かせて頂きました。

いつも明るく暖かく、励まし勇気を下さるエリ子さんに、この場をお借りして心より感謝を捧げます。

エリ子さんとハーバルノートで過ごさせて頂いた日々を幸せに、そして誇りに思っています。

本書は、一九九二年から九六年まで長野日報に連載された作品に加筆・訂正をし、再構成されたものです。

著者略歴

1976年、東京から蓼科に移り住む。

園芸、料理、染色、陶芸、クラフトはすべて、八ヶ岳山麓の自然界が師。

開拓農家の家屋を借りて、ハーブショップ「蓼科ハーバルノート」を開く。'92年から'99年までレストランを併設、オープンキッチンでの優しく美しいランチは多くの人を魅了、庭から、野から、畑から、その日の食材をその日のメニューにし、大切に使うことをモットーとする。同時に、十年かけて荒地から3,000坪のオーガニックガーデンを作る。

ハーブ、アロマテラピー、園芸など様々な分野での講演、講習の他、諏訪中央病院のグリーンボランティアをはじめ、地域の病院や福祉施設でのボランティア活動を積極的に行う傍ら、執筆活動を続ける。

著書に「ハーブ」、「ハーブの図鑑」、監修に「ハーブハンドブック」（いずれも池田書店刊）がある。他エッセイ多数。

http://www.herbalnote.co.jp/

八ヶ岳の食卓　flavours from the forest
簡素でおいしいレシピ　美しく愛しい普通の一日

二〇〇三年　八月　八日　初版発行
二〇二五年　二月二十六日　第九刷

著　者　萩尾 エリ子
発行者　小川 雅子
発行所　西海出版株式会社
〒一三四-〇〇八三
東京都江戸川区中葛西三-六-一〇-一〇四
電話　〇三-五六七四-六〇五四

イラスト　茂木 万里子（カバー・本文）
市村 かつみ、饗場 亜由美（本文）
カバーデザイン　246
組版・DTP・編集　萩尾 是空
印刷・製本　シナノ書籍印刷株式会社
乱丁本・落丁本はお取り替えいたします。

ISBN978-4-9901397-1-2 C0177